不为人知的
金融怪杰

11 位市场交易奇才的故事

[美] 杰克·D.施瓦格（Jack D. Schwager）著 史雷 译

UNKNOWN
MARKET
WIZARDS

THE BEST TRADERS YOU'VE NEVER HEARD OF

机械工业出版社
CHINA MACHINE PRESS

图书在版编目（CIP）数据

不为人知的金融怪杰：11 位市场交易奇才的故事 /（美）杰克·D. 施瓦格（Jack D. Schwager）著；史雷译 . —北京：机械工业出版社，2023.3

书名原文：Unknown Market Wizards: The best traders you've never heard of

ISBN 978-7-111-72645-6

I. ①不… II. ①杰… ②史… III. ①股票交易 - 研究 - 美国 IV. ① F837.125

中国国家版本馆 CIP 数据核字（2023）第 082995 号

北京市版权局著作权合同登记　图字：01-2022-4641 号。

不为人知的金融怪杰：11 位市场交易奇才的故事

出版发行：机械工业出版社（北京市西城区百万庄大街 22 号　邮政编码：100037）

策划编辑：王　颖		责任编辑：王　颖	
责任校对：李小宝　　李　杉		责任印制：张　博	
版　　次：2023 年 6 月第 1 版第 1 次印刷		印　　刷：保定市中画美凯印刷有限公司	
开　　本：170mm×230mm　1/16		印　　张：24	
书　　号：ISBN 978-7-111-72645-6		定　　价：108.00 元	

客服电话：（010）88361066
　　　　　（010）68326294

致阿斯彭

我们的下一代

愿你拥有父母的魅力、美貌和幽默感

但不要继承他们的消费观

没有所谓的"正确"或"击败市场"一说。你赚钱了，说明你和市场的理解是一样的；你赔钱了，只能说明你做错了。没有其他看待这个问题的方法。

——穆萨维·曼苏尔·伊贾兹（Musawer Mansoor Ijaz）

每个年代都会发生愚蠢至极的事情，其根本原因是一样的：人们坚持认为，即使他们正在经历时代的变迁，过去发生的事情也会在未来继续发生。

——乔治·J. 丘奇（George J. Church）

能够预测未来的人有两种：一种是什么都不知道的人，另一种是不知道自己什么都不知道的人。

——约翰·肯尼思·加尔布雷斯（John Kenneth Galbraith）

是什么成就了"市场奇才"

我们大部分人看的投资书籍，都来自正统的投资大师。比如最著名的巴菲特和芒格、彼得·林奇、费雪、达利欧等。还有一些对冲基金大佬的投资故事，从关于美国历史上最大一笔内幕交易的《亿万》，到关于量化投资之神西蒙斯的《征服市场的人》等。但是，许多人会问，有没有一本关于"草根"投资者的书？

即便没有一流的学历背景，没有受过正统的金融学教育，没有在一流的投行或对冲基金工作过，是不是依然能够在投资上取得成功？如果是的话，这些"草根"投资者又是如何成功的？在这本书中，我们会看到一个个"草根"投资者的故事：一个大学毕业生花了17年时间把2500美元的本金变成了5000万美元的利润。一个广告公司前高管在27年的期货交易员生涯中，实现了58%的年化收益率。一位职业生涯超过13年的期货交易员在入市的第一个交易年度之后，其平均年复合收益率达到了337%，而他的账户的最大回撤从未超过10%……

本书的作者杰克·D.施瓦格在30多年前出版了第一本"金融怪杰"系列的书，之后连续出了好几本该系列相关书籍。没想到的是，30多年后的今天，他还能再出版"民间股神"版本的"金融怪杰"系列。多年前我也曾经深度参与他的中国之旅，在深圳、北京、上海做他的独家访谈人。施瓦格先生除了写书，还是FundSeeder网站的合伙人，致力于寻找全球未被发现的交易奇才，并且为他们提供早期的资金。在这本书中，有三位交易员是被这个网站挖掘的。

讲到"交易员"，大家经常会想到在华尔街大投行交易大厅中的自营盘交易员。他们开着豪车，穿着最顶级的西服，住在纽约上东区的高档公寓楼里，每天只要在交易时间打卡上班就行。以至于国内小红书里面经常有各种所谓"交易员"的视频博客，他们不是帅哥就是美女，收盘之后打打网球。

在这本书中，我们看到了一群真实的"交易员"，他们几乎没有人毕业于名校，甚至有人中学成绩一塌糊涂，他们没有高盛或者摩根士丹利的履历，他们在极其严酷的市场环境中生存了下来，并且取得了极其优异的投资收益。

这些人的访谈打破了我们的另一个认知：短期股价的波动是随机漫步。这是我们在美国商学院学的第一课。意思是，研究短期就是在研究随机性，没有任何意义。这句话，也是我经常和国内许多散户说的："你们每天看K线，妄想从一个随机的东西中，寻找确定性。"但看了这本书之后我了解到，书中的交易员，他们或多或少都发现了一些价格波动背后的规律，他们以交易为生，没有人是管理10亿美元的对冲基金大佬。他们生于民间，最终也依然草根，但是，这不妨碍交易成了他们毕生的事业。让我们看看，这些成功的交易员都有哪些共同特质。

止损、止损，再止损

许多成功的交易员，大部分都是从失败走向成功的。他们在成为优秀的交易员之前，几乎都亏光过至少一个账户，甚至有人一开始亏光了好几个账户。那么，是什么让他们之后能走向成功呢？唯有止损，或者说是对风险的管理。投资的本质是管理风险，理论上只要一直留在这个牌桌玩下去，那么你终究会赢。记得多年前我问施瓦格，如何才能成为优秀的交易员？他的回答是：不要出局（stay in the game）。反之，如果不懂得止损，就一定会出局。

这些交易员学到的第一课，就是养成止损的习惯。普通投资者很难做到止损，因为他们害怕退出交易后，看到市场朝着自己希望的方向运动，有时明明看到持仓因为基本面的问题出现了大跌，却幻想着等一波反弹走人，生怕自己在底部割肉。

不愿意止损也是一种自负，不希望承认自己的错误。普通投资者总觉得如果没有卖出，就没有实现真正的亏损，浮亏不是亏。而对一个好的交易员来说，投资不是为了证明自己正确，而是为了赚钱。

一个人只有到学会止损的那一天，才真正走出了职业投资的第一步。

绝大多数利润来自极少数的交易

无论是期货交易员还是股票交易员，他们所有的利润都来自15%甚至更少的交易，其他85%及以上的交易都不贡献收益。问题是，他们在事前并不知道哪些交易是真正贡献利润的，哪些不是。

记得多年前有一个朋友给我讲过篮球比赛"表演时间"和"垃圾时间"的概念。一场篮球比赛中，真正影响最后比赛成败的"表演时间"可能就是那几分钟，大部分时间是"垃圾时间"。投资也是类似的，一年中有大量的时间是无效的，从这个角度看，你不应该要求每一笔交易都赚钱。

那么，如何实现少数交易贡献真正的利润呢？绝大多数交易员有着"赔率思维"，他们能够在赚钱的交易上赚大钱，甚至有交易员在某一天赚到的钱是这一年的总和。有一名交易员在2009年3月18日的收益率超过了令人难以置信的800%。是的，这种特别大波动的市场不经常出现，但如果能看到一个机会，好的交易员就会尽量把握住。

耐心也是投资中非常重要的品质。你可以忍受10个月不赚钱，就有可能在最后2个月得到一个好的结局。

控制自己的情绪

卡尼曼在《思考，快与慢》中提到人脑有两个系统：快决策和慢思考。作为一名心理学大师，卡尼曼之所以能获得诺贝尔经济学奖，是因为他打破了此前"理性人"的假设，认为人的决策是非理性的，并不完全是为了自己利益的最大化。

失败的交易员，大多数是非理性人，他们任由情绪控制着每一笔投资。而本书中的一位优秀交易员把情绪比作海洋。海洋的表面覆盖着波浪，看上去似乎波动很大。但是如果潜入水下，会发现大海如此平静。每个人都有能力潜入那个平静的区域。如果担心错过一笔交易，你会倾向于做根本不应该做的交易。如果你情绪易激动，可能会侥幸赚一笔钱，但绝对做不到持续赚钱，最终一定会以亏损收场。

为什么优秀的交易员极少？因为这份工作要求不断挑战自己情绪的极限，违背了正常的人类情感。好莱坞电影里的交易员，总是情绪激动地大吼大叫，或者是做对了一次交易后，下班大肆挥霍。事实上，这本书中真正优秀的交易员，每一天的操作都是"无情"的。他们不把过多个人的情绪带入交易，能够客观冷静地做每一项决策。

为什么这些优秀的交易员最终只管理自己的账户，没有管理太多客户的账户呢？这也和情绪有关。在他们管理个人账户时，几乎完全不看波动率，一旦管理了别人的钱，那种心理压力就会让你的情绪不那么稳定了。

懂得区分交易决策和交易结果

大家对对错的评判，通常会陷入结果偏见。只要结果是好的，事情就是好的。但是，一件事的结果往往由两个因素构成：运气和能力。你可能只是因为运气获得了好的结果。所以，无论是本书中的交易员，还是许多经典投资书籍中的交易员，都非常注重一个步骤：投资流程。

我曾经和几家美国最大的 FOF 交流过，探讨它们在尽调基金经理时会问的问题。它们告诉我，几乎没有一个问题是关于投资结果的，所有的问题都围绕着基金经理的投资流程。它们希望通过对投资流程的研究，把握这个基金经理的投资收益是否具有可持续性。

在本书中，作者问了许多交易员最糟糕的交易是什么。他们认为糟糕的交易并非亏钱最多的交易，而是交易决策糟糕的交易。有些人因为运气好，逃过一劫，但你要知道这是因为运气站在了你这一边。那些运气不好的人就被市场消灭了，也不会出现在这本书中。无论如何，优秀的交易员懂得什么是好的交易决策，他们不会从结果出发来衡量交易。只有做出正确的交易决策才能保持正的数学期望值，接下来就是不断重复。

没有一招鲜，找到适合自己的方法

这本书中的投资高手，没有使用一模一样的投资策略，也没有一招鲜。有几位甚至在同一家公司工作，但他们的交易方法不同。如果你要从这本书中寻找某一个"神奇公式"，那么你很有可能失望。

这些交易员既有使用基本面分析的，也有使用技术分析的，还有两者相结合的。他们持仓的周期从几分钟到几个月不等。成功的交易不仅需要寻找正确的方法，还要找到适合自己的方法。这个方法必须和一个人的性格、信念匹配。有些人特别孤僻，可能就适合做逆向策略。有些人对技术分析没兴趣，在转向基本面分析后，终于找到了盈利的方法。还有一些人特别擅长跟随趋势。好的投资方法就是两个字——自洽。这个方法必须和自己的性格、价值观和世界观相匹配，适合别人的方法未必适合你。

坚持写交易日志

这本书中的交易员绝大多数都保持着写交易日志的习惯。是的，记录是最好的学习方式之一。通过不断记录，能真实了解自己每一笔交易的对错，交易日志是交易员可以用来完善自己的最有效的工具之一。

交易日志可以提供两种类型的信息：交易员做对了什么以及做错了什么。很多接受采访的交易员都强调交易日志在改进交易的过程中发挥的重要作用。除了记录交易的原因和交易决策的对错以外，交易日志还可以用来记录交易情绪。

初心是赚钱，之后是热爱

市场绝对不是"提款机"，恰恰相反，市场很多时候都是"恐怖的怪兽"，能把投资者的本金全部吞噬（特别是对期货交易者来说）。那些从一开始就想着把市场当"提款机"的人，最终的结果很可能是倾家荡产。

很少有人天生就热爱投资，热爱交易。很多人最开始做交易，就是为了赚钱。渐渐地，交易成了他们真正热爱的事业。他们的自驱力从赚钱带来的满足，变成热爱带来的快乐。甚至他们中有的人曾得过抑郁症，他们通过交易"治愈"了自己的抑郁。也是在交易的过程中，许多人找到了更好的自己，获得了心流。

如果你要以交易为生，那么必须热爱这件事！以交易为生，意味着你要有持续战胜市场的能力，你要持续保持比其他参与者更强的竞争优势，这是一件很难的事。在本书中，我们看到了一些最优秀的交易员，他们能够以交易为生，但他们依然是群体中的极少数。希望这本书中宝贵的真实故事，可以给你启发和激励！

朱昂

点拾投资创始人

　　我写作这本书的前提，是存在一些默默无闻的个人交易员，他们取得的业绩要远远超过大多数专业投资经理。我找到了这些交易员，验证了我的想法。我还发现了另外一些让我震惊的事情。

　　我从未想过自己还能够找到和"金融怪杰"系列书的第一部[⊖]中的某些交易员一样出色的交易员。虽然我认为一些取得非凡成就的交易员证明了他们非凡的交易技能，但从某种程度上讲，他们的成就是在 20 世纪 70 年代独特的通货膨胀市场大环境下取得的。此外，随着专业投资经理在所有交易中所占的比例不断增加，我们在随后的几十年间见证了量化因素在交易和投资中的高速增长。这一趋势表明，在当今的市场中，交易员要想获得更大的利润将变得更加困难。

　　令我感到惊讶的是，我在写作本书的过程中发现，一些交易员可能拥有我迄今为止见过的最好的业绩记录。

　　虽然"金融怪杰"系列书的第一部已出版了 30 多年，但是其前言的第一句话"本书中有一些令人称奇的经历"在今天依然适用。你将在本

　　⊖ 《金融怪杰：华尔街的顶级交易员》，中文版已由机械工业出版社出版。

书中看到以下这些卓越的交易员:

一个拿着2500美元入市的大学毕业生花了17年时间,在市场上赚取了5000万美元的利润。

一位广告公司前高管在其27年的期货交易员生涯中实现了58%的年平均收益率。

一位股票交易员开发了一套既不使用基本面分析也不使用技术分析的独特交易方法,将他初始投入的83 000美元变成了2100万美元。

一位职业生涯超过13年的期货交易员在入市的第一个交易年度之后,其平均年复合收益率达到了337%,而他的账户的最大回撤从未超过10%。

一位来自捷克的酒店服务员为投资股票开发了交易策略,其收益风险比远远超过99%的多头基金和对冲基金。

一位期货交易员在开发出一种逆向投资理论之前,曾经两次将50多万美元的盈利回吐给了市场,而在应用这种理论之后,他在20年的交易生涯中获得了持续的成功。

一名美国海军陆战队前队员开发了一套基于市场事件的交易软件,并拥有10年杰出的业绩记录。

一位期货交易员的年平均收益率达到了280%,而他每个月末的最大回撤仅为11%。

一位主修音乐并自学编程技能开发股票交易系统的学生,在过去20年里的平均收益率为20%,是同时期标准普尔(简称标普)500指数收益率的三倍多。

一位曾经立志成为职业网球选手的运动员在其将近十年的期货交易生涯中,平均年复合收益率达到了惊人的298%。

一位将长线投资头寸与短期事件交易相结合的股票交易员,其收益率和收益风险比是标普500指数的三倍。

如果你希望找到每周只工作两个小时就能够在市场上一年赢利100%的交易方法，那么请你马上把这本书放下——你拿错书了！

不过，如果你想从世界上最好的交易员身上学习经验——例如，他们是如何思考市场的，他们是如何理解交易的，他们是如何改进交易方法的，他们学会了避免哪些错误，以及他们对其他交易员的建议，你会在本书中发现很多有启发性的内容。

| 致谢 |

撰写本书的首要任务是找到杰出的交易员。在此我要感谢史蒂夫·戈尔茨坦（Steve Goldstein），作为一家总部位于伦敦的培训公司 Alpha R Cubed 的总经理，他是本书中的两名交易员以及有可能在后续"金融怪杰"系列书（如果有的话）中出现的交易员的推荐者。此外，我还要感谢马克·里奇（Mark Ritchie），他本身就是一名出色的交易员，他推荐了本书中的另外两名交易员。我原本打算采访里奇本人，但是在我执行这个计划之前，我完成的文稿已经够出一本书了。我想他也许会出现在我以后的书中。我还要感谢比尔·道奇（Bill Dodge），是他让我注意到了杰森·夏皮罗（Jason Shapiro）。

本书中有三名交易员来自 FundSeeder 网站（由 FundSeeder Technologies 公司创建的网站，我和该公司有合作）。我会使用该网站的数据来计算本书中提到的所有业绩指标。

我非常感激我的妻子乔·安（Jo Ann），她一如既往地提供了宝贵的意见，并在适当的时机提出了有建设性的批评，我一直都在采纳这些建议。

当然，如果接受采访的交易员不愿意参与并公开分享他们的经验、智慧和见解，本书就不会和读者见面。他们为我提供了非常好的素材。

感谢马克·尼奥弗雷（Marc Niaufre），他负责整本书的校对工作，并改正了我多次阅读都没有发现的拼写错误。

最后，我要感谢 Harriman House 的编辑克雷格·皮尔斯（Craig Pearce），他将整个书稿润色得尽善尽美，使之读起来充满乐趣。他在完善书稿与避免不必要的修改之间做到了完美的平衡。

|目录|

附录

第一部分

UNKNOWN MARKET WIZARDS

期货交易员

提示: 不熟悉期货市场的读者可以首先阅读附录 A 的期货市场简介, 这部分内容有助于你接下来的阅读。

彼得·勃兰特
想法再好也要控制风险

  我在"金融怪杰"系列书的采访过程中发现，很多人在交易生涯初期的努力均以失败告终，有些人还失败了好几次，彼得·勃兰特（Peter Brandt）就是如此。然而，勃兰特的不同寻常之处在于，在最初的尝试失败之后，他在接下来的十多年里取得了惊人的成就，此后他陷入了困境，彻底告别市场长达 11 年之久。后来，他再度复出，并在第二段交易生涯里取得了出色的业绩。

  勃兰特绝对是个保守派。他的交易基于经典的图形分析，该方法可以追溯到理查德·沙巴克（Richard Schabacker）1932 年出版的《技术分析与股市盈利预测》[⊖]一书。这一方法后来在爱德华兹和迈吉 1948 年出版的《股市趋势技术分析》[⊜]中得到了推广。

  20 世纪 70 年代初，勃兰特以大宗商品经纪人的身份开启了他的金融职业生涯，当时飙升的通货膨胀率和大宗商品价格将期货市场从一

 ⊖⊜ 此书中文版已由机械工业出版社出版。

潭死水变成了炙手可热。当时，期货市场被称为大宗商品市场，因为交易的都是实实在在的商品。当时以货币、利率和股票指数（简称股指）等为标的的金融期货刚刚萌芽，这些交易品种后来成为期货市场的重要组成部分，因此大宗商品市场的说法就有些名不符实了。勃兰特的交易生涯始于旧时期货交易场所内的交易池，当时的期货交易是在一群经纪人嘈杂的叫喊声中进行的，这与今天安静高效的电子交易形成了鲜明的对比。

勃兰特的交易生涯长达 27 年，分为两个阶段。第一个阶段是最初的 14 年，第二个阶段是到目前为止的 13 年[⊖]，两个阶段间隔 11 年。我们在采访中谈论了他的交易生涯出现这种长时间中断的原因。勃兰特在 1981 年底之前没有业绩记录，而在之后的整整 27 年间，他的平均年复合收益率达到了惊人的 58%。然而勃兰特解释说，他的收益率被夸大了，因为他非常激进，这一点被他非常高的平均年化波动率（53%）证明了。

其实夏普比率（Sharpe ratio）普遍大大低估了交易员的业绩水平，勃兰特就是一个完美的例子。夏普比率固有的一个主要缺点是，衡量波动的风险成分从不区分上涨波动和下跌波动。就风险度量来说，巨额收益与巨额亏损一样糟糕，这完全违背了大多数人对风险的主观印象。像勃兰特这样会偶尔获得巨额收益的交易员，即使亏损控制得很好，夏普比率也不会很高。

调整后的索提诺比率（adjusted Sortino ratio）是另外一种收益风险度量方法，它利用亏损而不是波动率度量风险，从而消除了巨额收益的影响。调整后的索提诺比率是可以直接和夏普比率比较的（同样的情

⊖　本书原书出版于 2020 年。

况并不适用于按照常规计算的索提诺比率）。[⊖]调整后的索提诺比率（与夏普比率相比）越高，越意味着收益率呈正偏态分布（相对于巨额亏损，更倾向于巨额收益）。同理，调整后的索提诺比率越低，越意味着收益率呈负偏态分布（相对于巨额收益，更倾向于巨额亏损）。对于大多数交易员来说，夏普比率和调整后的索提诺比率会趋于一致。然而，对勃兰特而言，由于他的最大收益要远远大于他的最大亏损，因此他调整后的索提诺比率（3.00）是夏普比率（1.11）的近 3 倍！勃兰特的收益风险表现强势的另一个体现是，他的月度 GPR[⊖]非常高，达到了2.81。从他的跟踪记录来看，这是一个特别令人印象深刻的水平。

本书的书名含有"不为人知"（unknown）这个词，但是用这个词来形容勃兰特似乎并不是很恰当。虽然勃兰特在大部分职业生涯中确实不为人知，而且在更为广泛的金融圈中，他的知名度也不是很高，但是最近几年，通过他在《因子》（Factor）上发表的市场通讯以及快速增加的 Twitter（推特）粉丝量，他已经获得了一部分交易员群体的认可和尊重。事实上，我在本书中采访的几位交易员都认为勃兰特对他们产生了重要的影响。把勃兰特写进本书里的强烈想法压倒了我保持书名纯粹性的意愿。

从某种程度上讲，勃兰特就是促使我写本书的催化剂。如果我再写一本"金融怪杰"系列的书，我希望勃兰特也能在里面。勃兰特是我的朋友，我熟悉并认同他对交易的看法，如果不能把他的故事写进书里，我将后悔终身。当时，勃兰特住在科罗拉多州斯普林斯市，他告诉我几个月后他要搬去亚利桑那州。因为我住在离他只有大约 100

⊖ 关于调整后的索提诺比率以及它与按照常规计算的索提诺比率的区别的解释，请参见附录 B。

⊖ 对于该业绩指标的解释请参见附录 B。

英里[⊖]远的科罗拉多州博尔德市，所以我想在他搬家之前采访会更有效率，这样做对开始写本书也会有很大帮助。不巧的是，当我开始安排这次采访时，勃兰特已经搬到了图森市。

当我到达机场的时候，勃兰特正在出口处的自动扶梯下面等我。我很高兴再次见到他。虽然距离我们上一次见面只有一年多，但他走路的姿势已经有了明显的变化：他的背微微前倾。35年前，勃兰特遭遇了一场可怕的事故。他半夜起来去卫生间，非常生气地问："是谁把这把椅子放在大厅中间的？"勃兰特当时正在梦游，他所说的"椅子"其实是二楼的护栏。他翻过护栏，等回过神来，他已经仰面朝天地躺在地上动弹不得了。勃兰特突然意识到发生了什么，他从将近20英尺[⊖]高的地方摔了下来。他的妻子莫纳一听到他摔下去的声音，立刻拨打了急救电话。

勃兰特在医院里躺了40多天，身上裹着石膏，整个人被夹在两个可以旋转的床垫中间。自从那次事故以后，勃兰特的背部做了六次手术，而且随着年龄的增长，他的背部问题愈发严重。他一直生活在痛苦之中，我之所以知道这些，是因为我曾经问过他。他是一个坦然面对困难的人，从不抱怨，也不服用任何止痛药，因为他不喜欢这些带给他的感受。

勃兰特开车载我去他家，他的家位于图森市郊的一个封闭式社区内。我们坐在他家后院的露台上进行采访，从那里可以俯瞰索诺拉沙漠。这片沙漠出奇得青翠，植物种类比世界上任何地方的沙漠都要多，其中一些植物在其他地方都不生长，比如标志性的树形仙人掌。一座双峰山若隐若现地出现在遥远的地平线上。那是一个美丽的春日，微

⊖　100英里=160.9344公里。

⊖　20英尺=6.096米。

风徐来，吹得风铃不停地叮当作响。"这些声音对你的录音有影响吗？"勃兰特问道。"不，没关系。"我向他保证。但我没想到要花那么多时间反复播放这些有风铃声的录音。

*　*　*

你年轻的时候想过以后要做什么吗？

我来自一个极其贫困的单亲家庭，和母亲相依为命。即使在那种条件下，我也发挥了商业精神，靠自己挣钱养家。我负责送两条路线的报纸业务。星期日早上，我 5 点起床，用手推车送报，下雪的话就用雪橇。我捡过瓶子，还给当地的杂货铺派发过购物传单。

那个时候你几岁？

哦，我 10 岁的时候就开始工作了。

你在大学主修什么专业？

我的专业是广告学，我真的很喜欢它。

你是如何从广告业转行做交易的？

有两件事让我产生了做交易的念头。我有一个兄弟买了好几袋银币。在 20 世纪 60 年代末至 70 年代初，美国公民是不允许拥有黄金的，但是可以拥有银币。他当时以高于面值 20% 的价格买下了银币。这是一个非对称风险交易的完美例子：你的亏损上限是 20%，但是如果银价走高，上涨的空间就是无限的。

你自己也买银币吗？

不，我不买，我没有钱，但是我对此很感兴趣。我买《华尔街日报》，来跟踪银价的走势。我的兄弟是在每盎司⊖1.5 美元的价位开始买

⊖　1 盎司约为 28.350 克。

入银币的。到了 1974 年，银价飙升到超过每盎司 4.5 美元，涨了两倍都不止。后来，我看到我的兄弟开着一辆奔驰到处跑。

你说有两件事让你产生了做交易的念头，第二件事是什么？

我当时住在芝加哥，遇到了一个在大豆期货交易池做交易的人。我们俩的儿子都喜欢打冰球，所以我和他很熟。他对我说："彼得，过来看看我在干什么。我请你吃午餐。"于是，我们俩在交易所见面并共进了午餐。那家餐厅有可以俯瞰交易池的大窗户。当看到下面的交易员时，我的反应是："哇！"我被眼前的景象深深地吸引住了，心里冒出了一个想法："这就是我想做的。"我向我的朋友提了很多关于成为交易员的问题，离开的时候拿走了交易所里所有的宣传册。

你当时还在广告行业工作吗？

是的。

你对你的工作满意吗？

我所在的公司是世界第五大广告公司，我在那里一帆风顺，客户包括金宝汤（Campbell）和麦当劳，有很多业务需要处理。

你参与商业广告的制作吗？

是的，麦当劳那个拿着桶做鬼脸的广告就是其中一个，你可以在 YouTube 上查到。他们塑造麦当劳叔叔的时候我也在场。

你那个时候喜欢工作吗？

喜欢。我唯一不喜欢的就是公司里的"办公室政治"。当然，交易池里的人做的一些事情也吸引了我的注意力。他们很清楚自己每天在做什么。他们只在 9:30 ～ 13:15 工作。另外，我发现了这些人都在赚钱，这也是吸引我的原因之一。

那是因为你不知道有 95% 以上想成为交易员的人最后以破产收场。你当时所掌握的被统计学家称为偏性样本。

我后来才知道。但是当时我的注意力全都集中在交易所旁边的停车场，那里停满了奔驰和保时捷。

你出身贫寒，拥有财富是你做交易的主要原因吗？

是的，这是个重要原因。

你是如何将这种渴望转变成真正参与交易的呢？

我做出了从事这个行当的决定。即使是在当时，期货交易所会员席位的价格也是很高的，我根本买不起。就在这个时候，我的兄弟把我介绍给了以前卖他银币的经纪人。这个人在明尼阿波利斯市，为大陆谷物公司（Continental Grain）工作。这家公司当时是芝加哥期货交易所仅次于嘉吉（Cargill）的第二大公司。我兄弟的经纪人告诉我大陆谷物公司正在招聘。

1972 年以前，谷物市场很少出现公开的投机交易。但是，随着大宗商品市场在 20 世纪 70 年代初期进入牛市，情况发生了变化。大陆谷物公司是第一家在期货交易所致力于引进对冲和投机客户的主流公司。他们成立了子公司，专门从事相关经纪业务。

经纪人的本职是销售，难道你没有任何顾虑吗？

没有，因为这可以让我进入这一行。我参加了大陆谷物公司的第一期商品期货经纪人培训项目。他们选中了八个人参加这个为期三个月的项目。

你有底薪吗？还是说完全靠佣金生活？

他们支付我六个月的底薪。我不记得确切的数字了，大概是每个月 1300 美元。我记得离开广告公司的时候，我的年薪是 28 000 美元。

所以，我在这边肯定是降薪了。

完成了培训计划项目，你就要开始以经纪人的身份工作，你是如何获得客户的？

我做的第一件事就是到新泽西州拜访金宝汤，然后去奥克布鲁克市拜访麦当劳。

因为你在广告公司的时候和它们建立了联系。

是的，而且是和高层的联系，他们都很了解我。在我刚刚提到的大宗商品牛市期间，这些主要的食品加工商都没有做对冲。它们损失惨重，因为所有的原材料，肉、豆油、糖、可可等，都涨价了，而它们都没有做对冲。当时，就连美国国税局（IRS）都不知道该如何处理对冲利润和亏损。

那是1974年底，刚好在1973～1974年的牛市之后。我入行的时候，我们所说的现代期货行业刚起步一两年。我给金宝汤开出的条件是：如果他们派一名采购员去芝加哥待上两个月，我会保证他接受期货方面的培训。他们派去的那个采购员后来成为金宝汤的高级采购代理，而我签下了金宝汤这个大单。我的客户还包括麦当劳和一些对冲基金，所以作为一个年轻的经纪人，我干得非常好。

公司允许你用自己的账户做交易吗？

哦，当然可以。

你是从什么时候开始做交易的？

大概是在1976年，那时我已经攒了一些钱。我知道自己真正想做的就是交易。

你还记得第一次做交易时的场景吗？

（他思考了一会儿，开始回忆。）时间可能还要稍早一些，大概是在

1975年底，由于我做了足够多的经纪业务，公司给了我一枚徽章，这样我就可以到交易大厅去了。我的朋友约翰是一位大豆商人，是他让我对交易产生了兴趣。有一天他告诉我："彼得，我非常看好大豆市场。"于是我就买入了一张期货合约，但我完全不知道自己当时在做什么。之后价格上涨了五六美分，然后跌了下来。我最后离场的时候亏了12美分（一张期货合约亏损了600美元）。我记得没过多久就见到了约翰，他跟我打招呼说："这真是一个绝妙的价格变动！"我后来发现，对于在场内做逆向交易的约翰来说，一两美分的收益就是一笔非常好的交易，而六美分就算"巨额"收益了。我在市场上学到的最重要的就是，"看涨"和"看跌"没有任何意义。有意义的是人们的投资期限是多少，他们在寻找什么样的趋势，什么样的价格或者事件会告诉他们做错了。

你的交易事业之后发展得怎么样？

在接下来的三年里，我搞砸了三四个账户。有个老掉牙的笑话是这么说的："你只有在交易燕麦的时候才知道你的账户有麻烦了。"（燕麦市场是典型的低波动市场，期货合约的规模小，因此利润率低于其他谷物市场。）

你是如何做出交易决策的？

每天市场开盘之前，公司的几位基本面分析师会通过广播谈论他们对市场的看法。他们会谈论粮食运输、播种进度等基本信息，有时也会给出交易建议。但我的第一个交易账户就是听了他们的建议赔光的。公司在孟菲斯还有一位技术分析师，他每天早上也会在广播里说上几句。他使用点数图（一种随价格变动而不是随时间变动的图）。1976年，他在大豆市场上的决策堪称经典。于是，我买了一本关于点数图的书，一边看一边尝试着做交易。我的第二个交易账户结果也搞砸了。后来，我又尝试了季节性模式。再后来，我尝试了价差交易（在同一个市场上交易两种期货合约，买入某个月到期的合约，同时卖出另一个月到期的合约）。

你想找到一种适合你的方法。

我确实想找点儿什么，我当时非常沮丧。但与此同时，我又认为自己是幸运的。我看到现在有些人开始交易加密货币之类的东西，把自己的学生贷款都赔了进去，最后只能窝在家里的地下室。我有稳定的收入来源，不至于因为亏损让自己陷入绝境。我想学习如何做交易，成为一个能够赢利的交易员。

开户、尝试一些不同的方法、随着时间的推移而亏损、停止交易，然后重复这一过程，是什么最终打破了这种循环？

可能有两件事。首先，必须学会止损，因为你无法承受重大的损失。其次，我有一位同事是图形分析专家，一天，他来到我的办公桌前说："跟我来。"我们下了楼，穿过街道，走进一家书店。他给我买了爱德华兹和迈吉合著的《股市趋势技术分析》。我如饥似渴地读完了这本书。有人可能也读了爱德华兹和迈吉的这本书，但是什么也没有学到。而对我来说，这本书正是我需要的，它给了我一个理解价格的框架，并让我明白如何进入市场。在读这本书之前，我完全不知道自己在做什么，对于如何开始交易更是一无所知。我还从书中找到了在交易中保护自己的方法，并对市场可能会出现的走势有了自己的思考。也正是这本书，让我对图形分析产生了兴趣。我看到了成为交易员的可能，开立的账户也表现得很好。

这是交易失败和交易成功的分界线吗？

是的。1979年，我的一个账户实现了赢利。现在回想起来，这个账户的波动有些大了。我仍然不知道如何计算合适的头寸规模，但是自从开始交易，我的账户金额一直在稳步上涨。

给你买书的经纪人是个成功的交易员吗？

他从来没有成功过。他是我的挚友，但是作为交易员他从来没有成功过。

这太出乎意料了，他对你的成功起了重要的作用，但自己却从来没有成功过。我猜他给你买的那本书是你收到过的最好的礼物。

是这样的！我给你看样东西。（他离开了，一分钟后拿着一本书回来。）我多年来一直在寻找这本书的第一版，我还向几家交易旧书的书商询问过。后来，我终于找到了一本迈吉亲笔签名的书，这是他送给一位住在波士顿的朋友的。

你当时还在管理商业公司的对冲账户吧。你是什么时候开始从经纪人转为全职交易员的？

大约一年以后。

你不能一边继续做经纪人一边用自己的账户做交易吗？

是可以的，但是我不想这么做。

为什么？

我只想做交易。

你放弃了这些账户，等于失去了一大笔经纪业务收入，不是吗？

本来是这样的，但是我把这些账户转让掉了。

我不知道可以这么做。

当然可以啦，我拿到了这些账户的佣金。

既然这些都是重要的商业公司账户，你如何确定委托给谁呢？

我把账户给了我的导师丹·马基，他可能是我见过的最杰出的交易员之一。

他是如何交易的？

他经常说："我从历史、经济以及心理的角度来看待市场。"他是大陆商品期货公司的天才，是真正的长线交易者，每次都会持有大量谷物头寸长达数月之久。他对市场在何时有转折有着强烈的感觉。他会说："玉米正在触底，淡季到了。"而他说的就是对的。

这只是直觉吗？

是的，就是直觉。他讲不出原因。

所以，他会在市场上涨时做空，在下跌时做多。

就是这样。

这确实很有意思，他做的完全和你相反。

是的，完全相反。

你说他是你的导师，你从他那里学到了什么？

风险管理。当买得不好时，他不会满仓并持有，而是会在市场上寻找低点。他每周都会清掉亏损的仓位，然后在下一次他认为时机正确的时候再次尝试。他会持续不断地寻找。

这很有意思。我听你说过，有任何一笔交易在一周结束时出现亏损，你都会离场。我认为丹在 40 年前的交易就是这个方法的来源。你在交易生涯中几乎一直在使用这个方法。

是的，我一直在用。丹经常说："交易分为两个部分——方向和时机。如果你对其中的任何一个判断错误，你的交易就会失败。"

你从丹的身上还学到了什么？

我看到他持有的头寸要比他实际能够持有的头寸小得多。只要保全资本，你就永远有机会。不过，前提是你得握紧手里的筹码。这就是我从他身上学到的。

你已经丢掉你的筹码好几次了。

是的，是的。

有趣的是，丹的所有建议都是关于风险管理的，这与大多数人关心的进场时机没有任何关系。你还有其他重要的导师吗？

丹是到目前为止对我最重要的人。我得到的另外一个重要的建议来自一位图形分析师。他告诉我："彼得，你必须有自己的优势才能赚到钱。图形并不能带给你优势。"他的话在当时确实令人深思，但是我并没有完全理解，大约五年以后，我理解了。

我猜他指的是大家都能够看到的那些千篇一律的图形。

你说对了。图形也有不管用的时候。我知道你和我都会同意的一点是：图形不能发挥作用是一个比图形本身更可怕的信号。（我同意他的观点。在我写的《期货市场完全指南》中，我把讨论相关内容的章节命名为"图形分析中重要的规则"。）此外，图形会发生变化。你刚认为自己掌握了一种图形，它就变成另外一种形态。不断变化的图形只不过是一堆没有用的图形，根本发挥不了本来应该发挥的作用。

在你把账户交给丹并专注于交易之后发生了什么？

1980 年，我成立了因子研究与交易公司（Factor Research and Trading），并租下了一间办公室。

为什么用"因子"这个名字？

这是我们内部开玩笑的说法。1975 ～ 1978 年，我在为金宝汤提供基本面信息和对冲决策方面做得非常好。1979 年我掌握了图形分析的窍门，开始看到谷物市场中一些重要的潜在价格波动。我不能因为看到市场正在形成头肩底形态，就直接去金宝汤告诉他们应该做对冲。所以，当大豆价格为 6 美元时，我就去找丹·马基或者其他基本面分析师，说："我觉得大豆价格会涨到 9 美元。你怎么看？"他们会给我一些基本面信息，告诉我这样的波动是如何发生的。

芝加哥期货交易所的人会听到我和金宝汤说一些像"我们可能会在沿海遇到一些凤尾鱼方面的问题"（凤尾鱼是制作鱼粉的原料，而鱼粉又是大豆粉的替代品）的话。实际上，我是在说我的图形分析，但我是从基本面的角度表达看法的。所以，交易所的人把我的话称为"勃兰特胡说因子"。

你打算怎么运作公司？你计划管理别人的资金吗？

不，我只管理自己的账户。

那你不需要通过成立公司来管理你的账户啊。

我知道，我就是喜欢拥有自己的交易公司的感觉。

与你开始做全职交易员的时候相比，你的交易方法有什么改变吗？

有一些实质性的变化。

具体是哪些方面？

我以前会做"爆米花交易"。

"爆米花交易"？

你知道玉米粒是怎么爆开的吗？它从罐子的底部飞到顶部，然后再掉到罐子的底部。你可以从"爆米花交易"中赢利，但是价格随后会一路跌回你进场的位置。我现在会尽量避免做"爆米花交易"。

还有别的改变吗？

图形分析已经变得不那么可靠了。20 世纪七八十年代，利用图形分析交易会更容易些，因为形态清晰好认。锯齿形态的走势那时不多见（锯齿形态是指价格来回大幅波动，这会导致趋势跟踪者在市场突然反转之前做错方向），所以只要你看到图形走出形态，你就可以去银行数钱了。形态非常可靠。

对图形分析不再可靠我有自己的观点，你怎么看呢？

我认为高频交易造成了图形在突破点附近的波动。[突破是指价格变动到之前的交易区间（价格横向移动）或者盘整形态（例如三角形、旗形等形态）之上或者之下。它反映出一种潜在趋势，趋势的方向就是突破的方向。]

可是高频交易的交易期限很短，它们为什么会影响波动？

因为它们会在突破点之前触发波动。虽然是时间非常短的波动，但是足以让我这样的交易员失去头寸。我认为现在的市场对于体量更大的参与者来说更加成熟了。你对市场变化的原因有什么看法？

我是这么认为的：一旦有太多人做同样的事情，一种技术就不可能像以前那样继续发挥作用了。

就是这样。在过去，没有多少人看图形。

与早期相比，你的方法还有哪些改变？

我以前使用的是1～4周的图形，现在使用的是8～26周的图形。

因为它们更可靠？

是的。

你使用的信号类型有什么变化吗？

我以前看到图形就会进行交易，一个月可以交易30～50次。现在，我有选择性地交易。我曾经看到对称三角形和趋势线会交易，但我现在不再这样交易了。我现在只关注突破水平边界的形态。

为什么？

借助水平边界，你可以在最短的时间内发现自己是对还是错。

是有什么因素促成了这种变化吗？

没有，这种变化是一个循序渐进的过程，我发现我在交易矩形、上升三角形和下降三角形时取得了非常好的结果。以 10 周的矩形形态为例，该形态有着明显的边界线，当它某天以大阳线或者大阴线收盘，并且突破了现有形态的边界时，我们进场赚钱的机会就来了。

即使是在有效突破的情况下，你仍然需要处理市场回撤的问题吧。假设你在突破的时候进场，而市场的反应足以触发止损，但是从长远来看，继续持有也是个不错的选择。在这种情况下你会怎么办？

我会再给自己一次机会，但绝对不会有第三次。我不会在同一天再次进场。我记得期货交易所的人抱怨说："我在 10 美分的波动范围内亏损了 30 美分。"我可不想重蹈他们的覆辙，因为我知道这是完全有可能的。

如果你第二次止损离场，而那个形态最终成为长期趋势之前的主要价格基础，这是否意味着你错过了整个趋势呢？

不一定。如果市场形成了持续的形态（趋势内的盘整走势），我会考虑重返市场。不过，我会把它视为一笔新交易。

在 1.2 美元两次止损离场，然后在 1.5 美元做多不困扰你吗？

不会，我从来没有为此困扰过。我认为这种思维方式会让人陷入误区。我交易的是价格变化，而不是价格水平。

这些年来你还有哪些改变吗？

有。我现在做的每一笔交易的风险小多了。每当我进行交易时，我都会将我的风险设置为进场时净值的 0.5%。我希望在进场后的两三天内达到盈亏平衡或者更好。我去年的平均亏损是 23 个基点。

保护性止损是你的交易方法中不可或缺的一部分。我想知道你在隔夜交易的时候也会设置止损点吗？（随着电子交易的出现，期货市场可以夜盘交易。这种交易模式的弊端在于，保护性止损可能会出现失误，并且可能会在远离指令价格的情况下大量执行。价格在隔夜市场中的大幅波动会导致交易的亏损远远超过预期。此外，在隔夜交易中设置止损点可能会使止损在交易量较小的情况下被无意义的价格波动触发。）

这取决于市场。我不会对墨西哥比索使用隔夜止损，但是对于欧元我会使用隔夜止损，因为欧元的流动性很好。同样，隔夜止损适用于黄金，而不适用于铜。

作为全职交易员，你表现糟糕最早是在哪一年？

1988 年。

你在之前的九年里都取得了不错的成绩，在 1988 年出了什么问题？

我有些草率了。我要追逐市场，因此过早地对图形的走势做出了判断，以至于在该出手的时候错过了机会。

为什么你的交易会在 1988 年变得草率？

我想是因为 1987 年的市场太好了，我赚了 600%。这是我表现最棒的一年。我再也碰不到这么好的机会了。我想我那年确实有些自满。

你在 1988 年亏损了多少？

大约 5%。

你是什么时候回归正轨的？

1989 年。1988 年的亏损让我意识到回归基本的重要性。

从今天的角度来看，你希望在开启交易生涯时知道哪些东西？

我想最重要的就是原谅自己。人会犯错误。

还有什么？

要相信自己就是知道市场的方向，但是找不到任何线索。我现在知道，我就是自己最大的敌人，我的本能常常会将我引入歧途。此外，我还是一个冲动的人。如果我没有交易方法，而是紧盯着屏幕寻找时机输入指令，我就是在自杀。只有当我通过严格的指令输入克服本能时，我才能真正将图形分析为我所用。我在交易的过程中必须注意这一点。我的优势来自于交易方法。我将自己定位为交易指令的输入者，而不是交易员。我下的一些交易指令其实是违背我本意的，真的有点儿下不去手。

为什么？

铜价在 40 美分的区间内震荡了将近一年，就在今天，我在铜价最近的高点附近进了场。做出这个决定实在是太难了。（事实证明，勃兰特那天在市场的高点买入了铜，第二天就止损离场了。这种交易对他来说是家常便饭。他的大部分交易都以快速亏损收场。尽管如此，他还是成功了，因为他的平均收益远远大于平均亏损。）

我的大部分巨额收益都来自违反直觉的交易。我对一笔交易的感觉并不能很好地预示交易的结果。我想，如果我在那些自我感觉很好的交易上下重注，我的收益将会大打折扣。比如，我抱有谷物市场会进入牛市的想法已经有一年了。

为什么？

因为谷物的价格非常低，已经接近底部了。我记得我第一次交易玉米是在 40 年前，当时的价格要比今天高得多。

考虑到通货膨胀，价格确实非常低。

是的，我今年多次尝试做多谷物，但结果都以净亏损收场。我今年做得最好的一笔谷物交易是做空堪萨斯城的小麦。实际上，这是我今年的第三笔交易。我之所以做这笔交易是因为我不能对图形发出的信号置之不理。如果我不按照图形做空堪萨斯城的小麦，那我还看图形做什么呢？所以，我不得不否定谷物正在形成底部的直觉。

具有讽刺意味的是，你今年在谷物市场做得最好的一笔交易恰恰与你的预期相反。这就像你必须赌自己支持的球队输球那样。

是的。

过去几年，你最好的交易往往是那些你最不看好的交易，真的是这样吗？

我认为是这样的。我认为我对一笔交易的感觉与其最后的结果是相反的。

你为什么这么认为？

因为人很容易相信符合传统智慧的交易。我过去经常为在交易中犯错而烦恼，我会往心里去。而现在，我为能够连续做错10次交易而骄傲。我知道我的优势是非常擅于承担亏损。

与其因为交易失败而烦恼，倒不如为自己能够承担这些小的亏损，从而避免大的亏损而自豪。从这个角度来看，承担交易中的亏损并不是什么缺点，反而是你的个人优势，这也解释了长期来看你为什么会取得成功。

交易员的工作就是要承担亏损。失败的交易并不意味着你做错了什么。交易的困难之处在于，你虽然做了正确的事情，但仍然亏损。现实中，没有"干得漂亮"这种直接反馈。我只能控制自己的交易指令，无法控制交易的结果。每当我进行交易时，我就会想："当我一年以后回看这些图形时，我还能在图形中找到买入时的日期和价格吗？"如果能找到，那么无论是赢还是亏，这都是一笔不错的交易。

还有什么对开始做交易员是有帮助的吗？

说实话，如果我当年能够像现在这样厌恶风险，我就不会在20世纪80年代取得一连串的巨大成功了。

你当时承担了多大的风险？

我可以在每笔交易中承受10%的亏损。当然，并不是针对所有的交易，但有时会达到这个水平。

所以，你当时每笔交易承担的风险是现在的20倍。

是的。

有意思的是，你早年对适当的风险的误解反而让你受益匪浅。我一直以为，成功的人之所以成功，是因为他们拥有天赋或者欲望，但是有时明显也与运气有关。或许你手上有各种有潜力的人，但是什么也不会发生。你的故事就是一个例子：你在交易生涯的初期做了一件错误的事情，就是交易的规模太大了，但是最后却取得了非常好的结果。当然，你也可能再一次把你的钱都赔光。

哦，杰克，你说的太对了。在过去的10年里，我的成功主要来自我称之为"天意"的东西。我刚进入这一行的时候就这样了。当我遇到困难的时候，有些人给我指导。我刚开始干这一行的时候就选对了公司。由于我之前在广告业工作，所以我拥有大客户的账户。每当市场符合我的图形交易风格时，我就开始进场交易。我用账户里10%～15%的资金做多了瑞士法郎和德国马克，幸运的是，这让我大赚了一笔。这一切都不是我的功劳，都不是我的智力或者能力带来的，也都与我的身份无关。这就是天意。

你是如何发展到为大陆商品期货公司管理资金的？（大陆商品期货公司是一家位于新泽西州普林斯顿市的私营交易公司。这家公司有传奇般的地位，因为它培养的交易员有一些日后成了世界顶级的交易员，其中最有名的当数迈克尔·马库斯和布鲁斯·科夫纳。我在"金融怪杰"系列书的第一部中对他们进行了采访。）

我记不清楚是怎么开始的了，但是他们向我抛来了橄榄枝。我认为是期货交易所的人向他们推荐了我。我坐飞机到纽瓦克市面试时，他们派了一辆豪华轿车接我去了一座"城堡"（大陆商品期货公司并不是真的在城堡里面，此处勃兰特用"城堡"这个词来强调公司的办公室装饰有多么精致）。

是的，他们的办公室确实非常引人注目，在里面就像置身于一个极具格调的画廊一样。（我曾经在大陆商品期货公司做过分析师）。

是啊，那里简直太美了！

你还记得面试的经过吗？

那里的交易员都很古怪。他们都是学院派，这与我在期货交易所见到的那些交易员形成了鲜明的对比。

他们让你管理多少资金？

他们一开始给了我 10 万美元，后来又追加到 100 万美元，最终超过了 500 万美元。

你在大陆商品期货公司获得了哪些经验？

我的主要问题在于总是控制不好交易规模。我每次交易超过 100 手债券都会紧张。我还记得我第一次输入 100 份合约指令时的情景，我吓得直发抖。我永远也忘不了那一天。

在你第一次交易 100 手债券之前，你管理大陆商品期货公司的账户有多少年？

大约三年。

交易规模的增加对你的业绩有影响吗？

确实有影响。

体现在哪方面？

这让我更加胆怯。如果你持有 100 份合约头寸，市场却向相反的方向波动了一个百分点，那就是 10 万美元。我开始从美元的角度思考，不再看着市场做交易，而是看着资产净值做交易。这发生在 1991年前后，对我的交易产生了明显的影响，我的业绩一落千丈。我今天对这一切都看得更清楚了。我当时不知道发生了什么，但是当今天回头再看时，我明白发生了什么。

你和公司的合作是如何结束的？

我在 1992 年的业绩非常差，没有达到公司的基准。

但是你在公司的整体表现不是还可以吗？

是的，而且我也没有什么重大的亏损。更多是因为我的业绩下降到了接近盈亏平衡的水平，只差几个百分点。而且我还削减了交易规模，大部分资金都处于闲置状态。公司的态度是："什么？你的账户有1000 万美元，但是你的仓位却只有 200 万美元？"

是公司关闭了你的交易账户，还是你自愿离开的？

这更像是双方共同的决定。我当时还没有那么强的实力。

你当时还在继续用自己的账户交易吗？

是的，又坚持了两年。

不再负责管理大陆商品期货公司的账户后，你感觉好些了吗？

没有，我对自己作为交易员的表现很不满意。我在那个时候已经感觉不到交易带给我的乐趣了。交易变成了一件苦差事。我看到了自己的表现和我以为自己会如何表现之间的差距，这种落差让我难以忍受。

为什么会有这种落差？

我想是因为我对交易产生了恐惧。我觉得自己失去了优势，我不知道该如何找回来。

但是，不管理大陆商品期货公司的账户难道不是一种解脱吗？

更让我感到解脱的其实是，我再也不用管理自己的账户了。

除了解脱之外，你关闭自己账户那天的感觉如何？

百感交集。"感谢上帝，终于结束了""我承认失败了"都有。那天我认输了。我和那些在期货交易所认输的家伙有什么不同呢？

你是什么时候重新开始交易的？

11 年后，也就是 2006 年。我还记得具体的时间和地点。我坐在办公桌前，我的妻子莫娜站在我的左边，交易的念头又浮现在我的脑海里。我转过头问莫娜："你觉得我继续做大宗商品交易怎么样？"她不同意。

我猜是因为过去几年的交易经历对你来说太痛苦了。

她想起了那些陈年往事。她问我："你是认真的吗？你真的还想再来一次？"我说："我必须这么做。"没过多久我就开了一个账户。

你在 1995 年关闭账户，2006 年再次复出。在这些年里，你有没有关注过市场？

我都没有开过期货账户。

你连走势图都不看了吗？

我也没有图形分析软件。

也就是说，你在这 11 年里没有看过一眼走势图。那你后来决定重返期货市场，是不是有什么刺激因素？

我怀念做交易。还有就是上一段交易生涯的结果很差，结束的方式让我难以接受。我心想："彼得，你不能让它以这样的方式结束。"

你重新开始交易之后发生了什么？

我远离交易太久了，根本没有意识到现在用电子交易。我还把记时打印机从壁橱里拿了出来，打印了一堆委托单。（他自嘲这些行为是多么落伍。）我不知道我以前的图形分析能力是否还能派上用场。我做了几笔不错的交易，图形分析方法似乎还能发挥作用。我很喜欢这种感觉，并度过了非常美好的两年时光。

从心理上说，你找回了以前的状态是吗？

是的，我很喜欢这种感觉。

你的第二段交易生涯进展得非常顺利，但是有一年出现了亏损，这与你恢复交易之后的所有其他年份形成了鲜明的对比。（2013 年，勃兰特的年平均收益率下降了 13%，而他在 2007～2019 年的年平均收益率是 49%。在此期间，勃兰特第二糟糕的年平均收益率是 16%。）2013 年有什么不同吗？

确实有些不同。有两个因素，它们相辅相成。第一，正是在 2013 年，我决定接受其他人的资金。

这么多年来，你一直只用自己的账户交易，是什么因素促使你接受投资者的资金呢？

我认识的人一直想让我帮他们理财，但是我不太愿意这么做。后来，这样的请求让我有点儿招架不住。"好吧，那我就试一试。"今天，当我回头看这个决定时，我不禁会想："我到底为什么要这么做？"我没有理由这么做。

为什么管理别人的资金会导致 2007 年你恢复交易之后的唯一一次年度亏损与最差的一次回撤呢？

不管怎样，回撤都会发生，但我没想到跌幅会那么大，持续时间会那么长。我现在的看法是，当我用自己的账户交易时，我会把钱看作大富翁游戏里的虚拟货币，只是我用来计数的工具，我根本就没把它当钱看。

对大多数人来说，他们账户中的钱是实实在在的真金白银，肯定不是游戏中的虚拟货币。你对自己账户里的资金持有超然的看法有多久？

我想这是在我从事交易的头几年里逐渐形成的，大概是在 20 世纪 80 年代的时候吧。

我想你对交易资金的看法是在你管理别人的资金的时候发生变化的？

绝对是的。当我发现自己为朋友做交易时，我突然意识到这些钱是真正的钱。这让我的大脑一片混乱。

你管理投资者的资金有多久？

我是在 2013 年 1 月开始管理第一个客户账户的，到 2014 年 6 月，我已经返还了所有投资者的钱。

2014 年 6 月距离你资金回撤的底部有多远？

当时就是底部。我不认为这是巧合。我之所以判断是底部，是因为我把所有投资者的钱都还回去了。

这似乎意味着，如果你没有返还投资者的资金，你就不会经历自己账户后来的大幅反弹。

的确是这样。如果我没有返还投资者的资金，我会给自己挖更深的坑。

是什么促使你最终决定返还投资者的资金？

我很幸运自己有一些无话不谈、以诚相待的交易伙伴。他们知道我的经历，也明白管理别人的资金会把我搞得焦头烂额。他们建议我返还投资者的资金，然后按照以前的方式用自己的账户交易。

这么看来，你当时没有意识到管理别人的资金会扰乱你在交易时的心理状态。

在某种程度上，我知道问题出在哪儿，但是我不愿意承认。我在避免到账户出现亏损时再告诉投资者我是因为没有赚到钱才返还他们钱的。

你在关闭投资者的账户时，亏损了多少？

我记得最大的亏损在 10% 左右。

但是你自己在那段时间的亏损更大。

那是因为我在用自己的账户交易时会更激进。

你前面说过 2013 年有两个因素。第一个是管理投资者的资金，第二个是什么？

一旦进入交易，我会遵守交易法则，但是我的进场决策是自行决定的。有一段时间出现了很多假突破和锯齿形态的价格波动，但是市场没有反应。这是我的方法与市场脱节的一个例子。当然，我也会有和自己的方法不同步的时候。我没有遵守自己的交易法则，也没有耐心，总是想着提前交易，在市场确认趋势之前建立头寸。我会根据较差的图形进行交易。这两种情况在某些时期甚至会同时存在：我的方法与市场不同步，我和我的方法也不同步。这主要出现在 2013 ~ 2014 年。

当时，商品交易顾问[⊖]（Commodity Trading Advisor，CTA，是美国期货市场注册经理人的法律术语）的表现都非常糟糕。很多报告都说市场行为已经改变，为了生存，交易员也必须做出改变。我信了这些鬼话，开始做出调整。

通过什么方式？

我添加了指标，尝试用均值回归交易法（均值回归交易法在强势时卖出，在弱势时买入）。

但是你的交易方法与均值回归完全相反。

的确如此（他拉了个长音）。由于这个方法不奏效，我绝望了，开始不断地尝试各种不同的方法。这就形成了一个恶性循环，因此原本三四个月亏损 5% 的回撤，变成了 18 个月亏损 17% 的回撤。

如果你没有在这轮下跌中管理投资者的资金，你会改变交易方法吗？

不会。

我们刚才谈到，在将投资者的资金返还之后，你的账户开始出现反弹。这种业绩反转的背后还有其他原因吗？

因为旧的方法不再起作用，所以我接受了必须做出改变的事实。我终于意识到必须回归基本。我的思想经历了这样一个过程：我从一种方法切换到另一种方法→我想抓住救命稻草→我甚至不知道自己身在何处→即使会失败，我也要去做应该做的事。

⊖ 这个名称至少在两个方面表述不当。一方面，大部分期货交易品种是金融工具（例如利率、外汇和股票指数），而不是大宗商品。另一方面，商品交易顾问的本职工作是管理资产，而不是字面上的提供建议。

在你重新使用常规方法交易之后发生了什么？

当时的市场环境对我非常有利，我那一年的业绩非常棒。

2013～2014年的回撤经历除了让你意识到你不想管理外部资金，以及坚定对坚持使用自己的方法的信心以外，对你还有哪些改变？

在经历了2013～2014年的回撤之后，我开始以一种不同的方式看待我的资产净值。在那之前，我会看账户的资产净值总额，包括未完结交易。这是看待资产净值的传统方式，也是美国国税局看待资产净值的方式。但现在，我不想知道我的未完结交易净值，所以我只是基于完结交易绘制资产净值图。

这对你的心理有什么影响？

实际上，未完结交易的利润不是我的。它们本来就不属于我，所以不算这部分利润也没有关系。因此，这让我在某种程度上更容易面对市场压力。

所以说，即使你最初的止损点设置得很近，但是只要你占据主动，就会有更多回旋余地。

会有很大的回旋余地。而且，一旦交易的利润等于我资产净值的1%，我就会砍掉一半的头寸。这样一来，剩下的仓位就会有更多操作空间。

你还会提高剩余仓位的止损点吗？

会的，但不会那么激进。一旦我实现了70%以上的目标，我就会调整止损点。这可以追溯到我做"爆米花交易"的日子。如果我的目标为2000美元，而每张合约有1800美元的未平仓利润，我为什么要为了那额外200美元的利润链而走险呢？所以，当这笔交易接近目标时，我会提高止损点。

当你实现了 70% 以上的目标时，你是如何提高止损点的？

一旦到达了这个点，我就会严格执行三日止损法则。

这到底是个什么样的法则？

假设你持有多头头寸，第一天遇到了行情的高点，第二天市场收于第一天的低点之下，第三天又收于第二天的低点之下。在这种情况下，我会在第三天结束前离场。

我猜这三天不必是连续的。

是的。第三天可以是第一天两周之后的一天。我之所以提出三日止损法则，不是因为我认为它是最好的方法，实际上它肯定不是，而是因为作为一名自由交易员，我讨厌优柔寡断，讨厌因为亏损而后悔，讨厌事后诸葛亮。因此，我想制定一个固定的法则，从而防止我回吐大部分账面利润。

你的初始止损点大约是你资产净值的 0.5%，你的利润目标是多少？

我资产净值的 2%。

如果达到这个目标，你会清仓获利吗？

通常情况下，我会兑现利润。但也可能会有一些例外，这时我会用一个非常接近的止损点进行替代，特别是在做空的时候，因为市场崩溃的速度要比上涨的速度快得多。

在兑现利润之后，你会在什么时候考虑重新进场？

我不会重新进场了，而会做全新的交易。

如果趋势一直延续呢？

我会错过大部分行情。我觉得在 30 码线之间比赛要比从 10 码线开球然后跑到端区更舒服。[⊖]我会因此错过一些大的波段。

⊖ 除球门所在的端区外，美式橄榄球场地长 100 码（1 码 =0.91 米），正中间为 50 码线，其余码线数值向两侧依次递减。因此，有两条 30 码线。

你的方法让你无法捕捉到这些趋势的重要部分。

是这样。

你也用同样的方法交易股票吗？

完全一样。

你认为股票和期货的图形有什么不同？

没有什么不同。

你的回答有些出乎我的意料，因为我一直认为股票比期货更容易出现价格波动。

我认为你说的是对的，但是当股票价格开始上涨时，它们的表现是一样的。

我之前在邮件中看到你提到了"结冰带"这个词，它具体指什么？

我曾在明尼苏达的一个湖上住过，这个湖会结冰。冰层会撑着你，如果你摔倒，冰层会提供阻力。在价格图形中，结冰带就是很难突破的价格区域。而一旦价格进入这个区域，结冰带就会起到支撑的作用。如果在一个有价格突破的市场上，当天有至少一半的价格区间低于结冰带，那么当天的低点就可以作为一个重要的风险点。

如果只有不到一半的价格区间低于结冰带怎么办？你会参考前一个交易日的低点吗？

会。

似乎进场当天的价格低点不会对长期价格走势产生任何影响是很普遍的事情。我完全理解保持低风险是你取得成功的一个重要因素，但是你有没有做过调查来证明你的风险确实很低呢？比如，你有没有可能会更愿意去冒几次小的风险，而不是将风险集中在单一的交易上面？

是的，我做过调查。我发现如果我在刚开始交易的时候多留一点喘息的空间，那么久而久之，我就会赚到更多的利润。所以，如果我的目标是获得最大的收益，我就会设置一个较大的止损区间。然而，我的目标不是实现收益的最大化，而是最大化我的获利因子（获利因子是一种收益风险指标，它等于所有盈利之和除以所有亏损之和）。

你使用过移动止损吗〔移动止损是指当市场运行到低于价格上升时的高点（或者高于价格下跌时的低点）固定金额的价位时，发出的离场指令〕？

从来没有。当我听到有人说"我要做 500 美元的移动止损"时，我会想："这么做有什么意义呢？"在应该加码买入的时候，却要卖出？这种做法对我来说没有任何意义。在我看来，有些人利用交易中的未平仓利润增添合约也没有任何意义。对我来说，这是我听到过的最愚蠢的想法。如果你这么干，你就有可能遇到在交易中正确，但实际上继续亏损的情况。在我的交易中，我持有的头寸只会越来越小，我头寸最大的一天就是我开始交易的那天。

周末法则是什么意思？

这个法则可以追溯到 20 世纪 70 年代的理查德·唐奇安，它的基本含义是：如果市场在周五创出新高或者新低，它就有可能在下周一和周二的早些时候延续这一走势。对我来说，重要的是，如果市场在周五爆发，我就有了一个完整的形态，周末法则就会对交易有利。

你有没有检验过周末法则的有效性？

我从来没有对它进行过统计分析，但我可以告诉你，我有很多笔最赚钱的交易来自星期五的突破，特别是三天长假前的突破。我还可以告诉你，尽管在周五收盘时净亏损的交易上花费的资金比其他类型的交易要多，但我还是会继续做这样的交易。我从中学到的是，最好在周五收盘时平仓所有亏损的交易。

你为什么认为周末法则有效？

周五的收盘价是一周最关键的价格，因为这是人们在周末愿意承担的持仓风险对应的价格。

你现在还坚持遵守周末法则吗？

我有时会违反这个法则，这个时候我通常会被市场打脸。我最后悔的一件事就是没有保存不同类型交易决策的数据。

你在进场伊始就进行如此严格的风险控制，这种交易方式似乎不会导致任何重大的亏损，那么在你的交易生涯中有没有让你感到痛苦的交易？

哦，当然有。1991 年 1 月，当美国在第一次海湾战争中开始攻打伊拉克时，我做多了原油。在袭击的消息出来之前，纽约原油的收盘价在 29 美元左右。虽然当时还没有 24 小时交易市场，但是原油确实在伦敦的盘后交易市场进行了交易。原油价格当晚上涨了 2～3 美元。我睡觉的时候还在想："明天一定会很精彩。"但是，结果并不是我想的那样。第二天，原油价格在上一天纽约市场收盘价的基础上低开了 7 美元，较夜间时段的价格下跌了 10 美元。这是迄今为止我最大的一次交易亏损。（我在《新金融怪杰》一书中对汤姆·巴索（Tom Basso）的采访提到了另外一次与这种令人震惊的市场逆转相关的交易经历。）

在市场大幅低开的情况下，你是在开盘的时候就离场，还是在平仓之前继续观望？

我不会对投机造成的亏损坐视不管。我在很久以前就知道，为了减少亏损而进行投机交易，最终会亏损更多。（那天原油市场大幅下挫，第二天依旧大幅下跌，直到一个月以后才触底。）同样的原则也适用于失误，我从来不会在失误时投机。

你在那笔交易中亏损了多少？

大约是我账户资产净值的14%。

你还记得当时的情绪吗？

震惊到麻木。

你每周写市场通讯的动机是什么？看起来工作量很大啊。

坦白地说，《因子》是为一个听众而写的，也就是写给我自己的。这是我告诉自己需要记住的事情的方式。

你难道不担心一旦你的交易细节被公开，会有很多跟风交易在相同的位置出现，从而对交易产生不利的影响吗？

不担心，我认为不会产生什么影响。

我知道你几乎所有的图形分析和交易决策都是在周五收盘之后做的，这个过程会一直持续到周日晚上开盘。你会在下一周做出任何新的交易决策吗？

周末结束的时候，我会整理出一份市场清单用于监控交易。只有在极少数情况下，我才会在周内增加一个市场，而且我会尽量减少在该市场上的交易。如果这笔潜在的交易没有出现在我的市场清单中，我就不会将它视为一笔交易。我也希望保存这类交易的数据。我敢打赌，如果你把我做过的所有不在清单上的交易合在一起，结果肯定是净亏损。

你做日内交易吗？

在我建仓后的两三天内，我会对收紧止损的机会保持警惕，即使是在日内。但是我不做日内交易。如果让我坐在那里整天盯着计算机屏幕，我就会心烦意乱，会不可避免地做出错误的决策，会做不好交易。休市时，我会对自己下的订单做预测，然后严格按照图形做出决定，而不是被屏幕上闪烁的价格所迷惑。对我来说，真正发挥作用的是严格的方法：做出决策、写下交易指令、下单，然后等待。

你说在市场交易时段做决策往往会打乱你的交易，这让我想起了我和艾迪·塞柯塔[⊖]的一次交流，我对他说："我注意到你的桌子上没有报价机。"他回答说："拥有一台报价机就如同你在桌子上放了一台老虎机，你最终会整天忙于交易。"

***

第二天一早，我们在一家名叫"黑色守望"（*Black Watch*）的餐厅吃早餐（这家餐厅非常棒，如果你来图森的话可以去那里尝尝）并继续采访。勃兰特一上来就说，虽然他做得不错，但是和"金融怪杰"系列中的一些伟大的交易员相比，根本无法相提并论。他说了一连串的人名，最后说，如果我决定不把他写进书里，他完全能够理解，也不会介意。勃兰特是个真诚的人，所以他说这些话并不是出于虚伪的谦虚，不过这种谦虚明显放错了地方。我告诉勃兰特，我不可能把他排除在这本书之外。我解释说，他不仅有着长期卓越的交易业绩，还有很多关于交易的有价值的见解，我认为这些见解很重要，应该与读者分享。勃兰特带来了一些图表以更好阐述他过去的一些交易，我们的谈话由此展开。

***

这是我做过的最赚钱的交易。它突破后再也没有回头。（勃兰特递给我一张纽约证券交易所综合指数的走势图，指出了他在 1987 年初指

⊖《金融怪杰》中的采访人物。

数突破长期横向盘整时的进场位置，这个突破带来了迅速且势不可挡的上涨。）

这是我在 2008 年做的一大笔交易，当时英镑的汇率在一个月内从 2 美元 / 英镑下跌到了 1.4 美元 / 英镑。后来，市场再次突破，而且再也没有回头。（在他给我的图中，下行突破在高点形成的头肩盘整形态导致了暴跌，只在最初的下跌之后被短暂的小幅反弹打断过。他对那一波小幅反弹做出了评论。）我发现每当市场大幅下跌时，第一次止跌回升都不会持续太久。如果我想逢高卖出的话，卖出的时机将是直线下跌后第一次反弹时。通常情况下，这波反弹在逆转之日后只会持续两天。（他给我看了一些类似的图，这些图显示的是长期盘整突破以后，价格出现了重大的波动。）

在这些例子中，你都是在长期盘整被突破以后才进场买卖的。你曾经是否在三角形形态或旗形形态被突破以后进行过交易？（三角形形态或旗形形态是在价格波动后形成的窄幅、短期（通常在两周之内）的盘整形态。）

如果它们是在一个大幅价格变化中形成的，且在周线的形态成形的基础上显示出更长远的可能，我会进场交易。然而，如果这些形态出现在其他图上，我的答案都是否定的。

我记得有一次我转发了你在推特上发布的一份市场观察报告，底下的评论是这样的："你为什么会关注勃兰特这种不看好标普指数会达到 5000 点的人呢？"你对这种评论是怎么看的？

我的交易哲学是：想法再好也要控制风险。一旦一笔交易开始亏钱，我就不想持有这笔头寸了，会像扔烫手山芋一样将它扔掉。我可以在一天之内从强烈的看好转变为快速离场。但是在推特的世界里，人们只会记得好的那一面。就好像不论你说什么，都代表你这一辈子的观点。他们只会记得我的推荐，但是会忘记我在一两天之后带着50个基点的亏损或者收益离场时的样子。在推特的世界里，如果你是多头，市场却转向空头，你会倾向于给出负面的回应。反之亦然。然而，我认为，灵活地改变想法实际上是一个交易员固有的特质。

在你的交易生涯中，市场经历了如此巨大的变化。我们已经从一个需要一个房间大小的主机来开发和测试简单的交易系统的时代，发展到现在计算能力强大和可以轻松获得交易软件的时代。我们已经从几乎没有电子交易发展到大量使用计算机交易的时代。我们已经看到人工智能交易和高频交易的出现。我们已经从一个认为技术分析是落后的市场分析方法的时代发展成为以技术分析为基础进行交易的时代，图形分析和计算机技术系统已经得到了广泛的应用。尽管有这些变化，你还是在使用你在交易生涯开始时使用的技术，而这些技术基于沙巴克将近90年前在书中描述的图形。你认为这些技术在经历了这些变化之后还会发挥作用吗？

不，它们绝对不会再发挥作用了。

那么，你是如何使用来自不同时代的方法继续获得成功的呢？

这个问题我也想了很久。如果我按照沙巴克标注的每一个图形的进场点进行交易的话，我想赚到钱将是极其困难的，因为市场已经不再遵循这些图形了。曾经有一段时间，你只要按照图形进行交易，就一定会赚钱。我相信这种优势已经不复存在了。

所以，你认为经典的图形分析本身已经不再起作用了。

是的，真的这么认为。大部分长期形态，包括趋势线、通道以及三角形形态都不再发挥作用了。

那么，如果有的话，什么形态仍然在发挥作用呢？

我发现唯一仍然有效的是短期形态，也就是一年以内的形态最好是 26 周以内的形态，因为这种形态具有水平边界。这种形态包括头肩形态、上升三角形和下降三角形形态，以及矩形盘整形态。

是不是与其说你提到的形态没有发挥作用，不如说它们帮助你选出具有清晰的、比较近的、有意义的止损点的进场点？

是的，图形会告诉你阻力最小的路径，但是图形并不能预测市场。当人们开始从预测的角度考虑图形时，就会很危险。图形能够很好地为风险收益不对称的交易找到具体的进场点。我关注的是能够在盈亏平衡或者更好的情况下离场的概率，而不是价格波动的概率。例如，我现在要做空黄金，我要关注的是黄金下跌 60 ～ 70 美元的概率。如果有人问我："你对金价下跌 60 ～ 70 美元有多大信心？"那就问错了。正确的问题应该是："你有多大的把握在保证盈亏平衡的基础上退出交易？"

你使用的是一种你承认没有多少优势的交易信号方法。那么你的优势是什么呢？

给了我优势的不是图形，而是风险管理。我在纪律、耐心和执行指令方面都有优势。一位《因子》的读者来信说："彼得，你之所以有优势，是因为你在准备进场前会观察市场几周，然后在当天交易结束时因为市场表现不佳而离场。"我心想："天啊，终于碰到知音了。"图形只是告诉了我一个我愿意下注的点。关于这个点，我可以这样说："市场的趋势从这个价格开始。"我们也可以换个角度看这个问题：我是否可以在价格图形上找到一根 K 线，其底部不再会被触碰呢？

与其说你找到了交易的进场点，倒不如说你弄清楚了在哪里进行成功率接近 50% 的非对称交易。

我认为这是一个很好的描述。我所有的利润来自我 10% ～ 15% 的交易，其他交易都是没有实际意义的。这种情况似乎在年复一年地重复着。当然，问题在于我永远也不知道哪些才是那 10% ～ 15% 的交易。

我知道你完全依靠技术分析交易，那你认为基本面分析有价值吗，即使它并不适合你。

我的导师丹·马基对基本面有一套非常有趣的哲学，他认为大部分的基本面新闻都不值一提。丹有一个主导基本面因素理论，该理论假设，在 1 ～ 5 年的时间里，有一个潜在的基本面因素是市场的主导因素。与其他因素有关的新闻仅仅是在主导基本面因素驱动下的趋势的波动，而且，通常情况下，传统智慧对于相关的基本面因素一无所知。你可以看上一周的美国消费者新闻与商业频道（CNBC），他们永远不会提到主导基本面因素。实际上，即使人们意识到主导因素，在大多数情况下他们也会试图淡化它。我认为这种倾向的一个很好的例子就是量化宽松，它是在经济大衰退之后实施的，是随后股票大牛市的巨大推动力。人们会说："中央银行不能再这样搞下去了，它正在催生更多的债务。你必须做空这个市场。"

你会使用丹的理论吗？

我不会。不过我经常在想，1998 年去世的丹会认为是什么在驱动一个特定的市场呢？

你对那些想开启交易生涯的人有什么建议？

我首先会问他们："如果你把一切全都赔光了，你的生活方式会不会彻底改变？"如果你的回答是会，就不要交易。如果你觉得需要定期积累交易利润，就不要交易。市场回报不是年金。我会告诉那些想要成为交易员的人，他们需要三年的时间才能领悟到什么才是交易，而要想达到一定的水平则需要五年的时间。如果你没有在 3 ～ 5 年内达到一定的交易水平，你可能就不适合交易。人们完全低估了成为一个能够赢利的交易员所需要的时间。赚钱并不是你成为交易员的动力。我想说的是，如果你是为了生存而成为交易员，那么你成功的概率可能只有 1%。

你有没有意识到，当我问你会给那些想成为交易员的人什么建议的时候，你只是给了我一大堆为什么有些人不应该成为交易员的理由？

哦，是的。

尽管有这么多的建议，但还是有人会说："我明白你的意思，但我还是想试一试。"你会给他们什么建议？

你要学会看淡亏损，市场才不在乎你是谁。

还有什么？

你必须找到自己的路。如果你认为可以复制其他人的交易风格，它将永远不会为你所用。

这也是我自己试图向交易员传达的主要信息之一，你是否能够用自己的话告诉我为什么你认为这是正确的？

对于那些试图模仿其他交易员的交易员来说，一个主要的危险是，每一个交易员迟早都会经历一次重大回撤。我是在经历了一段充满挑战的时期后理解这一点的含义的。即使我连续做了 10 笔亏损的交易，但只要我遵循了自己的计划，我就没有做错任何事情。其他想要模仿我的人是不会有这样的信念的。那么一旦在某一时刻遇到困难，这是不可避免的，他们将无法坚持下去。这就是为什么交易员需要明确知道他们为什么要做交易，这是他们在充满挑战的时期生存下来的唯一方法。

这就引出了一个问题：当你所做的一切似乎都是错的，你与市场不同步时，你会做什么？

我会削减交易规模。过去，每当出现这种情况时，我都会问："我需要改变吗？"但这通常会把我引向一条亏损的不归路。在最后一连串交易中优化你的交易方法并不能解决问题，它只会将你引入歧途。我会维持同样的交易方式，这是我摆脱亏损并重回正轨的唯一方法。

对于那些正在寻求开启交易生涯的人，你还有其他的建议吗？

你必须等待合适的交易机会。对我来说，早期最困难的事情是找到问题的答案：我的想法是什么？符合我的交易机会是什么？我认为每个交易员都必须回答这个问题：你能非常具体地说明你愿意参与的交易吗？只有当交易员能够回答这个问题时，他才能准备好处理其他关键问题，比如规模、杠杆、逐级买卖以及交易管理。

你之前说过，要确定成为交易员的动机不是赚钱。那么什么才是好的动机？

市场上有很好的挑战，你必须享受解决问题的过程。如果你最后能说出"我找到了解决方法，我对结果很满意"这句话，我认为就非常好。

你对错过交易有什么建议？

接受事实。我把这些称为"本应该做的交易"。我平均每年都会错过两笔"本应该做的交易"，而我只能接受这一事实。

这些错过的交易比亏损更加让你痛苦吗？

曾经是的，我会为此而抓狂。（他在说"抓"的时候拉了长音。）

你是怎么从这些事情中走出来的？

我会制订计划，然后下单，而不是等待突破以后再考虑该做什么，这样一来，我就会减少错过交易的数量。而且，根据经验，我知道总会有下一个交易出现。令人惊讶的是，只要我等待的时间足够长，就会等到另外一笔重要的交易出现。相对于我错过的，我更在乎我犯的错误。

比较一下成功的交易员和失败的交易员吧。

我认为成功的交易员有一些共同之处。他们敬畏风险，会控制交易的风险。他们从不会下意识地认为自己的交易是正确的，他们会假设自己会错。他们不会因为交易成功而兴奋，也不会因为交易失败而沮丧。

失败的交易员呢？

他们冒的风险太大了，可以说他们根本没有自己的方法论。他们追涨杀跌，害怕错过交易，无法控制自己的情绪，还会在兴奋和沮丧之间来回切换。

***

具有讽刺意味的是，大多数人认为成为一名成功的交易员应该掌握的最重要的东西——进入交易的方法，实际上对勃兰特来说是最不重要的因素之一。勃兰特认为，经典的图形分析已经失去其全部优势，风险控制才是真正重要的因素。图形分析实际上仅仅是一种用来识别符合执行勃兰特的风险管理方法的时间点的工具而已。勃兰特设置止损点的目的是确保他在任何交易中都不会遭受大的损失，只有在一些特殊的情况下，他的止损点才会远远低于预期水平，就像他在第一次海湾战争期间做的那笔交易一样，这也是他在交易生涯中遇到的唯一一次特殊交易。

勃兰特的交易策略的本质是：在任何交易中都只冒很小的风险，并只做他认为能提供合理回报的交易，这个合理的回报是他所承受风险的三四倍。他会使用图形来确认点位，在这些点位附近可以设置重要的保护性止损点。在这些点位上，一个相对较小的价格波动就足以触发重要的信号，证明交易是错误的。

　　一个典型的例子是，当市场在一次重要的上涨突破后强势收盘，且当天的低点位于勃兰特所说的"结冰带"以下时，他就会做多。在勃兰特的交易方法中，有我在杰出的交易员身上观察到的一个共同特征：他们有一套基于识别非对称交易机会的交易方法。所谓非对称交易机会，就是一笔交易的上涨潜力要远远超过所需承担的风险。

　　勃兰特承认他选择使用严格的保护性止损策略会降低他的整体收益率，有些读者可能会对此感到困惑：他为什么不使用一种能够让收益率最大化的交易方法呢？他的回答是：一种在增加收益率的同时也会增加风险的方法不是最优的选择。原因在于，从数学上讲，在风险相同的情况下，通过增加头寸规模，一种具有较高风险收益率的方法总是能够获得比低风险收益率的方法的更高的收益（即使后一种方法的收益率更高）。

　　要想成为一个杰出的交易员，你必须形成自己的交易风格。值得一提的是，当勃兰特的导师还在用基本面分析法进行长期投资的时候，勃兰特已经形成了一种完全基于技术分析、用更短的时间做交易的方法，特别是在亏损的情况下。勃兰特从他的导师那里学到了资金管理的重要性，但是交易方法则完全是他自己摸索出来的。

　　勃兰特在他的交易生涯中一直严格执行他自己的交易方法，只有一个例外。2013年，勃兰特的交易方法似乎和市场脱节了，在经历了几个月的净亏损后，他受到了技术交易员普遍认为市场已经改变的言论的影响。在经历了一段短暂的消沉之后，勃兰特放弃了让他受益多年的交易方法，开始尝试那些不属于他自己的交易方法。他短暂接触的所有交易方法只是扩大了他的亏损。最后，勃兰特结束了他自2006年底恢复交易以来唯一亏损的一年，他自己也承认，他把原本5%的回撤变成了17%的回撤。

从用自己的方法交易可以推出一个原则：不要根据别人的建议交易。勃兰特的第一次交易就是听从了那位对他进入交易行业影响颇深的场内经纪人的建议。尽管这笔交易对于那个经纪人来说是有利可图的，但是勃兰特最终以亏损收场，因为他没有意识到那个经纪人做交易的时间窗口要比他短得多。更可怕的是，听从别人的建议或者推荐往往会产生糟糕的后果。你可以从其他成功的交易员那里学到正确的交易法则，但是基于别人的推荐而不是你自己的方法进行交易通常是糟糕的主意。记住，当你下次赔钱的时候，最好在纸条上写：我早就告诉过你了。

当被问及他希望在交易生涯开始的时候知道什么时，勃兰特说："我就是自己最大的敌人。"勃兰特并非个例。情绪和冲动经常会导致交易员犯错。勃兰特解释说，他是个冲动的人，如果只是看着屏幕，然后根据自己的直觉进行交易，他早就完蛋了。勃兰特相信他的成功是必然，因为他的交易过程不包含情绪反应。用他自己的话来说："这个过程包括做决策、写下交易指令、下单，然后耐心等待。"勃兰特尽量不看屏幕，并且在很大程度上限制新交易的头寸，这些头寸是根据他在每周五收盘和周日晚上开盘前通过详尽的图形分析和交易计划确定的。

勃兰特关于情绪对交易的负面影响的评论让我想起了威廉·埃克哈特（William Eckhardt）在《新金融怪杰》中的评论："如果你是为了情绪上的满足而交易，你注定会输，因为感觉良好的事情往往都是错误的。"其实，最好的交易也许就是最违反直觉或者最难接受的交易。勃兰特在2019年做得最好的交易之一就是做空谷物，这与他原本的想法相反。

有一套具体的交易方法是十分必要的，它不仅可以避免情绪化导致的不好的交易决定，也是交易成功的先决条件。我采访过的每一位成功的交易员都有一套具体的交易方法，好交易方法是与拍脑袋的交易方法不同的。勃兰特会选择符合特定标准的交易，这些交易的时点选择会落实到进场交易当天。一旦开始一笔交易，他就会在一个事先确定好的价位设置止损。如果亏损，他就离场；如果交易成功，他也会有兑现利润的计划。

很多交易员，特别是刚刚入市的交易员，是无法理解糟糕的交易和亏损的交易之间的主要区别的，它们是完全不一样的。勃兰特说，如果他在交易一年以后看图形时能够看到他持有的头寸的日期和价格，这就是一笔好交易，不论最后是赢利还是亏损。实际上，勃兰特的意思是说，一笔好交易的决定性因素是你是否遵循了自己的交易方法，而不是交易能否赚钱。（当然，从这个角度来看，其隐含的假设是：你使用的交易方法在长期风险可控的情况下是有利可图的。）现实情况是，任何一种方法都有一定比例会亏损，这与该方法好坏与否没有关系，而且我们也不可能提前知道哪笔交易会赢利。

很多交易员有适合自己的交易规模。他们可能会在交易较小规模的头寸时表现良好，而在交易较大规模的头寸时表现不佳，即使这个市场在他们持有较大规模的头寸时仍然具有充足的流动性。当商品期货公司将勃兰特的配额从之前最多交易 20 张期货合约上升到可以交易100 张时，他感受很明显。在每笔交易的风险没有发生变化的情况下，勃兰特发现他在从亏损了多少钱，而不是资产净值亏损了百分之多少的角度思考。因此，如果每笔交易的风险没有改变，而市场又在订单规模更大的情况下保持充足的流动性，那么认为交易规模应该没有差异可能就不合理，但是人类的情绪及其对交易的影响是没有逻辑的。我们从中学到的教训是：交易员应当对自己的交易水平的突然上升和下降保持警惕。账户资产净值的增加应该是逐步的，从而确保交易员能够适应增加的交易规模。

成功地用自己的账户交易并不一定意味着能成功地管理他人的资金。有些交易员在用自己的资金交易时可能会得心应手、业绩喜人，但是在管理他人的资金时却表现得差强人意。这种现象之所以会出现，是因为有些交易员在损失他人资金时的负罪感可能会严重影响他们的正常交易决策过程。勃兰特管理别人资金的那段时间，正好是他自2006 年底重返交易之后资金缩水最严重的时候，这一切并非巧合。有意思的是，勃兰特返还所有投资者资金的那个月正好是他资产净值最低点出现的时候，此后他便迎来了连续 20 个月的盈利。交易员在从用自己的账户交易到为他人管理资金的转变过程中，应当密切关注管理他人的资金是否会影响自己在做出交易决定时的心理承受能力。

勃兰特通过停止"爆米花交易"的方式改善了他的业绩表现。"爆米花交易"虽然能够带来可观的利润，但最后有可能会回吐全部利润，或导致净亏损。在勃兰特职业生涯的早期，负面的交易经历促使他制定了相关的法则：

1. 一旦在一笔交易中获得了相当于全部资产净值 1% 的净利润，他就会兑现一部分盈利。

2. 一旦交易达到了利润目标的 30% 以内，他就会设置更近的保护性止损点。

勃兰特的另外一个交易法则是：如果一笔未平仓交易在周五收盘时出现净亏损，他就会离场。他这样做的部分原因是在周末持有头寸的风险要大于在交易日持有隔夜头寸的风险。由于假设是头寸在周五收盘时处于净亏损状态，对于像勃兰特这种风险阈值较低的交易员来说，在这种情况下平仓是一种谨慎的风险管理手段。而建议周五平仓的主要原因是，勃兰特认为周五的收盘价具有特殊的意义，因为周五收盘时的趋势很有可能在下一周的开始延续。只要这个前提是正确的，即使原本的交易最终被证明没问题，在接下来的一周里也会有很好的机会在更好的价位上重新进入。

　　所有交易员都面临一个难题：当你的交易方法与这个市场脱节的时候，你应该怎么做？勃兰特建议最不应该做的一件事就是从一种行之有效的方法转向其他方法。如今，可能有些时候彻底的改变是必要的，但必须在大量的研究和分析的基础上才行。一种交易方法不应该因为交易员在市场中经历了不顺而被轻易地改变。那么，当交易员做的每件事看起来都是错误的时候，又应当做什么呢？勃兰特的回答是：在你和市场再次同步之前，降低你的交易规模，如果有必要的话，可以大幅斩仓。

　　值得注意的是，勃兰特成为全职交易员以后经历的第一个亏损年份，恰好在他取得有史以来最好业绩的交易年份之后。这让我想起了马蒂·施瓦茨（Marty Schwartz）在《金融怪杰》中的评论："我最大的亏损往往出现在最大的盈利之后。"最糟糕的亏损通常发生在一切看起来非常完美的时间之后。为什么在最好的业绩表现之后会出现最糟糕的亏损呢？一种解释是，持续的盈利会催生自满情绪，自满又会导致草率的交易。在交易一帆风顺的时候，交易员是不会考虑会在哪里出现失误的，特别是在最坏的情况下会出现什么问题。另外一种解释是，业绩表现优异的时期也有可能是风险最高的时期。其寓意是：如果你的投资组合几乎每天都会创出新高，而且所有的交易都在盈利，你就要小心了！这个时候绝对不能自满，要格外警惕。

　　那么从长远来看，不考虑你的交易方法，你如何知道哪种类型的交易会成功，哪些情况对你是有利的或不利的呢？有系统的交易员可以通过测试每一类型的交易来回答这些问题。然而，自由裁量型交易员却不能测试不同的替代方案，因为根据定义，自由裁量型交易员无法系统地定义他们过去的交易。对他们来说，确定哪种交易类型的效果最好和最差的唯一方法，就是对他们的交易结果进行实时的分类和记录。随着时间的推移，这种手工操作的过程将会产生必要的数据和由此产生的交易洞察。勃兰特非常后悔的一件事情就是没有记交易日志。例如，他认为经过周末的分析，那些没有出现在他清单上的交易（那些对周内价格走势有反应的交易）表现不佳，甚至可能出现净亏损。他相信这个假设，但真的不知道它是否正确。他希望自己能够通过不同类型的跟踪记录来回答这些问题。我们从中得到的教训是，自由裁量型交易员应该对他们的交易进行分类，并且监控每一个类别的交易结果，这样他们就有了确切的数据来知道哪些交易有效，哪些无效。

耐心是成功的交易员共同的特征，但并不一定是与生俱来的。以勃兰特为例，他比较急躁，但是他通过自律来迫使自己保持耐心。对于勃兰特来说，耐心是进场交易的重要前提。正如他所说："耐心等待正确的机会。"他会避免受到每一个交易想法的诱惑，而是耐心地等待引人注目的交易。在发生概率几乎相等的情况下，上涨的潜力是所承担风险的三四倍。哥谭资本公司（Gotham Capital）的创始人乔尔·格林布拉特（Joel Greenblatt）在与我的访谈中也提出了类似的观点。"华尔街没有罢工，"格林布拉特借用沃伦·巴菲特的话说，"你想看多少策划案就看多少策划案，然后当一切都进入你的'射程'时再'挥杆'。"

勃兰特由大幅赢利转为巨额亏损的交易是在第一次海湾战争开始时持有的原油多头头寸。原油价格在一夜之间暴跌了25%。勃兰特在开盘时以远低于他期望的止损点的价格平了仓，甚至没有考虑在可能的反弹中以更好的价格离场。随着原油价格在接下来的几周里继续下跌，投机只会使亏损更加严重。虽然一个样本不能证明任何事情，但是其中隐含的建议却是"不要在交易亏损的情况下投机"，这个建议非常合理，也适用于交易失误时。在这两种情况下，交易员应该选择平仓，而不是拿亏损赌博。

对于很多人来说，像勃兰特这样以交易为生似乎是一种吸引人的生活方式，但这比大多数人想象的更难实现。大多数有抱负的交易员都资本不足，而且还低估了开发一种有利可图的交易方法所需的时间（勃兰特估计需要 3 ～ 5 年）。勃兰特建议，如果本金的亏损着实改变了你的生活方式，那么就不要进行交易。如果你想依靠交易利润支付生活上的开销，那么你几乎不可能在交易中成功。正如勃兰特指出的那样："市场回报不是年金。"你不能认为从交易中获得稳定的收入是合理的。

勃兰特的座右铭是：想法再好也要控制风险。做交易要有充分的理由，一旦你开始一笔交易，而交易的表现不及预期，就要马上离场。当市场的走势与预期相反时，即使你离场的时候只亏损了一点点，也是没有任何问题的。灵活地改变你对市场的观点会让你在交易时变得更加游刃有余，这是交易员的特点，而不是弱点。

成功的交易员的一个重要特征就是他们热爱交易，这在勃兰特最初十几年的交易生涯里得到了充分的验证。你可以从他对早年经历的描述中了解到，他对交易充满了激情。然而，在 20 世纪 90 年代早期和中期，勃兰特对交易的兴趣消失了。用他的话讲，交易已经变成了一件"苦差事"。随着时间的推移，这种从热爱交易到恐惧交易的彻底转变意味着勃兰特可能失去了交易成功所需要的最基本要素，他的业绩也从赢利变成了亏损。十多年后，对交易的渴望让勃兰特复出，这一次他又取得了巨大的成功。

勃兰特的故事告诉我们：一定要确认你是真的想从事交易。不要把致富和做交易混为一谈。你只有大量地付出，才能得到想要的结果。

第 2 章

杰森·夏皮罗
逆向交易者

在本章中，以下人名都是化名：大卫·里德、沃尔特·加里森、詹姆斯·范德尔以及亚当·王。以下公司名称都是化名：克莱默资本、沃尔特·加里森基金以及布赖森证券。

作为一名交易员，杰森·夏皮罗之所以能够取得持续的成功，是因为他在交易的头 10 年学到了与他的直觉完全相反的方法。夏皮罗的交易生涯超过 30 年，从用自己的账户交易，到为多家资产管理公司打理投资组合，再到多次通过自己 CTA 的身份管理投资者的账户。夏皮罗管理的资产从几百万到 6 亿美元不等。在人生的这个阶段，他很满足于 CTA 的独立运作方式，并且不打算改变这种简单的交易方式。

夏皮罗的交易记录可以追溯到 2001 年，他管理的资金来自几家不同的公司。他的收益率高低取决于配置者设定的目标波动率水平，而他在不同公司的目标波动率是不一样的。为了保持业绩记录的连续性，我基于一个固定的目标波动率对他整个生涯的收益率做了调整。

在 20% 的目标波动率下，夏皮罗的年平均收益率是 34%，最大回撤为 16.1%，还不到年平均收益率的一半。因为他的波动率被巨大的月度收益夸大了，所以他的波动率水平夸大了隐藏的风险，就像即使在 20% 的波动率水平下，相对受限的最大下跌幅度所证明的那样。夏皮罗的收益风险数据非常强劲，调整后的索提诺比率为 2.83，月度 GPR 是 2.45（这两个指标的定义及其解释参见附录 B）。自从在休整后于 2016 年恢复交易以来，他所有的业绩指标都打破了之前的纪录。夏皮罗的业绩有一个不同寻常的特点，就是他的收益率与股票、对冲基金和 CTA 指数负相关。

我是通过一封电子邮件知道夏皮罗的，邮件里写道："你一定要和杰森·夏皮罗谈谈。他的业绩非常棒，市场策略也非常独特，耐人寻味。"这封电子邮件足够吸引我去一探究竟了。我在给夏皮罗的电子邮件中写道："我正在写一本'金融怪杰'系列的新书，比尔·道奇说你是最合适的人选。我想知道你是否有兴趣接受我的采访。"

夏皮罗回复说："我有点犹豫，但是我不得不说，您的'金融怪杰'系列书的前两本为我的人生指明了方向，所以，如果这个采访对您有所帮助的话，我很愿意和您谈谈。"

我回复了夏皮罗，请他在接受采访之前提供收益数据，从而确保他符合这本书的写作要求。我说我住在博尔德，可能会去纽约旅行，顺便造访他在罗得岛州的家。他回复说，他可能会在下周去博尔德参加一场婚礼，并提议我们可以一起吃午餐。我回复："那就太方便了！"

在准备此次采访的后续工作期间，我收到了夏皮罗的电子邮件："为了不浪费您的时间，我在经过慎重考虑后决定，我不想在人生的这个阶段出现在您的书中。我非常尊重您所做的工作，它对我的工作和生活产生了重大且积极的影响，所以我还是很想见到您，聊一聊市场和生活，希望您能体谅我的难处。"

我有些失望，但至少不用为旅行花费精力了。我在家中的办公室里和夏皮罗见了面。我很想问问他在我们谈话时是否可以打开录音机，以防止他改变主意。但是，他已经明确表示不想出现在一本书中，即使是我写的书，所以我就没有问。在接下来的两个小时里，夏皮罗向我讲述了他的故事。故事引人入胜，他对交易有着非常独特的视角，提供了极具价值的见解和建议。

聊完后，我很后悔没有试着获得他的许可来记录我们的谈话。我给夏皮罗发了一封邮件："很高兴能够在博尔德和你见面。我现在有大量的采访资料，足够让我忙到来年春天。希望你在此期间认真考虑是否接受我的采访，我将保证你有权审核我写的内容。你的故事非常精彩，我想让更多的后来者知道它。我将在明年春天的时候再次征求你是否愿意接受采访。"

四个月后，我又给夏皮罗发了一封邮件："我希望在这个疯狂的时刻一切皆好。就像我之前提到的那样，我认为你的故事里包含了大量有趣的资料和难得的经验教训，这对我正在撰写的'金融怪杰'系列的新书是很好的补充。此外，我总是会让受访者审核终稿，并在内容发表之前提出修改意见（双方会达成共识）。如果你不同意，我不会把采访内容收录在书里，所以采访没有任何风险。我以前如果要采访你，会去一趟罗得岛州，新冠肺炎疫情的出现反而让事情容易了许多，我可以通过 Zoom 软件进行采访。你愿意试一试吗？"

夏皮罗回复我说他愿意接受采访，前提是他保留不允许将采访内容收录到书中的权利。我回复说："好的，就这么定了。有件事你应该知道，就是 98% 的工作是将采访内容转化成文字（采访只占 2%）。如果你觉得这是你推翻之前的决定的机会，那么不论你是否喜欢我写的这一章，你都应该告诉我。然而，如果你只是因为不喜欢终稿而反对的话，我并不担心。"

一个小时后，夏皮罗回复说："杰克，我很确定我不想出现在这本书中。我只是个性和其他人不一样而已。坦率地说，我不想浪费你的时间。"一分钟之后，我又收到了他的邮件："管他呢，咱们干吧。"

***

你在十几岁的时候有什么明确的职业抱负吗？

没有，我那个时候就是个捣蛋鬼。我会逃学，即使上学，我也没有心思学习。我被三所高中开除过。

学校为什么开除你？

我什么也不干，因为我对任何事都不感兴趣。而且，当我遇到麻烦时，我谁的话也不听。

是什么特别的原因让你有这种叛逆心理吗？

我不知道。我以为孩子们都讨厌学校，都喜欢和老师对着干，所以我就这么做了。

你的父母对你多次被学校开除有什么反应？

我的父亲在我十五六岁的时候就不管我了，因为他管不了。我的母亲是一位儿童心理学家，奇怪的是，她觉得我应该感激她对我所做的一切，她认为顺其自然才是明智的选择，孩子总会长大并找到自我。

考虑到你对学校不感兴趣，学习成绩也很差，你是不是申请大学也很困难？

我在一个上层中产阶级的郊区长大。我认识的人都上过大学。我高中毕业时的平均学分绩点是1.7。

这样的成绩能上什么样的大学？

我上的是南佛罗里达大学（USF）。他们的录取政策是，不论你的高中成绩是多少，只要你的 SAT[⊖]成绩和两门成就测验加在一起达到一定的分数，你就会被录取。我在做成就测验这件事儿上总是表现很好，拿到了足够的成绩，学校录取了我。然而，当拿到我的高中毕业成绩单后，他们让我留校察看。

你的专业是什么？

金融。

和高中的时候相比，你在大学的学习态度有什么改变吗？

第一年没有变化。我在大二的时候和朋友因为酒后做了蠢事被捕，我们俩在坦帕市中心的拘留所里过了一夜。那次经历后，我想："这不是我想要的生活。"自此以后，我的成绩全都是优秀。

你毕业以后发生了什么？

我上大学的时候就喜欢上了经济学。在大学的最后两年里，我几乎每隔几天就会读一本经济学著作。大四的时候，我在房地产行业找了一份几乎是全职的工作。我在学习上投入了大量的精力，我认为我能够考上顶级的 MBA 院校。我参加了 GMAT[⊜]考试，只答错了一道题，取得了近乎完美的成绩。我觉得我能够被哈佛大学、芝加哥大学或沃顿商学院录取。但是，没有一个院校录取我，他们只收有多年工作经验的人。

我很清楚，拿着南佛罗里达大学的文凭，是不可能在高盛找到工作的，而且我也不知道该做什么。我 1998 年大学毕业，当时的日本正在高速发展。我在大学里学过日语，有人告诉我日本国内需要英语教

⊖ 美国高中毕业生学术能力水平考试。

⊜ 美国管理学研究生入学考试。

师。于是，我和女朋友去了日本，在那里教了一年英语。我在日本的时候，向汇丰银行递交了工作申请，后来去中国香港地区参加了他们的高管发展项目的面试，并得到了一份工作。这是一个为期五年的项目，他们会让你在不同的部门轮岗。

我发现所有的交易都是在财务部门进行的，于是向公司申请到财务部门工作。然而，我参加的这个项目并不涉及交易。该项目旨在培养通才银行家，使其成为公司内部的高级管理人员。我只干了一年就被解雇了，他们从一开始就讨厌我。我来自新泽西州，是一个自作聪明且自以为无所不知的犹太小子，却在一个由苏格兰创建，用同一套工作方式运转了 125 年的机构工作。我和这家公司实在是太不匹配了。

公司为什么解雇你？

和我在高中被开除的原因一样：完全不服从管理。

你是如何开始交易生涯的？

当我还在汇丰银行工作的时候，我开始交易恒生指数期货。我加入了一支美国人组成的垒球队，其中有一个经纪人，他向我介绍了期货交易。我虽然买过一手恒生指数期货，但我对此其实一无所知。我上大学的时候爱读书，所以我的第一反应就是去买本书，弄清楚我正在干什么。我还记得吃午餐的时候，我到公司对面的书店去找关于交易的书，看到一本封面上有个巫师的书，里面全都是对交易员的采访。我觉得这本书看起来不错。

所以你读的第一本书就是我写的？

我读过很多财经书籍，但这是我读过的第一本关于交易的书。我在吃午餐的时候买了这本书，回到办公室就开始读了起来，在晚上睡觉之前就把它读完了。第二天早上醒来后，我心想："我知道自己现在想要做什么了。这对我来说太合适了。"

什么太合适了？

书里的人都是独立交易员，是超级逆向投资者。别人怎么想不重要。我对自己说："这就是我想做的。"

哪些接受采访的交易员引起了你的共鸣？

直到今天还在对我产生影响的是大宗商品公司的交易员，特别是琼斯、科夫纳和马库斯。

你买入恒生指数期货后的交易情况怎么样？

我记得买入的时候，恒生指数大约是 4000 点，不到半年的时间，就涨到了 7000 点。对于一个年轻的、无知的、愚钝的交易员来说，牛市疯狂的时候才是最好的时机。我就像一个在 1999 年买入纳斯达克股票的 22 岁小子，只要不做空，就不会亏。

你被汇丰银行解雇之后做了什么？

我留在了中国香港地区，为一些经纪公司工作。我每天晚上都要熬到深夜，给美国的客户打电话，试图说服他们通过我来交易。我拿到了一些订单，不停地做交易。

坐在我旁边的是一位名叫雅基·陈的马来西亚华裔女性，她很精明，曾为摩根士丹利做过交易，现在用自己的账户做交易。她给我的期货账户提供了 10 000 美元。当时的市场是牛市，一旦我赚到了足够多的钱，她就会把 10 000 美元收回去。我把这个账户做到了 70 万美元。我买了一辆保时捷，盘算着如何像亿万富翁那样生活。

没过多久，这波牛市行情就结束了。这一次，同样是不到半年的时间，我就把所有的钱都赔了进去，只剩下了那辆保时捷。我换了工作，去了另外一家经纪公司。我又开始用自己的账户做交易了。当尼克·利森破产的时候，我已经赚了很多钱（尼克·利森是巴林银行的一名交易员，他成功地掩盖了一系列不断增加的亏损。当他的骗局被揭穿时，他已经亏损了 14 亿美元，从而导致了巴林银行的倒闭）。

你是怎么从这次事件中赚钱的？

东窗事发的时候，尼克·利森在日经股指期货上持有了大量的看跌期权头寸。新加坡政府宣布，他们将清算当天所有的日经股指期货头寸。日经股指期货全天的交易价格较现货价格有 15%～20% 的折扣。于是，我做多股指期货，做空现货。第二天，现货和期货的价格趋于一致。我在那笔交易中一天就赚了将近 20%。

那时候，我已经厌倦了中国香港地区的生活。我参加了一个介绍伦敦商学院金融硕士项目的午餐会。我对这个项目很感兴趣，便递交了申请，然后被录取了。不过，这个项目距离正式开始还有将近半年的时间。我辞掉了工作，开始了为期五个月的亚洲之旅，我的足迹遍布新加坡、马来西亚、泰国、缅甸、中国和印度。

这个项目让我在伦敦待了九个月。我用 10% 的时间做功课，用 90% 的时间交易恒生指数期货和标普指数期货。正是在这段时间里，我积累了宝贵的经验。那个时候的互联网还处于早期阶段，我记得当时加载一个网页页面需要五分钟的时间。所以，我让我的经纪人把每天的走势图传真给我。我买入卖出，赚了点儿钱。

我曾经一度非常看好恒生指数的超级牛市行情，并且持有大量的头寸。我计划在假期和一个朋友去南非度假，要离开大约一个月的时间，无法关注市场。我不想放弃恒生指数期货的头寸，但是又没有办法跟踪它的走势，因此我告诉我的经纪人，如果恒生指数下跌到一个特定的点位，就卖掉一半的头寸，如果恒生指数下跌到一个更低的点位，就把剩下的头寸全部卖掉。

之后我就离开伦敦去非洲旅行了。三个星期之后，我打电话给我的经纪人，发现恒生指数上涨了 15%，这让我在旅行期间赚了 30 万美

元。由于我远在非洲，看不到报价，什么都做不了，很难每天接收走
势图的传真和交易，我才赚了更多的钱。这段经历对我的影响非常大。
这就像杰西·利弗莫尔（Jesse Livermore）常说的那样，"坐等赚钱"。

（夏皮罗引用了埃德温·勒菲弗在《股票作手回忆录》中的一句话，
大家公认这本书的主人公就是杰西·利弗莫尔本人。书中说的是："在
华尔街摸爬滚打多年，在百万美元的盈利和亏损之后，我要告诉你的
是：'让我赚了大钱的不是我的想法，而是坐在那里耐心等待。明白了
吗？就是耐心等待。'"）

伦敦商学院的金融硕士课程对你有什么启发吗？

硕士课程为我打下了坚实的金融理论基础。我第一次学到了风险
价值和其他风险指标背后的概念和数学函数。另外，我在这个项目中
还有一段难忘且影响深远的经历。我所在商学院的一位教授嫁给了所
罗门兄弟公司（Salomon Brothers）全球固定收益部门的主管。在我的
请求下，她很慷慨地安排我和她丈夫见了面。他是一个非常友好和风
度翩翩的人，问我怎么看待市场。我告诉他："我试图发现每个人都在
做什么，然后做逆向交易，因为所有人都在做同样的交易，所以他们
注定会赔钱。"

他听到我天真的回答后笑了笑，对我说："嗯，有些时候每个人
都能赚钱。以目前的欧洲利率趋同交易为例，每个人都在做这个事情，
只要欧元问世，每个人都会赚钱。"

他的理由很简单：如果欧元诞生（概率很大），欧洲利率就会收敛
（期货价格和现货价格随到期日临近趋于一致），这在数学上是确定无疑
的。这里面隐含的交易是，买入意大利等高收益国家的债券，卖出德
国等低收益国家的债券。因为这种趋同交易几乎是一件确定无疑的事，
所以华尔街所有的精英，以及长期资本管理公司（LTMC）和所罗门兄

弟公司，都会尽可能地扩大交易规模。

当时，由于俄罗斯的利率极高，长期资本管理公司和其他对冲基金都大举做多俄罗斯债券。1998 年 8 月，俄罗斯债券违约。此时在多头头寸上追加保证金是完全错误的，多头头寸的持有者不得不抛售他们持有的其他头寸。当他们都想在同一时间平仓离场时，他们发现根本找不到交易对手方，因为任何想要持有这些头寸的人都已经套牢了。这笔交易最终摧毁了长期资本管理公司和所罗门兄弟公司。

整个事件中最吸引人的地方是，趋同交易最终发挥了作用。欧元诞生了，欧洲的利率也收敛了。然而，由于参与这笔交易的人太多，大多数参与其中的人都亏了钱，有些公司甚至因为亏损太大而倒闭。

你完成伦敦商学院的项目之后做了什么？

我通过了全部课程，但是我还没有交期末论文，因为我不想做作业。我拥有 50 万美元，觉得自己就是世界之王。我当时 27 岁，有的是钱，我以为我可以做任何想做的事。我也不想找工作了。我有个女朋友在泰国，于是我就搬到了那里。我在普吉岛的海滩上租了一间可以看卫星电视的房子，然后开始享受生活。我花了大概八个月的时间才把账户里的钱赔干净。

你是怎么赔的钱？

这个问题让我想起了另外一个重要的教训，它对我产生了持久的影响。我现在看到人们总是在犯同样的错误，我从他们的身上认识到我当时做错了什么。当时，美国股市一直在上涨，而我却选择看跌。我持续做空，不断触发止损离场，如此反复。我记得在格林斯潘发表了"非理性繁荣"演讲后，市场开始大跌，我当时想："看看我有多聪明，只有格林斯潘和我做对了。"就在同一天，标普指数止跌回升，并收于高点。我记得我看着女朋友说："我完蛋了。"

所以，你确实意识到了市场的重要性，市场先是在利空消息出来时大跌，然后反弹收在高点。

是的，我意识到了这一点，但是我一直都在做空，我陷入了一个心理思维陷阱："什么？在做空了这么长时间并亏损了那么多钱之后，我现在难道要做多了吗？"当这种情况发生的时候，我产生了一种害怕错过短期趋势的恐惧感。我现在不会这样想了，但是我看到其他人总是落入同样的陷阱。

在我赔光了所有的钱之后，我仍然觉得自己什么都做得到。我坐下来，在纸上写什么可行，什么不可行。

你写的内容的本质是什么？

不要持有任何观点。中国香港地区有句老话："本应该上涨，却下跌了，那就做空；本应该下跌，却上涨了，那就做多。"这种交易哲学是我做事的基础：当媒体告诉你一些消息时，不要和消息对着干，要顺势而为。

你把账户里的钱都赔光了之后做了什么？

我去了夏威夷，成了一家新商品交易顾问公司的合伙人。在此期间，我和女朋友结婚了，不过她对搬到美国有点儿不太高兴。

你赚了钱，然后把账户的钱赔光了，后来你又把这个先赚后赔的过程重复了一次。是什么让你有信心管理别人的钱？

这不是信心的问题，这就是我想要做的，没有第二选择，我会做好它。我们用另外一个合伙人的钱开了一个期货账户，我负责交易。我做得非常好，我们凭借交易记录筹集了大约50万美元。这个账户我管理了大约18个月，我做得不错，尤其是在风险回报方面。当时正是1998～1999年纳斯达克股票市场牛气冲天的时候，我告诉潜在的投资者"我们今年的收益率是12%"，他们显然不为所动，但他们说："那又怎么样，我一个星期就赚了 12%。"我参加了一些会议，试图筹集资金，那些人像看疯子一样盯着我看。"你说什么？我们给了你钱，你却要去夏威夷？赶紧离开这里。"我们一无所获，而且很明显，我们也不会有什么收获。2000 年初，我搬到芝加哥，在盖尔伯集团（Gelber Group）做职业交易员，在那里待了一年。

为什么一年以后你离开了？

纽约的一家对冲基金公司向我抛来了橄榄枝。不过，在我们讨论这个问题之前，我还是要从我做商品交易顾问时说起，因为我跳过了这个故事的关键部分。我在做商品交易顾问期间，接触了交易商持仓报告（COT）。1999 年下半年，我作为一个逆向交易者试图做空股票市场，因为当时的所有迹象都表明市场出现了泡沫，就像俗话说的那样：当一个街边擦皮鞋的小孩子都在给你推荐股票的时候，市场差不多就到头儿了。我知道要做空，但是纳斯达克指数在 8 月到次年 1 月期间又上涨了 50%。我在风险控制方面做得非常好，即使做空股指期货，也没有亏钱，因为我在别的地方赚了钱，而且止损的速度非常快。因此，当市场创下新高时，我没有坚持做空。我从中学到了经验。后来，当我在盖尔伯集团工作的时候，我踩着顶部做空赚了一笔。交易商持仓报告直到 2000 年 1 月才发出了卖出信号。我想："这数据真是强大。"

［交易商持仓报告是由美国商品期货交易委员会（CFTC）发布的周报，上面记录着投机者和商业公司（行业参与者）持有的期货头寸细目。这份周报还提供了其他详细的细目。以实物商品期货为例，交易商持仓报告分为四类：生产者 / 批发商 / 加工企业 / 用户、掉期交易商、管理基金和其他报告对象。

根据定义，每张期货合约的多头和空头数量是相等的，因此，商业公司和投机者的头寸将彼此反向运动。像杰森·夏皮罗这种类型的交易员，通常将交易商持仓报告作为市场指标，因为他们的基本观点是商业公司往往是正确的（因为它们更了解实际情况）。由此可知，投机者的判断往往是错误的。对于哪些数据（成交价格、持仓数量变化、持续时间）被视为牛市信号或者熊市信号，目前还没有形成共识。大体上，商业公司持有的相对较高的多头头寸（如果有的话，是指相对于历史水平和季节性趋势），或者大量的投机者持有的空头头寸，会被看涨，反之被看跌。]

所以，你认为人们会做多，但是他们实际上真的做多了吗？1999年底，当散户都能够从市场分一杯羹的时候，大量投机者就知道市场出现了泡沫，于是他们开始做空。这轮牛市在泡沫被挤干净之前是不会结束的。一旦泡沫被挤干净了，市场也就见顶了，因为这个时候已经没有人再买了。交易商持仓报告发现了这个信息。这就是为什么从那时起，我开始仔细研究交易商持仓报告。

那么，在交易商持仓报告告诉你产生市场顶部的环境已经成熟，也就是说，在商业公司大举做空之前，你是否改变了寻找市场顶部的方法？

是的，我从那时起开始使用这些数据。

会不会出现商业公司长期做空，市场却连续上涨，或者商业公司长期做多，市场却连续下跌的情况？

当然会，我也不会完全按照交易商持仓报告进行交易。首先，我会确认价格走势。其次，我会设置严格的止损点。例如，我在一两个月之前做多燃油，这意味着商业公司在做多，而投机者在做空。后来我触发止损离场，继续做多，并第二次触发止损离场。此后，市场上的持仓情况出现了大逆转，商业公司不再做多，也就是说，我不需要再做多了。这个时候才是市场真正开始下跌的时候。因此，交易商持仓报告在几个月前建议做多是正确的。但是在几周之内，这些数据又恢复了中性，此时才是价格真正暴跌的开始。

在交易商持仓报告中，你只关注持仓水平吗？还是说你也关注头寸的周变化？

我只使用持仓水平。

在一些市场中，比如在黄金和原油市场中，商业公司总是在做空。我想你们看到的一定是相对水平，而不是绝对水平。在这些市场中，交易商持仓报告发出买入信号的时候应该是商业公司做空的时候，但是空头头寸和历史水平比相对较小，我这样说对吗？

完全正确。我关注的就是相对水平。

你在纽约的那家对冲基金公司供职时做了什么？

事实证明，与其说那是一家对冲基金公司，倒不如说是一群小偷和不称职的交易员聚在一间屋子里。我在那个时候开始使用交易商持仓报告数据，但还没有形成更系统的方法，我只是看看而已。公司里的其他人简直太业余了，我要做的就是听他们在做什么，然后反其道而行之。我在那的一年里获得了很好的收益，而他们都在亏损。年底的时候，他们解雇了我。

你是公司里唯一一个赚钱的人，他们为什么要解雇你？

他们讨厌我。我让他们很没有面子，因为只有我在赚钱，他们都在赔钱。

解雇你的那个人是谁？

那个家伙叫莱诺，是公司的经理。

他解雇你的理由是什么？

他告诉我公司不再做期货交易了。

你为什么说他们是一群小偷？

我离开公司几年以后，联邦调查局以内幕交易罪逮捕了莱诺。

你离开那家公司后做了什么？

我没有工作。我的妻子说我是个失败者，她讨厌我，要和我离婚。那时，我住在普林斯顿。我去见了律师，他问我是干什么的，我告诉他我是交易员，他就问我是否听说过赫尔穆特·魏马尔（Helmut Weymar）。我告诉他我知道这是谁，因为我读过《金融怪杰》这本书。（赫尔穆特·魏马尔是商品公司的联合创始人，这家公司雇用了一些在《金融怪杰》书中采访过的杰出的交易员，以及第 1 章的彼得·勃兰特。）律师告诉我，他的妻子和赫尔穆特的妻子是最好的朋友。我告诉他，如果他想做我的离婚案律师，就得让他的妻子把我介绍给赫尔穆特。

两天以后，我在赫尔穆特那间有壁炉的大办公室里见到了他。虽然赫尔穆特刚刚把公司卖给高盛，但他的办公室还在商品公司的大楼里。我告诉赫尔穆特我是如何做逆向交易的，以及如何使用交易商持仓报告作为市场定位准则的。他很支持我，让我管理一个 200 万美元的账户。他还把我介绍给商品公司的新管理层，他们又给我追加了 200 万美元。我用 400 万美元做了一只小型 CTA 基金。我的业绩很好，第一年就取得了 22% 的收益率。我本以为他们会给我更多的资金，但是我的愿望落空了。我认为这是公司内部的权力之争导致的，新的高盛管理层不希望被本应该离开的赫尔穆特牵着鼻子走。

当时，大卫·里德经营着克莱默资本公司，他希望我为公司打理一个账户。以我现在对大卫的了解，我当时并不知道他雇用我的原因只有一个：他认为，如果赫尔穆特想要雇用我，那么他也要雇用我。他给了我一笔津贴让我加入公司。于是，我关闭了那只 CTA 基金，搬到康涅狄格州为里德工作。

他让你管理多大规模的资金？

这个账户的初始资金是 500 万美元，比我为赫尔穆特和商品公司管理的资金还要多，我知道如果我做得好，会有足够的资金建立规模更大的账户。

结果如何？

就是一场噩梦。在雇用我的时候里德说他理解我说的一切，但是当我来到公司以后发现，他根本就不理解。在那儿的六个月里，趋势跟踪策略的表现堪称完美。

我正要问你呢。我知道里德的公司完全专注于趋势跟踪策略，至少在当时是这样。你的策略是逆向交易，实际上正好相反。

两者本应该是互补的，因为我的策略与趋势跟踪策略是负相关的。我在那儿工作了半年之后，里德把我叫到了他的办公室。我的情绪有些低落，也许是因为我的收益率在大部分时间里只有 1% ～ 2%，而趋势跟踪策略在同一时期的表现则相当出色。里德对我说："我不明白你的策略是如何发挥作用的。我在 70% 的时间里赚钱，这也意味着你在 70% 的时间里赔钱。"

我说："当你打算雇用我的时候，我们谈了大概一个月。我告诉过你收益率低不是问题，你也同意了我的观点。"这样的对话持续了一个月之久，我越来越沮丧。公司在此期间迁入了新的办公室，里德向员工发表了一次演讲，内容是说生活的关键就是永远不要满足。我认为这是我听过的最荒谬的建议。当我在缅甸旅行时，我在一座寺院里待了一个月，我的态度是你应当永远知足。我心想："我要离开这个鬼地方。"里德演讲的第二天，我走进他的办公室，把入伙津贴还给了他，然后离开了。

讲一讲你在缅甸寺院里的经历吧。

我去缅甸就是去看一看。当时，缅甸刚刚对外国人开放。那座寺院坐落在缅甸茵莱湖的中央。到那里的唯一办法是乘坐长船，船夫会站着用腿划船。

我记得我坐在寺院的地板上吃着当地产的花生，一位僧侣走过来，坐在我旁边，用流利的英语和我交谈。我们谈了一会儿之后，他邀请我留下来。我在那里待了一个月。

我剃了光头，坐在屋子里冥想，不跟任何人说话。对我影响最深的是每天早上和寺院的僧侣们去外面接受施舍。僧侣们既不工作也不做饭，完全依靠人们施舍的食物生活。我们每天早上都要带着钵盂出去，穿过沿途的村庄，村民们会往我们的钵盂里面盛上米饭和鱼肉，这些就是我们一天的食物。这段经历对我的影响特别大。我是一个来自中上阶层家庭的孩子，得到了想要的一切，并且把阶层优势发挥到了极致。我在缅甸四处走动，那些连2美元都没有的人每天都会给我食物。这真是一次震撼人心的经历。

你在寺院的经历改变了你吗？你觉得这段不寻常的经历让你和以前不同了吗？

这是肯定的。你在一个地方坐了一个月，除了思考什么也不做，吃的都是别人施舍给你的食物，这会改变你对什么才最重要的态度。在之前的人生中，对我来说最重要的就是事业有成和拥有一幢大房子。后来，我再也不关心这些东西了。这段经历帮助我在"金钱就是一切，它是如此重要"的想法中冷静了下来，因为金钱不是最重要的。

什么才是重要的？

快乐，每天做你想做的事情。把自己擅长的事情做好，我就能赚钱，这虽然很好，但不是主要的驱动力。驱动力是从擅长的事情中获得的满足感。有人会说："你说得这么轻松是因为你有钱。"是的，我承认，但是我还有好几次身无分文的时候。当我开始为赫尔穆特管理资金时，我有两个孩子，我们一家住在一套两居室的公寓里，其中一间屋子就是我的办公室，我甚至买不起一张桌子，我用的是一个宜家的电视架。我的孩子们还小。我还记得我打算去商店买一台便携式摄像机，它的价格是 700 美元，我买不起。

虽然没有钱给我带来了一些压力，但事实是，那时的我和现在一样快乐。让我不敢相信的是，赫尔穆特·魏马尔给了我资金，他雇用了一批有史以来最伟大的交易员，而我得以以交易为生。幸福就是相信未来会比过去更美好。

即使是现在，我也才刚刚买下这幢房子，它很棒，我很喜欢它，尽管它不是海滩上的豪宅。我开的是一辆 1998 年产的丰田车。它对我来说没有任何其他意义，汽车就是一种交通工具，我不需要开着路虎到处跑。我想，这一切都始于我在缅甸待过的那个寺院。

你离开克莱默资本公司以后做了什么？

我又回到赫尔穆特那里，他给了我一些钱让我管理。我还得到了一些投资者的资金，用大约 300 万美元重新启动了 CTA 基金。我做了两年，年收益率是 10% ～ 15%。由于我管理的资金只有 300 万美元，要想筹集更多的资金是很困难的。我需要添加设备，但是无力负担，于是陷入了两难的境地。而且，我也不善于搞营销。

我的一个熟人成了沃尔特·加里森基金公司的首席信息官（CIO），那是一家大型多策略对冲基金公司。他给了我一份交易员的工作，年薪是 25 万美元。我管理的账户的初始资金是 5000 万美元，公司还为我安排了一个全职量化分析师、一间大办公室，从窗户可以俯瞰公园大道。所以，我再次关闭了 CTA 基金，去沃尔特·加里森基金公司工作。

在全职量化分析师的帮助下，我可以量化自己正在做的很多事情。我们开发了交易系统，但有时我也会推翻系统，甚至做一些系统不会执行的交易。

那些非系统性的交易有好结果吗？

它们赚钱了。我的交易员总是和我争论说："我们为什么要这么做？"我告诉他："因为这能赚钱。"我们追踪了我在推翻系统设定时发生的事，如果我们没有赚钱，我就不会再推翻系统了。

哪些类型的交易没有被写入你的系统？

大部分是股指交易。我经常和前同事詹姆斯·范德尔交谈，他是一个不折不扣的大空头。每当詹姆斯大举做空的时候，我就做多，而当他罕见地做多的时候，我就做空。这么做很难看出谁是赢家，但输家却是一目了然。我心想："我以前就像他一样。"詹姆斯所说的和所做的正是我在泰国经历巨额亏损时所想和所做的。我之所以意识到这一点，是因为我以前做过同样的事情。我不是说我比詹姆斯更聪明，我想说的是他正在做我以前做过的事。因为我破产了，所以我知道那样做的结果是什么。因此，我现在要做的就是和我在泰国做的完全相反的事情，我要赚钱而不是赔钱。当交易商持仓报告没有发出交易信号，而詹姆斯却有强烈的交易感觉时，他就是我的逆向交易指标。

也就是说，你没有使用交易商持仓报告作为交易的基础，而是采用了"人型交易商持仓报告"。

就是这么回事儿。人们总是问我："如果美国商品期货交易委员会不再公布交易商持仓报告，你该怎么办？"我告诉他们，我可以利用 CNBC 做交易。你可以整天看 CNBC 或者彭博社，大家都在说同样的事。

你真的以 CNBC 的消息作为交易的基础？

我一直都这么做。大多数时候，交易商持仓报告发出的信号会和新闻上的观点一致。如果每个人都说你必须买入黄金，而且交易商持仓报告显示每个人都在做多，这种情况就绝非偶然。

但是，我不会因为一时兴起就做这些交易。这些人也许在谈论一些事情，但我仍然要等到市场确认了这些消息才会出手。如果他们强烈看空，而道琼斯指数（简称道指）下跌了 1000 点并以低点报收，我是不会买入做多的。然而，如果他们强烈看空，而且当天也出现了一些非常负面的消息，但是市场收盘走高，我就会做多。我吸取了之前的教训：不要和媒体对着干。你要有耐心，市场会告诉你进场的时机。

反转之日的低点就是我离场的时候。我不想和人争论这个观点对错与否。如果我做多，市场却回到了当天的低点，我就会离场。我会坚决执行我的策略。我在每笔交易上设置的止损点都基于一些有意义的市场走势。例如，消息一出，市场跳空低开，然后止跌回升，那个低点就是我的止损点。只要触及这个点，我就会离场。

你使用的逆向指标只告诉你在既定市场中的交易方向，但是如果真的交易，你会等到基于市场行为的信号出现。如果市场行为最终被逆转，那么你交易的前提就不会成立，你就会离场。

是的，你说的完全正确。你需要同时关注市场定位和市场行为。我不知道哪个因素更重要，但是它们都很关键。

这就解释了为什么你可以在市场中做一个逆向投资者，而不会面临巨大的风险。

如果你同时关注市场定位和市场行为，你就可以规避风险。

我明白了，如果市场回到了你认为的当天反转的高位或者低位，你就会止损，但是，如果没有触发止损，有什么原因会导致你离场呢？

当一笔交易的市场定位回归中性的时候，我会获利了结。

怎样算中性？

我开发了一种基于情绪的振荡指标。当它趋于 0 时，我就做多；当它趋于 50 时，我就做空。

你的振荡指标是只基于交易商持仓报告，还是说有其他信息？

我不想把这部分内容写进书里。

你之前提到会将 CNBC 作为逆向指标，还有其他你最关注的电视新节目吗？

我每天都会在美国东部时间下午五点准时收看 "Fast Money" 节目。我都不知道我通过这个节目赚了多少钱。这是一档有史以来最好的意见类节目，节目中的四个嘉宾会分别给出他们的意见。在前五分钟的节目中，他们会就当天的市场走势给出自己的解读，然后在最后两分钟预测第二天的行情。节目里有一个叫布莱恩·凯利的家伙，我关注他好几年了，他的错误率比随机预测的错误率还要高，错得简直太离谱了。我真不知道要是按照他的推荐交易，我得赔多少钱。

你在日内交易期间也看 CNBC 吗？

我整天都把它放在后台播放。如果节目里有人开始谈论我感兴趣的事情，我就会把音量调大。他们总是说着同样的话，所以我常常知道他们接下来要说什么。如果市场一直在下跌，他们就会给出看跌的理由。最近，在这波从 3 月的低点反弹的过程中（2020 年 3 月的低点是由与新冠疫情扩散有关的事件引发的大规模抛售导致的），你每天都能够听到这样的话："现在的市场完全说不通。""市场的底部已经成为过去时了""市场涨得太高、太快了"。与此同时，市场继续加速上涨。这些人都认为他们比市场更聪明。我要重申，我吃过苦头，而他们没有，一个人也没有。

市场上最有分量的词就是"尽管"。如果你听到或者看到这样的评论，"尽管原油库存的增长远高于预期，但是油价收盘仍然走高"，这就是媒体在告诉你将要发生什么。所有人都知道库存远远高于预期，为什么油价收盘还会走高呢？因为媒体知道的比任何人都多。

你在这波反弹中做多了吗？

当然。当市场位于低点时，交易商持仓报告的数据显示道指期货正处于上涨区间，因此，在那个负面消息满天飞的交易日，我们有机会捕捉到向上反转的行情。有趣的是，我在前一天晚上加入了一位前同事创建的聊天群，群里有一个叫亚当·王的人，他是我所知道的最离谱名人之一。亚当拥有博士学位，是那种自以为比别人聪明的人，他是一名风险经理。他不做交易，因为如果做交易，他就会爆仓。

有一天，当标普指数再次暴跌并创下新低的时候，亚当在群里说："我没有看到任何恐慌，市场还有很长的路要走，我们还没到投降的时候。"那个星期电视上的所有人都这么说。亚当·王之前从来没有提起过任何关于市场要下跌的事儿。现在市场在三个星期之内下跌了30%，而他却说市场还没有见底，因为不计成本的抛售还没有发生。

亚当一开口，我就知道市场要反弹了。那天晚上跌停，我建立了部分多头头寸。第二天，当市场从低点大幅反弹的时候，我把多头头寸加到了最大。尽管当天有不少负面消息，但市场还是在收盘时走高。

亚当·王的讲话发生在市场跌至相对低点的同一天，这是巧合吗？

绝对不是巧合，这也正是问题的关键。亚当的观点就是其他人的观点。聊天群里关于这个话题的讨论越来越热闹，恰恰表明市场正处于暴跌的关键点。如果群里的人都在讨论市场有多么悲观，就说明所有人都正在谈论此事。

回到你的职业生涯上，你在沃尔特·加里森基金的情况怎么样？

在两年的时间里，我管理的资金从 5000 万美元增加到了 6 亿美元。我在那里工作了 5 年，业绩非常好，即使是在 2008 年，我也是赢利的。我在 2008 年的表现是最值得铭记的，因为趋势跟踪方法在当年的表现非常好，而且我使用了逆向交易法。所有的事都在按部就班地进行。我那时住在康涅狄格州韦斯特波特的一幢大房子里，银行账户上有几百万美元的存款。

既然一切都很顺利，你为什么要离开沃尔特·加里森基金？

我离开的原因是公司的权力结构发生了改变，我认为这会带来问题。我当时在家办公，一个月只去一次办公室参加投资组合经理会议。我不想成为合伙人或者老板，我只想一个人待着，管理资金。

就在我想接下来该做什么的时候，沃尔特·加里森基金的前营销总监联系了我，他已经离开沃尔特·加里森基金加入了亨顿集团，想让我为他们打理资金。我去找沃尔特，请求他单独建立一只 CTA 基金让我管理。他不愿意开这个口子，否则其他的投资组合经理也会要求成立他们自己的基金。我完全理解，做生意不能有例外。于是我离开了。

你离开沃尔特·加里森基金的时候还管理着 6 亿美元的资金吗？

没有，沃尔特·加里森基金在 2008 年亏损了很多钱，因此，离职的时候，我实际管理的资金只有大约 1.5 亿美元。

你离开沃尔特·加里森基金之后，在亨顿待了多久？

我没有在那里任职，我通过自己建立的一只 CTA 基金管理他们的账户。

你管理的资金有多少？

我为亨顿管理 1.5 亿美元的资金，我又从其他投资者那里筹集了

600 万美元。在我关闭这只 CTA 基金之前，我管理这些账户长达 3 年。

你为什么要关闭你的 CTA 基金？

因为一件人生大事。我离婚了，我在普林斯顿的时候没有离成。

我猜离婚只是催化剂，你决定关闭 CTA 基金还有其他原因吗？

我一点儿也不喜欢我做的事情。我喜欢交易，但实际上没有做任何交易。我运行的那套以市场为目标的程序是完全系统化的。投资者也许会问："你的程序百分之百系统化了吗？"我可以干脆地告诉他们："是的。"起初，这样交易似乎是个好主意，轻松的生活让我连思考的时间都省了。我可以雇用一个交易员，他只需要执行系统发出的指令就可以了。收益率尽管还算不错，但是和我以前的业绩相比，还是下降了。我不能再做那些可以完全由自己决策的交易了，因为我们在市场上宣传这个项目是完全系统化的，投资者也把我们视为这套完全系统化的基金产品的一部分。

此外，我对投资收益率的下降感到烦恼。虽然我的 CTA 基金在赚钱，但是它的表现实在是太中规中矩了。我的收益回撤比之前一直维持在 3 ～ 4 这个区间，此时却进入到了 2 ～ 3 这个区间。我花了这么多年的时间做交易，也学到了不少经验教训，我觉得我应该是世界上最好的交易员之一。如果我没有成功，那真是见鬼了。

有六个人为我工作，但是我不喜欢这种工作模式。我不喜欢管理人，也不喜欢对别人的成功负责。我的员工希望我去做营销，但是我不喜欢那样做。

为什么有这么多人为你工作？

当我开始运作 CTA 基金时，我计划成立一个资产管理公司，筹集几十亿美元。所以，我需要一个交易员、一个营销人员、一个量化分析师，等等。

你的 CTA 基金叫什么名字？

佩尔巴克。

这个词怎么拼写？

P—E—R—B—A—K。

这个词有什么含义吗？

就在我们必须给 CTA 基金命名的那个晚上，我读了一本叫《大自然如何工作》（*How Nature Works*）的书，这本书是由著名的物理学家佩尔·巴克（Per Bak）所著。我非常喜欢他所说的关于人性的内容，所以我就以他的名字作为基金的名字。我们会把他的书分享给我们的访客。

在关闭 CTA 基金以后，你完全停止交易了，即使是你自己的账户？

是的，我在罗得岛州买下了一处农场。

你是怎么打算的？

我没有什么打算。我就是觉得我需要重新审视生活。我想过一阵子像梭罗[⊖]那样的生活。我忍着后背酸疼砍了半年的柴。

你为什么选择罗得岛州？

那里离我的孩子们足够近，离我住在康涅狄格州的前妻足够远。

你是什么时候重新开始交易的？

大约在我关闭 CTA 基金一年半之后。尽管我再婚后的生活非常幸福，也赚到了我想要的钱，但是我却有些抑郁，我觉得生命中缺少了什么东西。我唯一能够想到的就是交易，这是我 25 年来一直在做的，也是我最擅长的，我认为我能够成为世界上最棒的交易员之一。那为

⊖ 指亨利·戴维·梭罗，《瓦尔登湖》的作者。——译者注

什么我没在做交易呢？尽管我的人生经历了大起大落，但是我从来没有这样抑郁过。

当你失去所有金钱的时候，你没有感到抑郁吗？

我可能会暂时难过，但我从不为此抑郁。我的反应通常是这样的："好吧，我现在必须要做点儿什么才能确保这种事情不再发生。"

你是如何找到导致你抑郁的原因的？

很明显，我热爱交易。

是什么原因让你重新回到了市场？

我拜访了一位住在我旁边的老朋友，向他讲述了我的感受。他让我联系了他在布赖森证券的熟人，他们给了我一个交易账户。他们只提了一个要求："我们不在乎你做什么，只要赚钱就行。"如果你亏了钱，你就完蛋了；可如果你赚了钱，他们就会待你如上宾。布赖森证券的人从来都没有质疑过我的交易和所作所为。远离市场 18 个月让我的头脑更加清醒。我使用了我的系统，并且将我的判断力和风险管理融入其中。我可以利用我在 25 年的交易生涯中积累的所有经验。这真的太棒了。

除了你在交易生涯早期经历的那几次失败，还有没有哪笔交易让你刻骨铭心？

没有了。我不会再陷入糟糕的交易中了。我可能会因为固执而错过交易机会，但是我永远不会违背我的止损原则。所以，我再也没有让自己陷入那种境地。

很明显，构成你风险管理的一个重要部分就是，当你认为市场已经见顶或者触底的假设被否定的时候，对每笔交易进行止损。你的风险管理策略还包括其他因素吗？

当投资者和我谈论风险管理时，他们会问："你使用在险价值吗？"

我会告诉他们我不用，因为我认为那没什么用。在险价值是基于历史相关性的，不论是 30 天、60 天、90 天，还是更长的时间。可是当你遇到我们最近看到的市场时（本次采访发生在 2020 年 4 月），相关性是会在 48 小时之内消失殆尽的。在险价值与当前的风险无关。当在险价值能反映相关性的突然逆转时，一切都来不及了。

我就是自己的风险管理者。我每天都关注市场，关注市场上的相关性，尤其是我的各个头寸之间的相关性。如果我发现组合集中在同步变动的头寸上，我要么减少头寸，要么建立一个负相关的头寸。这就是为什么在过去的几个月里，市场的波动率不断加大，而我的波动率没有上升。我知道发生了什么，也知道我的头寸是多少，所以我减少了头寸。我赚钱了吗？当然赚了。但是比赚钱更好的是，我的波动率丝毫没有上升。如果你看到我的日均收益率，你绝对不会知道市场发生了什么。

这是因为你减少了头寸还是增加了不相关的头寸？

主要是因为我减少了头寸。然而，当相关性突然增强时，就像最近发生的那样，我将更倾向于在没有获得确切官方信号的情况下增加负相关头寸。例如，在 2020 年 2 月市场见顶之后，我做空了股指，因为当我做多其他市场时，做空股指可以降低我的风险，尽管我没有得到确切的信号。

股市在 2 月见顶引起了我的注意。通常情况下，市场会不断地上涨，投机者也会继续做多。而这次，投机者在市场顶部没有明显做多的迹象。后来市场下跌了 5%，所有人开始集体唱多。我在电视上也看到了同样的事情，每个人都说应该逢低买入。交易商持仓报告显示几乎每个人都持有多头头寸，这是这么多年以来多头头寸规模最大的一次。就是在这个时候，我意识到市场就是一个巨大的空头，不论新冠肺炎疫情会产生什么样的影响，市场都将变得更糟。

我认为这是一个非典型交易，因为在市场已经从高点下跌了5%的情况下，即使翻烂了交易商持仓报告，你也找不到反转的证据。是什么因素让你选择了做空？只是交易商持仓报告数据吗？

因为我是完全看多的。我有一套不经常使用的股指交易系统，我会在需要的时候将它作为降低风险的工具。这个工具是这样的：如果贝塔较高的纳斯达克指数落后于贝塔较低的道指，那么当市场超出预料地上涨，且我做多了股票相关头寸时，我就会做空纳斯达克指数。交易商持仓报告发布后，会有一两天的反弹，其间纳斯达克指数会落后于道指。因为我会寻找对冲我的多头头寸的方法，所以市场的这一走势足以让我做空。

你有时会做不基于交易商持仓报告的交易吗？

我只是偶尔会做这种交易。交易商持仓报告并不是一个完美的参考。实际上，从来没有且永远都不会有一个完美的参考。但是，在这个市场上亏了那么多钱，做了那么多糟糕的交易后，我根本做不了非逆向交易。

有段时间我会听到电视上的每个人都在说同样的话："市场要下跌了。"然后，我会接到一个总是预测错误的人打来的电话，他告诉我市场将会如何下跌。之后，我会在领英（LinkedIn）上看到另一个总是预测错误的人说同样的话。这样的事一年会发生好几次。当每个人都在说市场行情有多糟糕的时候，市场就会上涨，现实就是这么不讲道理。这个时候我会大举做多，因为这样的情况我已经见过很多次了，我对这种情况有一种本能的反应。我认为直觉就是经验。

你的成功源自你的逆向思维吗？

是的，确实如此。成为逆向投资者是我的一种本能。当我还是个孩子的时候，我就是个叛逆的人，这是我基因的组成部分。幸运的是，这也是成为交易员所必需的特质。我总是想做一些和其他人完全相反的事情。显然，并不是每个人都能够获得巨额的收益。因此，如果每个人都在做某件事，那么你能够获得巨额收益的唯一方法就是做相反的事情。市场的伟大之处在于，我可以等到确认信号出现后再采取相反的行动。

你从市场中学到的教训是否影响了你的生活？

它渗透到了我生活的方方面面，这是个问题（他笑了）。逆向交易在市场上有用武之地，但是在社会环境中行不通。人们希望被人喜欢，想要成为群体中的一员。叛逆的人不会有任何朋友，注定要孤单寂寞。我的妻子说我是个病态的逆向交易者。我不认为逆向是明智的，也不认为人们应该像我这样活着。

举个例子说说你在交易之外是如何逆向行事的。

我和我的民主党朋友们争论时，他们都说我是一个保守的共和党人。我和我的共和党朋友们争论时，他们说我是一个心肠太软的民主党人。站在他人的对立面对我来说是一种无意识的行为。人们大都毫无逻辑可言，观点也过于片面。如果你问我是否认为唐纳德·特朗普是个混蛋，我会说是的，他就是个混蛋。但这是否意味着他每次说的话都要被抨击呢？想想就不合理。

我正想知道。给我举个例子，看看特朗普说的哪些被抨击的话，事后被证明是正确的。

他说他会赢得美国总统大选，每个人都觉得他的话荒谬至极，但是他最终赢得了大选。

我想，当你和别人争论时，不论他们是自由派还是保守派，你是真的在某个问题上持有相反的观点，还是说你只想就这个问题和他们争论？

有时候我会为了争论而争论，因为我认为让人们听到对立的观点非常重要。

所以，你会在大多数人都是自由派的聚会上站保守派，在大多数人都是保守派的聚会上站自由派。

就是这样，我好几次都是这么干的。我都不知道该怎么和你讲。

除了逆向思维，还有哪些因素对你的成功至关重要？

我之所以会成功，是因为我失败过很多次，我对失败持完全开放的态度，从中学到很多东西。我没有成功完全是因为我做得不好，而不是因为市场错了、轻信了别人的话，或者你听过的任何其他借口。

人们通常一失败就放弃了，他们会很焦虑。出于某种原因，我有冒险的本能。我讨厌失败，但不介意冒险之后的失败。我有一个很棒的朋友，他基本上不冒任何风险。他是一位律师，生活条件优越，但是他讨厌所做的工作。他会给我打电话，然后抱怨："我知道这个家伙有罪，他是个种族主义者，但是我必须得为他辩护。"我问他："你为什么不辞职，拿着你的钱去干点儿别的事情呢？"他接受不了我的建议，而我也无法接受他为什么不这样做。为什么不试一试呢？人总有会死的那一天。

你的方法还和 20 年前你刚开始使用时一样有效吗，还是它已经受到了市场结构变化的影响？

我认为现在和历史上的任何时候都是一样的。即使每个人都做空，市场也不会因为利空消息而下跌，反而会开始走强，这就是市场底部的特征。市场不会因为利好而触底，而是以利空见底。此外，我有充分的理由证明交易商持仓报告是一个非常有用的参考。

我的女儿刚刚在一家大宗商品公司找到了一份工作，但对公司的业务一无所知。她主修的是国际关系，没有学过金融。我最近和她聊了聊。

"爸爸，我想问你一个问题。"她说，"我正在学习对冲方面的知识。如果他们（公司的人）拥有矿山，他们就应该知道供应情况，对吧？"

"是的。"我回答说。

"如果他们一直在与客户沟通，他们就知道对方的需求是什么，对吧？"

"是的。"我回答说。

"他们不会用内幕消息做对冲吧？"

"就是这样，你说对了。"我说（夏皮罗一边拍着手一边说），"这也正是我所做的。他们是做这门生意的，我会和他们做同样的交易。"

"我还以为你有自己的看法。"她说。

我告诉她："那就是我自己的看法。我要和知道最多的人走在一起，这才是重点。"

你勉强同意接受了我的采访。实际上，你至少拒绝过我两次。是什么让你改变了主意？

我的妻子不止一次告诉我，我应该把我的想法著书立说，这样人们就可以从中吸取经验教训。我知道我永远也不会写书，所以我认为让别人代笔是个好主意。我的故事并不重要，重要的是市场如何运行。我不想让人觉得我是个自以为是的人，好像我是唯一一个懂得市场如何运行的人。有些人确实悟到了里面的精髓，但是这类人只是少数，我想我就是其中之一。如果大家都明白了，这个游戏就该结束了。

如果说我有什么要向世界传达的信息，那就是参与的重要性，这也是我同意接受这次采访的原因。每个人都能理解市场是一台贴现机器，但是人们没有意识到的是，这一贴现机器的核心不是价格，而是人们的参与。并不是价格从 50 美元涨到 100 美元带来了牛市，而是每个人都在看涨最终促成了牛市。亚马逊的股票就是一个很好的例子。当它的价格达到 700 ～ 800 美元的水平时，所有人都认为价格太离谱了，很多人说亚马逊的股价出现了泡沫。显然，大多数人都没有持有亚马逊的股票，否则他们也就不会认为有泡沫了，亚马逊的股票价格现在已经超过了 2300 美元。

参与的关键作用远远超出交易范畴。我想举一个非交易领域的例子，就是橄榄球博彩。如果你让美国职业橄榄球大联盟（NFL）最好的球队和最差的球队比赛，每个人都知道谁会赢得比赛。但这并不是你的赌局，你押注的是分差。我没有见过哪种分析能够告诉你分差是被高估了还是被低估了。对我来说，答案就在参与中。如果所有人都押注在某一方，那么分差就会出现变化，而且变化会很大。实际上，我有一套橄榄球押注系统，它会观察 30 个人的选择和两队之间的分差，当有 25 个以上的人选择押注同一支球队时，这种情况一年只会发生约 6 次，另外一支球队获胜的概率是 80%。我有预测分差的能力吗（他笑了）？没有。如果我的样本中有超过 80% 的人选择了同一支球队，就说明其他人也一定在做同样的事，分差将会进一步扩大。

市场的贴现机制是以投机者的参与为基础的，而不是以价格为基础的，这是我所知道的最重要的事。

***

考虑到过去几十年出现的算法交易、高频交易、人工智能以及大量的对冲基金，个人交易者还有机会战胜市场吗？杰森·夏皮罗提供的完美案例让我坚信这个问题的答案是：有。

夏皮罗交易成功的核心在于，他充分地利用了其他市场参与者基于情绪的交易决策中的缺点。他在看涨情绪盛行时做空，在看空情绪盛行时做多。值得注意的是，夏皮罗的方法在他使用的 20 年里发挥了强大的作用，尽管在那段时间里，市场的结构、参与者的性质以及可用的交易工具都发生了巨大的变化，但是人类的情绪却始终没有改变，人类情绪的不变性保证了交易机会的普遍存在。

要想像夏皮罗那样交易，你需要违背与生俱来的本能。当你的本能更倾向于担心错过疯狂的牛市时，你要能够做到卖出；当让人绝望的熊市即将结束时，你要能够做到买入。当然，在高歌猛进的牛市中做空和在跌跌不休的熊市中做多，都会导致你血本无归。正如一句著名的格言所说的（出处不详，可能是约翰·梅纳德·凯恩斯所说）："市场保持非理性的时间可能比你保持有偿付能力的时间更长。"

为了让逆向交易方法发挥作用，掌握进场的时机是非常关键的。夏皮罗的方法由以下两部分组成：

1. 持有与投机者市场狂热追逐的方向相反的头寸；

2. 根据市场行情选择建立头寸的时机。

夏皮罗主要依据每周发布的交易商持仓报告判断市场情绪的极端程度。他持有与投机者市场狂热追逐的方向相反的头寸，或者持有与行业内的生意人方向相同的市场头寸。作为补充，他还会参考财经电视节目中提出的观点。是的，你可以在交易中将财经电视节目中的内容作为反向指标，这完全行得通。

至于选择建立逆向头寸的时机，夏皮罗会在大量新闻中寻找市场反转的机会。市场会在极度看空中见底，在强烈看多中见顶。为什么？在采访夏皮罗之前，我对这个问题的回答是：基本面只是价格的涨跌，在某些价格上，市场消息完全被价格体现。虽然这个回答仍然具有说服力，但是夏皮罗给出了一个更好的解释：参与。市场见底是因为投机者已经完全做空了，这种情况在到处都是利空消息的环境下自然会发生。类似的解释也适用于市场见顶。

在夏皮罗交易生涯的早期，他两次赔光了自己的钱：一次是因为认为牛市会永远持续下去，一次是因为与牛市背道而驰。他做的那些与大势完全相反的交易有一个共同的特点：没有用有效的风险管理来防止由错误的想法导致的灾难性的账户亏损。

如果说夏皮罗的交易有一个绝对的原则，那就是他会在每一个头寸上都设置止损。这个原则会让他在交易商持仓报告做出错误预测时避免重大的损失。夏皮罗会选择一个与其市场已经触底或者见顶的假设相矛盾的止损点。

风险管理不仅对个人交易者至关重要，在投资组合层面也能够发挥重要的作用。具体来说，交易员需要识别出不同市场高度相关的时刻。在这些时刻，投资组合的风险可能要比正常情况下的风险大得多，这是因为多个头寸同时发生不利于价格走势的可能性会更高。夏皮罗通过减少整体头寸规模，并在投资组合中加大逆向交易的方法来管理不同市场相关性变高所增加的风险。

在夏皮罗早期的交易生涯中，他最赚钱的一个时期是他去非洲度假的三个星期，那次度假让他无法监控自己的市场头寸。他在动身前往非洲之前，向他的经纪人发出了在价格出现不利变动时清仓的指令。当夏皮罗回来时，他惊喜地发现，在离开的这段时间里，他的头寸积累了大量的利润。由于不能每天监控自己的头寸，他远离了获利了结的诱惑，这带给他收益。他意识到耐心持有头寸要比他每天频繁交易更有利可图。这个经验被证明是长期有效的，并且在夏皮罗后来开发的交易方法中得到了验证。只要止损没有被触发，他就会继续持有头寸，直到他基于交易商持仓报告的振荡器变为中性再清仓。这通常需要他持仓数月并经历多次市场震荡。

我经常告诫交易员不要轻信其他人的话。正如我在另一本书中所说："如果你听信了其他交易员的意见，不论他有多聪明，技术有多娴熟，我敢保证结果一定会很糟糕。"⊖在本次采访结束之后，我觉得我需要在上述建议中加入一个先行条件。你得能够知道或者识别出哪些交易员或者评论员是在信口开河，这比发现确实有真才实学的交易员或者评论员要容易得多，这样他们的观点在逆向思维中就会非常有用。

⊖ Jack D.Schwager,*The Little Book of Market Wizards*(New Jersey,John Wiley and Sons,Inc,2014),72.

第 3 章

理查德·巴奇
心态的重要性

 具有讽刺意味的是，尽管交易员理查德·巴奇（Richard Bargh）从入市开始就持续赢利，但是他仍然有好几次站在了失败的悬崖边上，我会在采访中谈到具体原因。巴奇的交易生涯始于一个自营账户，据说账户中的初始资产是零。巴奇平均每个月提现3000欧元，使得账户净值在前14个月保持在15 000欧元以内，这也让我无法计算他在这个时期的收益率。后来，一笔巨大的盈利将他的账户净值推高至可观的水平。

 在从那时起的六年多时间里（最后四年半用自己的账户交易），巴奇的年化收益率达到了惊人的280%。因为他在期货账户中以较高的权益保证金比率进行交易，所以和大多数期货交易员相比，他账户中超过保证金要求的现金要少很多。巴奇采用极高的权益保证金比率也相应地放大了他的风险。但值得注意的是，巴奇在平均收益率达到280%的同时，月末最大回撤仅为11%（按每日数据计算是19%）。从这两个统计数据可以推断出，巴奇的收益风险指标非常出色：调整后的索提诺比率是 25.1，日 GPR 是 2.3，月度 GPR 是 18.3。[注]巴奇调整后的索提诺比率是夏普比率的七倍多（对大多数交易员来说，这两个统计数据往往非常接近），这意味着他的收益分布呈明显的正偏态（也就是说，最大的收益要比最大的亏损大得多）。

巴奇有一个记录不同项目的电子表格，每个项目占一列，他每天都要对其进行监控。这些项目包括专注力、精力、风险管理、交易过程、逆向交易（针对价格波动的交易，他认为是消极的做法）、自我意识、错失机会的恐惧感和幸福感评级（极端抑郁或兴奋对交易不利）。有些项目需要进一步阐述，例如"糖交易"。巴奇解释说，糖交易是一种你甚至不知道自己为什么要从事的交易。每当发现自己在某些方面表现不佳时，他就会根据当天的情况填写相应的项目。巴奇每个周末都会检查电子表格，看做过记录的项目所在的列，为进一步改进做准备。

巴奇每天都要写交易日志，记录自己的想法和感受，他认为这个习惯对发现自己心态上的弱点至关重要，然后他会继续努力，不断提升自己。在谈到每天写交易日志的重要性时，巴奇说："你很快就会忘记上个月、上个星期，甚至是昨天发生的事情。通过写交易日志，你可以看到你的大脑每时每刻都在想些什么，然后观察你的心态是如何随着时间的推移而改变的。如果我给你看我 2015 年和现在的交易日志，你会发现它们是截然不同的。我在 2015 年的交易日志中写满了诸如'我真是个失败的交易员，我简直就是个废物'这样的评论，我一直在不停地自责。但是我现在记录的内容完全不同了。"

我在《金融怪杰》一书中采访过艾迪·塞柯塔。巴奇说艾迪·塞柯塔创造的"交易部落法"（Trading Tribe Process，TTP）在帮助他实

　　⊖　相关业绩指标的解释参见附录 B。

现交易和生活之间的情感平衡方面发挥了重要作用。简单来说，TTP试图建立潜意识和意识之间的和谐。该方法专注于情感，会明确回避问题和建议。TTP需要一个被称为"部落"的群体。世界各地都有"部落"在实践TTP，巴奇就是一个伦敦"部落"的负责人。

我在伦敦进行为期一周的采访时，第一个采访的人就是巴奇。由于我经历了最严重的一次时差反应，我在飞往伦敦前只睡了三个小时，而到达伦敦后只睡了不到两个小时。幸运的是，巴奇的真诚和直率让这次采访十分顺畅，让我在睡眠不足的情况下仍能保持注意力的高度集中。那天是周六，我在巴奇工作的交易大厅旁边的一间会议室里采访了他。这次采访持续了一整天，采访结束时，我感觉比来的时候更精神了。我接受了巴奇的晚餐邀请，我们去了一家很棒的秘鲁餐馆（店名叫 Coya），就在他的办公室后面的街区。我们点了主厨特选套餐、几瓶啤酒，然后闲聊。这真是一个愉快的夜晚，那天晚上我睡得很香。

***

你是在伦敦长大的吗？

不是，我是在约克郡的一个奶牛场长大的。

你什么时候知道自己想做一些不同寻常的事？

在四五岁的时候，有一天我对爸爸说："你没有真正的工作。我想找一份真正的工作。"有意思的是，我现在做的并不是一份真正的工作。

所以，当你还是个小孩子的时候，你就知道你想做一些不同的事情。你爸爸是怎么回应的？

哦，他同意我的观点。他总是对我说："别当农民。"

当你十几岁的时候，你知道想做什么吗？

我只知道我想成为有钱人。我住的村子里有一家有钱人，在我六七岁的时候，有一次我的妈妈带我去他们家做客。我的家庭并不富裕，所以当我看到他们的房子时，我觉得简直不可思议。他们家甚至还有一个露天游泳池，这在夏天气温不超过20摄氏度的英格兰北部地区实在是太荒谬了。我记得当我和妈妈一起离开的时候，我告诉她："总有一天我会买下那栋房子。"那次经历让我拥有了自己的梦想。我当时也不知道该怎么做，只知道我想成为有钱人。

有一件让我对交易感兴趣的事情是一部关于尼克·利森的电影[《魔鬼营业员》（Rogue Trader）]，就是这个人搞垮了巴林银行。当然，他在影片中作为负面人物的故事是不好的，但是当看到他在交易大厅里大喊大叫时，我心想："这看起来太酷了。"

你那时多大？

十几岁。

我觉得你是我见过的第一个受到那部电影的启发而成为交易员的人。

是的，我知道。这个理由不太好，是吧？（他大笑）我开始问我的父母他们是怎样用货币赚钱的，他们说："你还太小，不懂。"我便没有再深入问下去。

你在学校主修什么专业？

我获得了伦敦帝国理工学院的数学硕士学位。

你天生就擅长数学吗？

是的，但是我不擅长写作，也不喜欢写作。

你有没有想过拿到数学学位以后做些什么？

没有。

你的职业目标是什么？

我仍然对交易感兴趣，我向银行提交了实习申请，但是我很快意识到，我已经远远落后了，我的竞争对手在大学期间就一直在实习。我的努力毫无进展，过了一阵子，我放弃了。当时正值金融危机的余波发酵之际，银行业也正在裁员。在毕业的前一年，我在一家养老保险公司做精算实习生。

我猜这是你作为数学专业学生的自然延伸。

我以为这是我能够驾驭的事情，但是我并不喜欢这份工作。我讨厌公司的工作环境，那里的人不苟言笑。我可能得罪了某些人，给人的印象不太好。除此之外，我对他们交给我的工作也没有投入太多精力。

这是为什么呢？

我觉得精算的工作很无聊。实际上，我不喜欢统计学。

你学的是哪种数学？

应用数学。

实习结果怎么样？

他们没有录用我。

你当时是什么反应？

我很难过。我确实有点儿自以为是了，希望公司能在实习结束之后给我一份工作，因为我毕业于世界上最好的大学之一，而且还很聪明。我想："我怎么可能得不到这份工作呢？"

帝国理工学院有那么难进吗？

是的，当时它在世界上排名第四。

他们有说为什么没有录取你吗？

他们是这样说的："你好像对这份工作不太感兴趣。"

哦，他们是对的。

是的，他们说得很对。我想，当我因为没有得到这份工作而显得心烦意乱时，他们一定很震惊。这或许和我争强好胜的个性有关，我确实希望得到这份工作。我不愿意接受失败或者被拒绝。

后来呢？

我知道这听起来像是老生常谈，但是我想即使要失败，也要失败在我想要做的事情上。我决定再次去找交易的工作。

你是因为想要快速致富才决定成为交易员的吗？

是的。

这个想法很奇怪。在我之前的"金融怪杰"系列书中，没有哪个交易员说做交易的主要动机是为了钱。然而，就本书而言，你是我迄今为止采访过的第二个提到致富是主要动机的交易员。

当我听到有人说成为交易员的主要动机不是为了钱的时候，我会觉得不可思议。

最常见的情形是，我在之前几本书中采访过的交易员会关注他们对交易的热爱，他们视交易为游戏，并且将赢得游戏作为他们的驱动力。

我从来没有这么想过，从来没有觉得要打败什么东西。我只是把交易看作一种提高生活质量的方法。我不认为哪个市场需要被打败。交易得越多，我越意识到唯一需要打败的就是我自己。

你是如何得到第一份交易工作的？

我在大学的最后一年拼命挣钱，并又向银行提交了职位申请，但是全部被拒绝了。我几乎就要放弃这份对我来说非常完美的工作了。你会从第一天就开始交易，有资本的支持，还能拿到分成。这听起来很棒，因为如果在银行工作，我就不能从第一天开始交易，也不能够按照我希望的方式进行交易。相反，我会受到交易内容和方式的限制。

我在网上申请职位，并得到了一次面试机会。

面试进行得怎么样？

差点儿让我搞砸了。面试官是这家公司三个合伙人当中的一个，他想知道我对这份工作的兴趣和积极性。我表现得如饥似渴。我太想得到这份工作了，我告诉他我是那种永不放弃的人。

这些听起来还不错，你为什么说你搞砸了？

面试结束后，他把我带到交易室去见另外两个合伙人。具体的事情我记不清楚了，但我记得当另外一个合伙人跟我说话的时候，我把领带放进了嘴里。这是我上学时养成的习惯，当我非常专注于某些事情的时候，我就会把领带放进嘴里。我离开后，在交易室的一个合伙人说："我们不能录用他。"面试我的那个人说服了他的搭档再给我一次机会，因此我参加了另外一场面试。幸运的是，这一次我证明了自己不是白痴。

你把领带放进嘴里的习惯可能是你无意识的行为。

没错，完全是无意识的。多年以后，当他们当中的一个人开这件事的玩笑时，我才意识到这一点。

你面试这份工作的时候了解交易或者市场吗？

我什么都不了解。我从来没有自建交易过账户，因为我觉得会养成坏习惯。我很庆幸没有交易过，我需要有人教我如何交易。

难道公司不关心你缺少知识和经验吗？

他们更感兴趣的是寻找那些渴望挣钱的人，而不是那些有经验的人。基于我的教育背景，他们也知道我足够聪明，能够掌握任何与市场相关的内容。我想，他们相信，要成为杰出的交易员，个性比对市场的了解更重要。

开始工作后，你是怎么学习交易的？

这家公司规定每年都要招收两名交易培训生。前两个星期有强化培训课程，时间从早上六点到下午四点。他们教我们如何使用交易软件，还教我们基本面分析，比如央行对市场走势的重要性。他们的业务模式是交易事件风险，会计算出每个事件的预期，例如美联储的声明，如果美联储做了意料之外的事，他们就会基于事件交易，并试图从中获利。然而，因为几乎所有的交易员都在做一样的事情，所以当我入职的时候，公司正在试图摆脱这种交易方式，进行多样化投资。过去，他们有几个交易员在日内技术分析交易中获利颇丰。事后看来，我认为他们希望我也能够擅长日内交易。

他们有没有教你如何在交易中使用技术分析？

一个合伙人使用技术分析，他教我们如何使用斐波那契回撤、趋势线和其他指标来确定支撑位和阻力位。基本概念是，你把买入价设置在技术支撑位，将止损点设置在往下五六个点（tick）的位置，然后期望着能够挣 20 个点的反弹。公司告诉我们："要关注技术面，因为基本面没什么可看的。"我一无所知，所以就相信了。我想："是的，我要靠技术分析赚钱。让基本面见鬼去吧，它们太简单了。"

你在哪些市场上交易？

公司在期货市场上交易，主要交易外汇、债券和股票指数。

你是什么时候开始交易的？

通常情况下，实习生在前六个月要做模拟盘。公司会监控你的损益情况，看你在实盘交易之前是否能够保持始终如一，这让我和其他实习生之间的竞争非常激烈。仅仅两个月后，他们就让和我一起进入公司的一个人进行实盘交易，而我却做了整整六个月的模拟盘，我很难接受这个事实。当我在模拟盘上交易，而另外一个新人进行实盘交易的时候，有些市场非常赚钱。在此期间，瑞士银行将其货币与美元挂钩，同时协调中央银行降息。

我猜你在做模拟盘的时候挣了钱，因为他们最终给了你实盘账户。

由于内心总是有一种无端的恐惧，我发现前六个月过得非常艰难。周围的人经常和我开玩笑，他们说我用不了几天就会被解雇。他们试图激怒我，而我却没有对此一笑了之。

你在模拟盘上做得怎么样？

我赚钱了，但是我不知道是否能让他们满意。

你同时用基本面分析和技术分析交易吗？

我的利润主要来自技术分析。

你使用哪种技术分析方法？

我们学的是一种叫作"空车运转"（open drive）的图表形态，当市场跳空并朝着这个方向运行时，就会形成这种形态。这里的假设是市场会朝着相同的方向继续运行。

这种方法现在还管用吗，还是说只在当时管用？

我认为当时使用这种方法是幸运的，我可以在模拟盘上挣钱。然而，等到我在实盘交易中使用这种方法，我就再没有从盘中的技术分析交易中赚到过一分钱。在大约四年的时间里，我一直试图让它发挥作用。这太愚蠢了，我太固执了。

但是那些年你确实赚到了钱。

虽然我主要关注技术分析，但我仍然做基本面交易，这些交易几乎贡献了我所有的利润。

你对技术分析的兴趣是否超过了基本面分析？

刚开始的时候是这样的。

为什么？

我认为公司是想让我们成为优秀的技术交易员的。

是因为他们不希望人们重复相同的交易吗？

是的，这是因为他们希望交易员的交易更加多样化。

那么，你最初专注于技术分析是为了取悦你的老板吗？

我想是的。而且，因为我太天真了，所以我认为既然老板可以这么做，我也可以。他有日内技术交易的天赋，而我没有。

公司给你交易资金了吗？

实际上，他们并没有给交易资金。在雇用合同中，有一个 10 000 欧元的风险线。从理论上来说，如果你亏损了 10 000 欧元，你就被解雇了。

你的薪水是多少？

我可以拿走交易利润的 50%，但是我每个月必须为交易席位支付 2500 欧元租金，包括路透系统和交易软件的费用。前三个月免租金。

我没有提到的一件重要的事情是，我从中学（12 ～ 16 岁）就开始和抑郁症打交道。在做模拟盘期间，我意识到只有让自己快乐，才能做好交易。我很早就意识到在交易中保持坚强很难。我认为如果我的情绪不稳定，我就没有机会在交易中获得成功。基于此，我花了很多时间努力让自己快乐起来。

你是怎么做到的？

我读了蒂姆·坎托弗（Tim Cantopher）写的 *Depressive Illness: The Curse of the Strong*（《抑郁症：强者的诅咒》），这是一本很棒的书，我要把它推荐给那些不开心的人。书中的部分内容能够让人放松心情，并且与我正在经历的事情互相印证。它让我踏上了通往快乐的旅程。

作者在书中描述了如何用画图摆脱抑郁。在图中，x 轴代表时间，y 轴代表幸福感。当你感到幸福的时候，它的走势是这样的（巴奇用手在空中比画着一串上升的扇形线）。从本质上讲，他是要告诉你，你不能指望一下子就获得幸福感，这需要时间。你一开始很不开心，随后你的幸福感会提升，然后再回落到比之前稍好的水平。尤其让我产生共鸣的是，作者描述了很多患抑郁症的人往往都是安静的、有抱负的以及努力工作的人，这非常符合我的个性。

你还记得书中的哪些内容让你走出了不快乐的阴影吗？

它让我产生了共鸣，是因为它让我觉得并不孤单。它让我明白，同样的事情也会发生在别人身上，我们有办法摆脱。

你是怎么摆脱那种精神状态的？

我强迫自己和自己说话。记得在下班回家的公共汽车上，我想："你必须要快乐！你一定要快乐！"我已经在精神上做好了跳出这种状态的准备。我发现如果不这样做，我就会陷进去，而且很难再从里面出来。

从某种意义上说，是不是交易拯救了你？因为你意识到，除非你有正常的精神状态，否则你是不会成功的。是交易给了你以前没有的动力吗？

就是它给了我动力。

你的交易是受到了那本书的启发吗？

是的。我花了很多年才彻底摆脱不快乐的状态。我已经三年没有得抑郁症了。抑郁症不会彻底消失，你永远也忘不掉它。

当你开始交易实盘账户时，你的精神状态是怎样的？

从精神上讲，我这些年简直就是一团糟，主要是迫于拿不到薪水的压力。从本质上讲，你必须通过交易赚钱。

你第一年的交易结果怎么样?

我在 2012 年赚了大约 20 000 欧元。但是,如果把所有的成本都考虑进去的话,那一年我是亏损的。

你在风险线是 10 000 欧元的情况下赚了 20 000 欧元。这对于第一年交易的你来说已经很不错了。

或许是的,但是我从来没有这么想过。我总觉得自己"不擅长交易"。

你只是因为费用的问题才亏损的。

这是让我坚持下去的原因之一。我总是觉得,既然赚钱了,我要做的就是减少支出。我知道我能做到,因为我有这个能力。

虽然你在 2012 年赚了钱,但是盈利没有覆盖你的各种费用,那 2013 年的情况怎么样?

2013 年初,我的老板把我的账户重新归零,这样它就不会再显示负数了。2013 年上半年,我的交易是赢利的,但还是不足以覆盖每个月的各种费用。

既然你的交易收入不足以支付每个月的费用,更不用说分红了,你的生活开销怎么办?

我靠积蓄生活。我把多年暑期打工的钱存了起来。因为我住在农场,没有太多的消费欲望,所以我把大部分挣来的钱都存了起来。

你在暑期做什么工作?

我 16 岁的时候找到了一份服务生的工作,但是做得很差劲。我笨手笨脚的,会把脏刀叉扔到别人身上。后来我就被解雇了。在那之后,我找了一份在类似婚礼的场合搭帐篷的工作。我很擅长做这个,因为我个子很高(巴奇身高 6 英尺 8 英寸⊖)。

⊖ 约 2.03 米。

你在暑期打工挣的钱够生活吗？

我还把一部分实习挣的钱也存了起来。此外，我的父母帮我付房租，我用自己的积蓄支付其他费用。

说到这个，你的父母对你干一份没有收入的工作有什么看法？

他们对此不太高兴。

他们有没有劝你不要去？

劝了。到 2013 年年中，我几乎花光了所有的积蓄。我告诉父母我的存款只够支付一个月的开支，他们真的很担心我，但他们不想给一个他们认为有赌徒心态的人提供资助。他们说：“我们不会继续支持你，你需要解决这个问题，找一份真正的工作。”

你当时的业绩如何？

截止到 7 月底，我的毛利润是 26 000 欧元。

你在风险线为 10 000 欧元的情况下赚了 26 000 欧元，这个业绩相当不错。

也许吧，但是有一件事是收益统计数据没有显示的，那就是错过的交易。我主要通过事件交易赚钱，随着欧洲债务危机的持续，有很多事件交易赚钱机会。当时的货币政策变化很大，又引入了前瞻性指引，量化宽松也被重启，有很多事件交易机会，不过我总是把事情搞砸。我还没有准备好。我会错过交易，因为错过交易而沮丧，然后看着别人从中大赚一笔，恶性循环。

那个时候你觉得自己很失败吗？

非常失败。

这很讽刺。客观地说，在不包括费用的情况下，你在百分比收益方面做得非常好。

我的观点是，对于人类来说，任何事情都是相对的。我们总是会拿自己和其他人比较。

如果你觉得自己很失败，你有没有考虑过放弃，然后干点儿别的？

即使在我认为自己交易做得很差的时候，我也想不出除了做交易，我还能干什么。我是发自内心地喜欢交易，把它当作一份事业看待。所以在几乎没有钱的情况下，我坚持下去非常困难，我感觉我的父母在欺骗我。我不认为做兼职是个好主意，因为我把所有的精力都花在了交易上。如果我找到了一份兼职工作，我的交易水平会更差。

你做了什么？

我把我的情况如实地告诉了我的老板们。我说："我没有钱了，我不知道我还能坚持多久。你们能帮我解决这个困难吗？"他们居然同意了！这简直太出人意料了。他们说："我们会付给你薪水。你需要多少？"

他们给了你多少薪水？

他们给我的薪水足以支付每个月的办公开销。我后来知道，我的老板们和阿姆里特一起去吃饭，并征求他对我的意见（阿姆里特·萨勒（Amrit Sall）几年前也在这家公司工作。我对他的采访参见第 4 章）。他们说："他看起来很挣扎，我们不太确定他的情况。你怎么看？"阿姆里特告诉他们："我觉得他会成功的。"是阿姆里特的支持说服了他们给我发薪水。当我拿到薪水时，我想我必须在圣诞节之前让我的利润覆盖这个月的费用。幸运的是，我实现了这个愿望。

（我在第二天采访阿姆里特的时候，询问他对这件事的看法，以及为什么他认为理查德会成功。他回答说："理查德是一个勤奋的人，有良好的职业道德。如果你对某件事非常投入，并且将注意力集中在那件事上，你取得成功只是时间问题。理查德就是这样的人。他努力工作，积极应对任何阻挡在他面前的事情。"）

他们为什么要征求阿姆里特的意见？

阿姆里特曾经是他们那里最成功的交易员之一，我认为他们尊重他的意见。我当时还不认识阿姆里特。我坐在办公室里别的地方，几乎没有和他说过话。

几年以后，阿姆里特成为我的导师。他让我明白了心态在交易中的重要性，让我意识到我是在给自己设置障碍。我一直都是乐观的人，但是也会因为犯错而不断自责。阿姆里特一直对我说："喂，你不能那样想。你只有具备良好的心态，才能做好交易。"

当你开始拿薪水的时候，你对交易头寸亏损的担忧是不是减少了？

至少当时不是这样。我想我已经为自己争取了一些时间，到圣诞节的时候我就可以让我的利润覆盖当月的成本。到 10 月底的时候，我的全年利润达到了 40 000 欧元，这个结果听起来还算不错，但是我的感觉一点儿都不好，因为如果我把办公开销和工资的提取考虑进去的话，我的账户结余仍然是负数。留给我的时间不多了。

所以，在 2013 年 10 月底的时候，你仍然认为你的交易生涯会在那一年结束。

是的，除非出现奇迹。

后面发生了什么事？

2013 年 11 月，市场普遍预测欧洲央行行长马里奥·德拉吉将在 12 月宣布降息，而不是在 11 月。我祈祷他在 11 月降息。

为什么？那会是个意外事件吗？

是的，因为那会是个意外事件，所以我觉得可以借此机会大赚一笔。我知道这听起来像是陈词滥调，但我当时想："这世上如果真的有上帝，拜托，这可能是我最后的机会。"当德拉吉在欧洲央行 11 月月度会议结束后宣布降息时，我立即买入了几百张欧洲短期利率期货合约。

考虑到你的资金风险线不是很高，你怎么能够持有这么大的头寸？

我的老板们根据他们对交易员的信任程度以及他们认为交易员可以管理的资金水平来分配持仓额度。他们看到我全年都在盈利，于是提高了我的额度。交易很简单。我大举买入短期利率期货合约，并在降息的消息被市场消化之后平掉了所有头寸。我在那笔交易中赚了将近 90 000 欧元。

也许是很简单，但这仍是一笔完美的交易。你已经预料到了交易的可能性，你使用的是你相信的在事件上投注的交易方法，而不是使用技术分析。你已经做好了交易的准备，并把头寸增加到了最大，你在这笔交易中的表现堪称完美。这是你第一次取得巨大成功，感觉怎么样？

我感觉难以置信。我当时想："我拯救了自己。现在，我可以把交易作为我的事业了。"简直太不可思议了，我感觉很愉快。那天晚上我的父母来看我，我带他们出去吃饭。

他们在吃饭之前什么都不知道？

是的，他们什么都不知道。

你做得更好了。他们知道细节吗？

不，他们只知道我得到了同事的支持。

所以，你的父母以为你的交易生涯快结束了。

是的，他们就是这么想的。

你是怎么跟他们说的？

我只告诉他们我今天赚了 90 000 欧元，他们不相信。那是一个重大的时刻。

这是否改变了他们对交易的看法？

我想是改变了，不过，我没有再和他们谈起任何与交易有关的事，因为我的母亲总是忧心忡忡。

在那笔交易之后，你觉得你已经准备好了吗？

当然啦，但是每当我觉得自己准备好了，就会遇到一些麻烦。

市场就是这样。那笔交易让你放弃技术分析了吗？或者说你还在尝试技术分析吗？

我仍然试图让技术分析发挥作用，但是，我在那个时候已经将大部分的精力花在基本面分析上了。理论上，基本面分析非常简单：找到驱动市场的原因，就可以执行交易。阻止交易员表们表现良好的就是他们自己。我的问题主要是心理上的。我说不定哪一天也会洋洋自得，没有为下一笔交易认真准备，从而错过了非常好的交易机会。这是有可能的。

我现在好多了，但机会也比 2013 年和 2014 年少得多了。当时，像量化宽松和前瞻性指引都算是相对比较新的东西。至于中央银行要做什么以及怎么做，还存在着很多不确定性。然而现在，市场已经把中央银行研究得非常透彻了，不像以前那样能够从中央银行的行动中找到赚钱的机会了。市场现在很擅长在事件发生之前就对其做出反应。我通过市场对意外事件的定价来赚钱，意外越少，机会越少。你仍然可以通过这些事件赚钱，但是你得采取不同的方式。你必须更聪明地思考该如何去做。

你能给我举个例子吗？

我不想细说，这涉及较多的秘密。

好吧，你提到在后来的几年里，阿姆里特扮演了导师的角色。你在公司里还有其他导师吗？

您也在采访达尔吉特，对吧？（达尔吉特·达利瓦也是这家公司的交易员,他比巴奇早几年加入公司,对他的采访参见第 5 章。)

是的。

我就坐在达尔吉特的旁边。在交易生涯早期,我只和他说过话。

他帮助你了吗?

他有好的方面,也有不好的方面,但是总的来说,还是好的方面居多。

什么是好的方面,什么是不好的方面?

达尔吉特对交易的激情让人惊讶,我从没见过比达尔吉特更有激情的人。他非常擅于理解推动市场的因素是什么,会经常给我建议,让我摆脱当前的困境。

你能举个例子吗?

因为他做了大量的基本面研究,所以他在预测市场事件这方面的能力非常强。他会这样说:"离协调降息不远了,我要做好准备。"而我当时更专注于技术分析,因为老板告诉我要避开基本面。要不是在达尔吉特的帮助下靠基本面交易不断地赚钱,我根本就不会赚到我的大部分利润。

这些听起来都是积极的方面,那他作为导师不好的一面是什么呢?

我没有责怪达尔吉特的意思,但是我们作为一个团队有些激进。为了建立自己的账户,你必须要积极主动。达尔吉特总是鼓励我加大头寸,而我对他的建议太当真了。我会买入 30 手德国国债,然后坐在那儿担心,因为如果我做错了,我就彻底完蛋了。我应该先买 5 手,然后随着时间的推移慢慢建立信心。

受此影响,你是否建立了比以往更大的头寸?

实际上,情况正好相反,我最后没有交易多少。我觉得如果真的要做一笔交易，我得做一笔大规模的交易。而当真的到了该交易的时候，我反而什么都不会做。

你是觉得要么做一笔大交易，要么什么都不做，是吗？

完全正确。我之所以最后什么都没做，是因为我太害怕亏损了。我并不是责怪达尔吉特，他会在这种情况下告诉我，我需要进行更多的交易。他做了很多交易，也从中学到了不少东西。我最后悔的一件事就是没有进行更多的交易。如果我把交易头寸增加到了比我的承受能力更高的水平，我会因此害怕交易。正是因为我没有交易，我才没有获得经验。

有趣的是，阿姆里特、达尔吉特都认识彼此，而我正为这本书采访你们所有人。除了"金融怪杰"系列的第一部中采访的马库斯和科夫纳以外，我还从来没有遇到过这种情况。

还有塞柯塔。

是的，你说的对。塞柯塔是马库斯的导师，马库斯后来雇用了科夫纳。你们三个人是另外一组相互之间有联系的交易员出现在同一本书中的例子。

我最近重读了您对马库斯的采访，想了解一下您是如何写作的。有意思的是，当我多年以后重读这些采访时，有新的想法冒出来。似乎经验越丰富，看问题的角度越不同。马库斯在采访中提到他持有大豆的多头头寸，但是他提前离场了，而塞柯塔却留了下来，后来，大豆期货开始连续涨停。

是的，我记得很清楚。有意思的是，尽管马库斯在他交易生涯的早期不断亏损，但让我印象最深的是，他最痛苦的经历不是任何一笔亏损的交易，而是错过了那个机会。

我在亲身经历之前，从未体验过错过交易机会的痛苦。我曾有过一天下跌 12% 的经历，但即便如此，我也没觉得有多糟糕。然而，当我错过一个很好的交易机会时，感觉就不一样了，这才是最可怕的。这种事太让人纠结了。

有没有让你感觉特别痛苦的一笔交易？

我之前提过在做模拟盘的时候，瑞士央行将其货币与欧元挂钩。讽刺的是，我同样错过了其货币在 2015 年 1 月与欧元脱钩。在此之前，我的工作时间是早上 6 点 30 分到下午 4 点 30 分，很有规律。我白天几乎没有离开过办公室。我甚至还带了吃的，在办公室里吃饭。那天晚上我计划飞往美国去参加一个交易研讨会。银行开门的时候我去取一些美元，但是我的银行卡出了点问题，我在那里花了一个小时才解决了问题。当我回到办公室的时候，每个人看起来都十分震惊，坐在我旁边的同事告诉我发生了什么。那是我交易生涯中最好的交易机会之一，但是我错过了，我很伤心。

你提到达尔吉特是你早期的导师，你的三位老板中有谁给过你建议或者其他反馈吗？

他们每个月都会审查，但是一般情况下不会干涉。

他们和你说了什么？

在转向屏幕交易之前，他们就已经在伦敦国际金融期货交易所（LIFFE）交易了，那段经历一直影响着他们。他们会说："你需要保持始终如一，试着每天赚 100 欧元。"我从来没有想过交易是这么一回事儿。这就像你有一段时间颗粒无收，然后突然赚了一大笔。

这就是你最终的记录，所以你说的是对的。在那段时间里，哪些东西对你的交易有帮助？

我赚了几笔。第一笔交易是做空原油。当时，油价非常高，我在关注美国战略石油储备的释放。我只是在等着它发生。不过，我记不得是到底发生了，还是只是说要释放，但是这个消息导致油价下跌了几美元。我在那笔交易中赚了 7000 欧元。我一回到家就告诉我的女朋友（现在是未婚妻）："我今天赚了 7000 欧元。"我很快就学会了不再回家告诉她我的盈亏情况，我不想给她施加压力。不久之后，我又赚了一笔。一些欧洲经济体的经济数据糟糕得一塌糊涂，所以我买入了德国国债，这笔交易让我赚了 4000 欧元。

奇怪的是，这些交易都是基于基本面的。

我知道，我知道。我认为自己学东西很慢，要花很多时间才能把事情弄清楚。不过，一旦我掌握了，我就会变得很好。我觉得这和我做事严谨的个性有关，我想要得到大量的实证。在理想的情况下，我希望看到十个美国释放战略石油储备的例子。

这可能是另外一个阻碍你接受基本面分析的事情：你没有获得统计上显著的观察结果。

完全正确，这让我很纠结。毕竟傲慢让我栽过大跟头。

你在哪些地方太傲慢了？

我听不进去别人的话。

他们说的哪些话是你不想听的？

他们说我应该在基本面分析上面多下些功夫。

但是我记得你的老板们告诉你要更多地关注技术面。

他们是这么说的，但是我的同事们告诉我的正好相反。

你得到了相互矛盾的建议，显然，你只能听取一方的建议。

我知道，但是我没有为自己考虑。我应该冷静下来好好想想的，但我从来没有这么做过。我把大部分精力都花在担心自己是否足够优秀、是否会被炒鱿鱼上面了。相反，我应该把精力放在过程上面。我花了一段时间思考，最终意识到我必须更多地关注基本面。

你现在所有的交易都基于基本面分析吗？

不全是，具有讽刺意味的是，我在这么多年以后又依靠技术分析交易了，但是我交易的时间会更长。我不会单独使用技术分析交易，我会把它和我所掌握的基本面知识结合起来。

是什么原因促使你重新使用技术分析？

事件驱动交易的一个特点就是，如果没有可以交易的事件，就什么也不做。这真的很无聊，你会觉得你是在浪费生命。

我猜，仅仅是出于无聊，你可能会去尝试做一些你原本不想做的交易。

是这样的。我发现当我拥有副业的时候，我会交易得更好。如果我除了交易事件以外无事可做，我的大脑会是一团糨糊。我必须让我的注意力集中在某件事情上，否则，我就会把注意力放在错误的事情上。

几年前，我开始研究趋势跟踪系统，并做了一些测试。我想亲自看看趋势跟踪是否有效。我模拟了很多不同的参数和时期，尝试了不同的止损比例和目标水平，看看这些变化会产生什么影响。

你用什么方法做测试？

我用 Python 写程序。

你测试了哪种趋势跟踪系统？

我测试了唐奇安式系统和移动平均系统。（理查德·唐奇安（Richard Donchian）是趋势跟踪交易的先驱。他开发的系统的基本原则是，在市场收于四周新高时买入，收于四周新低时卖出。这种系统被称为突破系统。当市场价格或短期移动平均线高于长期移动平均线时，系统就会发出买入信号，反之则发出卖出信号。）

你发现了什么？

我发现趋势跟踪确实有效，但问题是你可能会遭遇暴跌。

这套系统在 20 世纪 70 年代和 80 年代确实很好用。

我也发现了。那时的结果要比现在好得多。

是的，趋势依然存在，但市场变得更具波动性了，使得基本趋势跟踪系统的收益风险业绩变得微不足道。你是如何解决趋势跟踪系统固有的局限性的？

我不会单独使用趋势跟踪系统，我把它和我对事件的理解结合起来。到目前为止，结果令人满意。

以唐奇安的"四星期法则"为例，你在进行系统测试时肯定发现了短期突破系统会出现套牢的情况，它的表现并不好。

是的，确实如此。

我猜你肯定采用了一套长期趋势跟踪系统，或者是某个更复杂的方法。

我不用计算机系统。当我开始这个研究项目的时候，我的原则就是我不想做一些计算机可以做到的事情。我的直觉告诉我，如果我能够轻易地复制基本趋势跟踪系统，那么其他人也可以。

这正是基本趋势跟踪系统的问题所在。在 20 世纪 70 年代，或者在更好的 60 年代，很少有人使用趋势跟踪系统，这套系统的表现非常好。我想起了艾迪·塞柯塔，他早在 20 世纪 60 年代就用 IBM360 主机运行趋势跟踪系统了，在当时没有多少竞争对手。但是，进入了计算机普及的阶段，任何人都可以购买趋势跟踪软件，这种方法的有效性便开始下降。所以，你如何利用趋势跟踪来产生积极的效果呢？

光靠趋势跟踪本身是不够的。关键的因素是你如何控制风险，以及如何在交易中实现盈利。当我最初使用趋势跟踪系统时，我经常大获全胜。我会在一个趋势中使用跟踪停损委托平仓离场。然而，我发现当市场出现大幅上涨，然后又回到我的跟踪停损委托位置时，我无法接受回吐很多利润的事实。你的交易风格必须符合你的个性。当你退出一笔交易时，不论是赚还是赔，你都必须像这样忘掉它（他打了个响指）。如果你感到不舒服，你就必须探索这种感觉，因为你感到不舒服肯定是有原因的，你必须找出原因。这种不舒服的感觉促使我开发出了退出趋势交易的方法。

所以，即使你进行了系统测试，我也可以假设你没把技术分析看作一种系统，而是把它当作一种输入信息。

我的趋势跟踪测试的唯一意义在于，它给了我信心，让我相信能够根据走势图赚到钱。但是我从不按照系统自动给出的任何信号交易，我的所有交易都是自行决定的。我把我的交易方式描述为一些对事件的解读、从趋势跟踪中获得的思考，以及从彼得·勃兰特管理风险的方式中学到的教训的结合体（对彼得·勃兰特的采访参见第 1 章）。

我在这本书中还采访了彼得·勃兰特。你从彼得那里学到了什么？

我认识到，尽量减少亏损对保全资本至关重要。交易中最重要的就是精神资本，你需要为下一次交易留下足够的空间。我发现当我被套牢时，我的心态是不正确的。我可能会强迫自己交易，试图把亏损弥补回来。我还可能会在做下一笔交易时非常紧张。

彼得·勃兰特管理风险的方法令人难以置信。我有幸研究了他的工作。（巴奇给我看了他保存的一本厚活页夹，里面是他对彼得·勃兰特的交易做出的标注的副本。）当勃兰特开始一笔交易时，如果他是对的，那么他的策略就会奏效，这就是最好的交易。如果有任何迹象表明市场没有做出预期的反应，他就会严格控制止损，马上离场。这种方法很适合我的基本面交易。当我持有大规模的头寸时，我希望自己的判断是对的。如果结果与预期的想法相反，我会马上离场。

如果你在一笔确定性很高的交易上面持有大量的头寸，你认为多长时间可以实现盈利？

亏损的时间越长，我就越担心，我在收紧止损的时候会显得很激进。

当你加大头寸的时候，你知道你在这笔交易中要承担多大的风险吗？

我有一个粗略的估计。我知道每次市场远离我 10 个点的时候我会亏损多少。

在你离场之前，你是否有一个事先确定好的波动范围？

这要根据具体的交易来定。我越自信，就越会积极地承担风险。同样地，我也会积极地止损。我在英国脱欧那笔交易中赚了 100%。你只有在交易中使用大量的杠杆，才能获得这样的收益。所以，我不想让自己在这种交易上陷入绝境。如果我真的遇到了麻烦，那就是一个巨大的危险信号。

因此，每当你做一笔大的交易时，你希望马上就能抢到先手。

应该是的。我也许会落后一秒钟，但大多数时候，如果在这些交易上出手慢了，我就不安全了。

你会马上离场吗？

我会的。

这个过程是以分钟来计的吧？

是以秒钟来计的。有时候如果头寸不是很大的话，我可能会等几分钟。但是，如果我的头寸很大，而它在二三十秒内没有反应，我就会离场。

人们很难做到止损，因为他们害怕退出交易，然后看着市场朝自己希望的方向运动。这关乎自尊。多年以来我一直在犯这样的错误。我进行一笔交易，并设置止损，然后看着这个头寸在没有触发止损之前，在很长一段时间里处于亏损状态。我会等到触发止损的那一刻，即使我知道在 90% 的时间里，这笔交易是不会成交的。我无法做到让自己离场，因为我不能忍受退出，然后看着行情开始启动。有时候，当我下定决心离场之后，交易开始朝着预期的目标运行。这种事情会带来错误的经验，那就是持有不动。问题在于，你只会记得离场后交易转向目标运行的时候，而不会记得离场后保全资金的时候。

你认为这是为什么？

人性总是倾向于消极的而不是积极的事物。交易员之所以会亏损，是因为即使行情已经反转了，他们仍然会坚持止损。真正糟糕的交易员不愿意设置止损，或者会将止损设置在远离市场价格的位置。

这就是我所说的 CIC 止损指令：只要一收盘就撤销。所以，你的意思是每笔交易只设置一个止损是不够的。

是的。交易员可能会持有一笔亏损的头寸长达五天，坐等市场触发他的止损。对于我来说，一笔交易越遇不到行情，就越有可能失败。

你提到你在英国脱欧公投的那笔交易中赚了 100%，谈谈这笔交易背后的故事吧。

办公室里所有的交易员，包括我在内，都预计英国脱欧公投不会通过，但是，我们都抱着公投能够通过的心态在午夜的时候来到了公司。

如果英国脱欧公投没有通过，就不会发生任何交易。

完全正确。公投结果会一个地区一个地区地公布。随着夜色渐浓，结果越来越明显，英国脱欧几成定局。市场当时并没有消化这个消息，所以出现了赚钱的机会。最明显的交易机会就是卖出英镑。然而, 问题是英镑的波动非常大, 我担心如果时机没有掌握好, 我将损失一半的资金。

这种担忧是可以理解的。我记得那天晚上英镑波动得特别剧烈, 一点儿也不像那些新闻刚出来, 市场就朝着单一方向运动的情况。

就是这样。一个地区的公投结果可能会让英国脱欧成为现实, 而另外一个地区的公投结果又预示着这一切不会发生。我很可能损失一大笔钱。

你是怎么做的?

我买入了美国国债。我认为英国脱欧公投通过造成的冲击会导致市场转向避险交易, 这将引发美国国债的反弹。如果我判断错了, 我在长期国债上的头寸可能只会亏损几个点, 而在做空英镑的头寸上则有可能亏损几百个点——考虑我在这笔交易上加了很高的杠杆, 这是一个关键的区别。

美国国债反弹了多少?

我记得反弹了 60 ～ 100 个点。

考虑到这个数据, 美国长期国债头寸的收益风险曲线图可能比直接抛售英镑的曲线图更好。

美国国债看起来要比英镑更容易交易。

你能举一个将事件交易和技术分析结合起来的交易案例吗?

2019 年早些时候, 黄金的走势很弱。当特朗普对中国征收关税等事件发生时, 黄金市场是反应最弱的市场。后来, 在一个周末, 特朗普决定提高对中国的关税。黄金在接下来的周一早晨强势上攻。我对自己说:"这次不一样。"此外, 黄金价格的运动与我想要交易的突破形态同时发生。所以，我做多了。

你一直持有那个头寸吗？

没有，我平仓离场了。

你为什么要离场呢？

我在哪里获利离场和如何利用趋势都有提前制定的原则。

这些原则之所以会赢利，是因为交易达到了一定的盈利水平或者形态出现了某种变化吗？

两者都有吧。我每天都在监控这些情况，希望能够从趋势中获得尽可能多的东西。如果市场出现暴涨行情，我会倾向于兑现利润，因为所有重要的止损都会让我冒回吐大部分账面利润的风险。然而，如果市场的趋势很稳定，我就会相应地将止损上移。每一种情况都不一样。

你是怎么操作这笔交易的？

我在上涨的过程中兑现了部分利润，然后在黄金价格开始回落的时候兑现了剩下的部分。当我在一个持续的趋势走到一半的时候离场时，我总是想尽量保持一些头寸。

你之前谈到在交易的时候拥有正确的心态是很重要的，你能从心理层面解释一下吗？

作为交易员，我的目标始终与我的交易过程保持一致。所以，我将自己的感觉也作为交易的一部分加以考虑。当我交易得很差时，我会关注自己的实时感觉。我在分析过去的亏损时发现，我在开始交易的时候表现很差，但会继续交易，因为我害怕错过下一个交易机会。我现在有一个简单的方法来处理这种情况：如果我觉得有什么地方不对，我会提前下班，或者在第二天早上请个假。我会尽我所能地让思维回到正轨。我想在内心平静的状态下进行交易，我不希望有任何内心冲突。

所以，在你觉得你的交易与市场不同步时，这就像是一个熔断机制。

是的，我以前不敢这么做，因为我害怕错过交易机会。

你最糟糕的一笔交易是什么？

我最糟糕的交易不是亏损最多的交易，而是我管理得最差的交易。当时，欧元区采购经理人指数（PMI）的发布极大地影响了市场。有一个月，我记不清是德国还是法国了，其 PMI 远超市场预期。我认为债券市场会大幅下跌，股票市场则会大幅反弹。我做空了 200 张德国国债，同时买入 200 张欧洲斯托克合约。我当时就亏损了 20 000 欧元。我对自己说"我不能接受这个亏损"，然后坐在那儿等待。幸运的是，市场止跌回升了，我的损失缩小到了只有 3000 欧元或者 4000 欧元的样子。就在我平仓之后不久，市场继续朝着和我的头寸相反的方向快速运行。我当时吓坏了。

实际上，交易的结果并不坏，如果你没有在反弹的时候及时抽身……

我早就完蛋了。

这是一种结果并不坏的情况，事实上，它比立即承担亏损要好得多。但是，如果没有短暂的调整，它可能就会是一场灾难。你虽然做错了，但是这个错误对你有利。不过，既然你把它称为"最糟糕的交易"，就说明你清楚地认识到，尽管你很幸运，但它仍是错误的。

是的，那笔交易让我十分震惊，因为它让我意识到我有能力做我想做的事情。我很害怕，因为我会想："我可能还会犯同样的错误。"

你从那次经历中吸取了正确的教训。但大多数人可能会从中得到完全错误的经验："好家伙，我真聪明，我没有惊慌失措，而是等到了市场的修正。"有趣的是，你认为最糟糕的交易只是一个小的亏损而已，但是讽刺的是，让它成为一笔糟糕的交易的正是让亏损更小的东西。我认为分辨行动和结果的能力是你成为成功交易员的因素之一。

我永远不会忘记那笔交易，因为我不相信那是真的，我从来没有想过我会那样做。我只是意识到我拥有"我不能接受这个亏损"的心态，就把自己吓得够呛。我一定是被吓到了，因为我再也没有犯过那样的错误。

你所谓的"最糟糕的交易"实际上没有亏损多少钱。你损失最大的单笔交易是哪一笔？

2017 年 9 月，我正在听欧洲央行的新闻发布会，马里奥·德拉吉发表了一份声明，在开头的部分提到了欧元的强势。我认为他的评论很重要，他想让欧元贬值。我为这笔交易提前做了准备，立即卖出了200 张欧元合约。我很快就赢利了，这正是我想在这类交易中得到的。然后，我变得更加贪婪，买入了 200 张德国国债。德拉吉的言论是关于欧元贬值的，而不是关于下调利率的，所以我选择交易德国国债是为了规避风险。

所以，你实际上是在试图通过增加间接交易，以风险更小的方式建立金字塔式的头寸。

就是这样。我一买入德国国债，欧元就开始反弹，这对我最初的交易来说是一个重要的警告。当我准备抛售欧元的时候，德国国债开始大幅下跌。我的两个头寸开始同时亏损，其中大部分的亏损来自因为冲动而加仓的德国国债头寸。

如果你按照最初的计划持有头寸的话……

我的亏损应该会很小。都是贪婪惹的祸。第二天出现了一个事件交易机会，英国央行大幅上调利率，而我却没有勇气冒险，因为我在此之前已经亏损了12%。我还没有从上次失败中恢复过来，不能冒再一次失败的风险。市场的波动很大，办公室里的其他交易员度过了美好的一天，而我却坐在那里，被前一天发生的事情搞得晕头转向。这简直就是祸不单行。更糟糕的是，我的同事们在那个周末去西班牙参加阿姆里特的单身派对。我感觉我的世界已经结束了，不想参加。

你在 2018 年 1～7 月期间表现平平，业绩也是最差的。虽说这不算什么，但是对你来说，这意味着你的表现不尽如人意。那段时间有什么不同吗？

我度过了完美的 2017 年，带着可以做得更好的心态进入了 2018 年，但是我太冒险了。我在短暂的休整后再度归来，这次我要把头寸规模控制在合理的水平。我的思想完成了从"我要冒险"到"我要专注于集中资金，避免出现重大亏损"的转变。

和史蒂夫·戈尔茨坦一起工作对你有帮助吗？（戈尔茨坦是伦敦的一名交易教练，他与本书中的几位交易员有合作，我也是通过他联系到这些交易员的。）

史蒂夫让我看到了自己性格中不曾注意到的部分。

哪部分？

我总是想和其他人一争高下，把我的表现和他们做比较。如果我错过了一笔大交易，但办公室里没有其他交易员交易，我不会在意。然而，如果有人抓住了这个交易机会，我心里会很不舒服，因为我认为他在某些方面已经打败了我。这种思想一直困扰着我。我觉得自己落后了，我一直试图通过在接下来的交易中持有大量的头寸来弥补这一点。这是我在2018年上半年表现不佳的一个重要原因。史蒂夫帮助我意识到我自己在做什么。

你之前没有意识到吗？

只意识到一点，但没有完全意识到。

史蒂夫给了你什么建议？

奇怪的是他没有给我任何解决办法。他指出了我当时所做的事情中最有价值的那部分，让我明白了当时的情况，并帮助我认识到这些本身就是问题。

你关注到自己在错过别人捕捉到的行情时的反应，这是否有助于改变你做出回应的方式？

确实是。我对错过交易和看到别人比我做得更好的那种根深蒂固的反应只是一个坏习惯，而坏习惯是可以改掉的。一旦我意识到这个问题，我就能够做出改变。例如，就在我错过了我们之前谈到的瑞士银行钉住欧元的那天，办公室里的其他交易员因为把握住了机会度过了美好的一天。这种情况如果放在过去，我的反应会是："我讨厌他们。他们太幸运了。"但是我现在的态度完全不同了："我真没用，不过他们确实表现得很好。"我会处理好，然后继续前进。

这些年来你的交易方法有没有改变？

有。我现在更擅于管理我的利润了。我会把我做的每一笔交易的规模都拍下来，然后复盘并分析退出这些交易的不同方式。

你发现了什么？

我的平仓操作在很长一段时间里都没有可以遵循的原则。更多的时候是这样的："哦，已经涨了这么多了，我应该兑现利润了。"我发现，如果我持有一定的头寸，我可以做得更好。

你会持有这些额外的头寸多久？

这取决于趋势有多强劲，有时可能会长达一个月。

你持有多少头寸？

我会保留 5% ～ 10% 的头寸。我仍然要规避很大一部分风险，因为我不想处理在隔夜持有大量头寸时隐含的波动，更不用说长期持有了。

我猜即使很小的头寸也会有所不同。

在没有增加任何显著风险的情况下，在交易中多挣几个百分比是一种很好的感觉。

作为交易员，你的收获是什么？

要想成为优秀的交易员，你必须具有高度的自我意识。你要能够看到自己的优点和缺点，并有效地利用它们，扬长避短。

如果错过了一笔交易，没关系，再等下一个机会。

心理资本是交易的关键。最重要的是，当你犯了错误、错过了一笔交易，或者蒙受了巨大的损失时，你应该如何应对。如果你没有做出正确的反应，你就会犯更多的错误。

如果你在没有犯错误的情况下做了一笔亏损的交易，你要对自己说："我愿意再做一笔交易。"

机会是分散的。你可能今天有机会，然后不得不再等三个月才会碰到下一个机会。这一现实很难让人接受，因为你想通过交易获得持续稳定的收入，但这不现实。2017 年，我几乎所有的利润都来自 6 月的两周和 12 月的一天。这才是现实，那一年剩下的时间毫无意义。

将目光放长远，尝试着逐渐积累你的资本，而不是一口吃成个胖子。

你必须原谅自己犯的错误。在很长一段时间里，每当我犯了错误，

我都会痛打自己一顿，而这只能让事情变得更糟。你必须接受人都会
犯错误的现实。我花了四五年的时间才明白这一点，我也不知道为什
么会花这么长时间。

整天盯着屏幕就像去赌场碰运气，你必须要经得起冲动交易的诱惑。

如果一笔糟糕的或者错过的交易让我心神不定，我会用自己的方
法重新振作起来：休息一段时间，锻炼，到大自然中去，玩儿得开心。
我过去有个习惯，每当我在市场上亏了钱，我就会少花钱。我会告诉
我的女朋友："我今天亏了钱，晚上不想出去。"这种态度只会让你的
心态和身体变差，你不想承担任何风险，那么你也很难赚到钱。阿姆
里特教给我的一个与直觉相悖的理念是，当我亏钱的时候，我应该花
更多的钱。在经历了失败的一天后，他会说："出去犒劳一下自己。"
这个想法让你通过出去花钱积累能量。我很难接受这个建议，于是忽
略了它很长一段时间。

你现在这样做吗？

我现在正处于一个交易不会影响其他任何事情的阶段。

最后想说些什么？

抑郁让我意识到快乐的重要性，我想过幸福的生活。我以前的目
标是赚很多钱，现在的重点是拥有幸福的生活。有趣的是，我还在赚
钱。我坚信关注幸福才是最重要的事，其他的都不重要。

***

在采访伟大的交易员时反复出现的一个观点是，你必须找到适合
你个性的方法。在巴奇早年的交易生涯中，虽然他内心更倾向于基本
面分析，但是他也尝试着让技术分析发挥作用。尽管巴奇把大部分时
间花在了技术分析上，但他发现他几乎所有的利润都来自基本面交易。

最终，巴奇将他的注意力转移到了他更喜欢的基本面分析上，他的交易得到了明显的改善。后来，他甚至还发现了一种方法，将技术分析作为基本面分析的辅助手段。

巴奇认为，心态是成功交易的关键。他说："我想在内心平静的状态下进行交易。"当巴奇发现他的交易很糟糕，心态也出现问题的时候，他会停止交易，休息一下。在近期亏损导致心态失衡的状态下继续交易，只能导致更大的亏损。当你与市场脱节的时候，最简单的办法就是暂停交易。在你觉得准备好了的时候再重新开始交易。

在巴奇交易生涯的前几年，当他把交易头寸增加到了比他的承受能力更高的水平时，他会因此害怕交易，从而错过很多非常棒的交易机会。如果他的交易头寸规模在他的掌控范围之内，他就会从很多这样的交易当中赢利。他对此的总结是，不要持有太大的头寸，因为恐惧会支配你的交易。

如果你对你的交易不满意，你应该找到产生这种感觉的源头，然后改变你的方法来消除它。以巴奇为例，当市场朝着对他有利的方向运动时，他会对在这种趋势交易中回吐大量账面利润感到不满，他会因此改变离场的交易方法。他没有使用跟踪止损来退出交易，而是采用了一种对价格更加敏感的方法，这一改变明显提高了他的整体表现。

巴奇建议，必须要经得起冲动交易的诱惑。冲动交易通常是由缺少耐心引起的：在等待符合自己标准的交易时，你会有一种想要做些什么的冲动。市场会奖励耐心，而缺少耐心的交易通常会遭到市场的惩罚。

通过交易赚取持续稳定的金额也许是个令人钦佩的目标，但这是不切合实际的。市场机会总是零零散散的。有时候，市场会出现非常棒的机会；而在其他时候，几个月都不一定会出现一个好的交易机会。

巴奇提到，在一个收获颇丰的年份里，他几乎所有的利润都来自 6 月的两周和 12 月的一天。如果你试图强迫自己做到持续赢利，你就会倾向于做次优的交易，这种交易最终会降低你的整体盈利能力。

如果一笔交易没有达到预期，一定要马上止损。如果一笔大的交易没有达到预期的效果，巴奇会在几秒钟内平仓离场。这种即时的风险止损并不适合大部分交易员，但是相对于所使用的方法，快速降低风险仍然是重要的建议。

在每一笔交易中设置止损是控制亏损的一种方法。但是，如果一笔交易在一段合理的时间范围内没有盈利（"合理"这个词的定义取决于具体的方法），巴奇就会认为没有理由等待触发止损。他的理由是，虽然不等到触发止损就平仓可以起到减少亏损的目的，但是由此减少的损失将超过从最初收益为负，而后在不触发止损的情况下止跌回升的交易中获得的收益。

你不需要一次性退出有利可图的交易。即使这笔交易达到了你的目标，保留一小部分头寸也是有意义的，所以，如果市场继续朝着最初交易的方向运动，你就可以获得一些额外的利润。巴奇通常会将他已经平仓的头寸中的 5%～10% 留下，因为这些头寸相当于他的一部分利润。他发现，在不增加风险的情况下，保留一小部分头寸可以提高整体利润。

错过交易可能比交易亏损更痛苦，付出的代价更高。巴奇因为罕见地离开办公室去处理银行事务，而错过了一个重要的交易机会。从长期来看，交易成功不仅取决于交易本身，还取决于尽量减少错过的交易机会。

用公认的方法去执行一个交易想法，可能并不是最好的方法。有时候，一个相关的市场能够提供收益风险更好的交易。例如，当不断变化的投票结果越来越表明英国脱欧公投会出人意料地通过时，公认的交易就是抛售英镑。然而，问题是，随着公投结果即将揭晓，英镑的波动非常剧烈，这意味着做空英镑的交易很有可能因为触发止损而结束，即使交易最终被证明是正确的。巴奇推测，英国脱欧公投意外通过的另一个后果是，市场将转向避险交易。因此，巴奇并没有抛售英镑，而是买入波动小得多的美国国债，这些国债不仅可以设置有意义的止损，而且风险也小得多。实际上，录入长期国债（间接交易）提供的收益风险比要比直接抛售英镑高得多。由此可知，交易想法的执行要比交易想法本身更重要。

当巴奇试图通过在相关市场增加头寸以将他的市场敞口增加一倍时，他遭受了最严重的亏损。和最初建立头寸时一样，他无法为这次增加头寸的做法找到正当的理由巴奇欣然承认这次交易是由贪婪驱使的。这种计划外的状况导致原本可以接受的小幅亏损变成了巨额亏损，其中大部分亏损来自缺少执行理由的新增交易。由贪婪驱使的交易通常会以糟糕的结局收场。

这次最严重的亏损是交易失误的直接后果，然而就在亏损发生后的第二天，英国央行货币政策的改变正好提供了巴奇所寻找的事件交易机会。行情如预期般发展，但是巴奇没有交易。他仍然为前一天代价高昂的交易错误而苦恼，他不敢去承担任何新的风险。这次经历说明了一个重要的问题：糟糕的交易造成的损失通常会远远超过交易本身的损失。通过动摇交易员的信心，这样的交易可能会导致交易员错过本来可以赢利的交易。由此错过的盈利甚至可能超过最初交易的损失。

交易员需要区分交易结果和交易决策。有时候，好的交易决策可能会导致糟糕的结果，而糟糕的决策可能会产生积极的结果。巴奇说他无法承受那笔"最糟糕的交易"的巨额亏损，只能继续持有头寸。在交易暂时恢复后，他选择了平仓。没过多久，市场朝着与他最初建立的头寸相反的方向剧烈波动。他在是否马上止损问题上的犹豫不决，让他将一笔大的亏损变成了微不足道的损失。虽然这个决策的结果是有利的，但是巴奇认为他只是幸运而已，如果不是行情暂时企稳，他最初的巨额亏损将会演变成为一场灾难。巴奇意识到他犯了一个巨大的交易错误，即使那个错误后来被认为是有利的。

很多交易员会错误地根据交易结果来评估他们的交易，而有意义的评估应该基于交易决策是否符合他们的方法和风险控制原则。如果它们违反了对交易员的长期成功有益的交易原则和风险控制原则，盈利的交易（或者亏损更小的交易）就可能是最糟糕的交易。同样，如果交易员遵循在可以承受的风险下有效率地产生利润的方法，那么亏损的交易也可以成为赢利的交易。

第 4 章

阿姆里特·萨勒
独角兽狙击手

阿姆里特·萨勒是我遇到过的拥有杰出交易业绩的人之一。在超过 13 年的交易生涯中，萨勒的平均年复合收益率达到了 337%（是的，这里用的是年化收益率，不是累计收益率）。收益率并不是他的业绩中最令人印象深刻的方面。他的收益风险数据好到让人难以置信：调整后的索提诺比率是 17.6，月度 GPR 是 21.1，日 GPR 是 3.6。这些数字是优秀水平的 10 倍。（指标的定义和应用参见附录 B。）

萨勒也为广受争议的夏普比率提供了一个完美的例子。他的夏普比率是 1.43，并不是特别突出。夏普比率的主要缺陷是，它的风险部分（标准差）会因巨额收益变大，这几乎等同于巨额亏损。对于像萨勒这样拥有很多巨额收益的交易员来说，这个问题是非常严重的。由于调整后的索提诺比率⊖只考虑下跌时的波动，所以萨勒的调整后的索提诺比率是夏普比率的 12 倍。两种比率之间的极端不平衡是非同

⊖ 该调整允许索提诺比率和夏普比率被比较（具体解释参见附录 B）。

寻常的。大部分交易员的调整后的索提诺比率和夏普比率的比例接近于 1 ∶ 1。即使是风险回报率很高的交易员，他们的这一比例也接近于 2 ∶ 1 或 3 ∶ 1。萨勒 12 ∶ 1 的比例表明，他的巨额收益要比他的巨额亏损更大、更普遍。在萨勒的每日收益中，你可以看到他的收益和亏损是明显不对称的：他有 34 个交易日的收益率超过 15%（其中有三天收益率更是超过了 100%——是的，这可不是印刷错误），只有一天的亏损达到了两位数的百分比。而那次两位数百分比的损失（本次采访中提到的）属于他无法控制的情况。

萨勒是一个交易小组的资深成员，他们独立交易，但相互分享信息和意见。他的同事们对他的评价很高。理查德·巴奇（参见第 3 章）告诉我："阿姆里特的思维方式与众不同。他的精神非常强大，总是乐观地看待一切。他确实知道自己的优势是什么，也知道在什么时候发挥他的优势。所以，他的亏损非常小。作为一个交易员，他没有明显的弱点。"另一位同事将萨勒的交易描述为"一件美妙的事情"。

萨勒的交易风格非常独特，在我之前出版的"金融怪杰"系列书中，没有任何一个交易员具有这样的交易风格。虽然本书中的理查德·巴奇的交易风格和他相似，但是这与萨勒在巴奇早期的交易生涯中作为他的导师有关。萨勒专注于交易影响市场的事件，通过识别那些预示着价格朝着预期方向加速运动的高概率事件，他寻求在很短的时间内，特别是在几分钟的时间里获得巨大的收益。因为他对这些交易的准备让他对不同事件所暗示的短期市场方向有很大的自信心，所以他在持有大规模仓位的时候才会执行这个核心策略。

萨勒认真地对他做过的每一笔交易以及错过的重要交易进行了全面的记录。他将这些交易记录按类别分组，并附上交易说明放到活页夹中保存。这些记录提供了模拟模型，帮助萨勒确定一笔潜在的交易是重大的机会还是次优的选择。由过去的交易记录汇总而成的知识库可以帮助萨勒对潜在交易的执行和管理制订交易计划。交易完成后，萨勒会记录这笔交易的得失。每个月的月底，他还会查看上个月的交易记录。在做任何重大交易之前，他都会回顾过去类似的交易记录来预测市场可能会出现的反应。

一旦完成了所有的研究，萨勒就会进行心理预演，为交易做准备，这样他就可以毫不犹豫地回应预期事件的细节。就像他所描述的那样："我会花一些时间在大脑中想象和消化一笔交易将会怎样进行。这种心理预演让我能够立即行动。它不仅包含了进入交易的触发器，还包含了管理交易的计划。此外，我还会想象不同的场景，假设这笔交易会犯严重的错误或者进行得非常顺利，这样我就能够知道在每一种情况下该如何应对。"

我是在一个周日采访萨勒的，也就是采访完理查德·巴奇的第二天，采访地点仍然是他们交易大厅旁边的那间会议室。显然，巴奇肯定提醒过萨勒我喝了很多苏打水，因为在他的手边放了好几大瓶。我对他的采访持续了一整天，采访结束后，萨勒请我去了一家印度融合餐厅（以各种混合配方的菜肴和不同地域的菜肴为主）。我几乎什么都吃，而萨勒是印度人，所以我就让他负责点餐了。我不喜欢偏甜的食物，所以有些犹豫要不要吃他点的烤鸡翅。实际上我完全不必担心，印度烤肉和美国烤肉之间没有任何关系。尽管我们花了一整天的时间交谈，但在享受美食的同时，聊一些与交易无关的话题，确实是一件令人放松的事情。

***

你在童年或者青少年时期有什么职业抱负吗？

没有。我那个时候根本不知道自己想干什么，甚至不知道在大学里想学什么。我是在无意间接触到经济学的。我的大学成绩不是很好，这并不奇怪，因为我连教材都没看过一眼。我当时对学术研究没有兴趣，只想着和我的朋友们一起踢足球。我最初申请的是商业信息系统专业，那是非常受欢迎的专业，而且我的朋友们也在申请这个专业。但是我的成绩不太好，没有被录取。然而，我却获得了学习经济学的机会。具有讽刺意味的是，现在回想起来，我当时认为是人生中最失败的事情——在学校里没有取得更好的成绩，恰恰促使我成为一名交易员。

生活就是这样，你永远不知道什么是好，什么是坏。有时候，看似糟糕的事情反而成为幸运的事情，反之亦然。你是如何从一个以拿到经济学学位为目标的人成为一名交易员的？

我在雷丁大学报名参加了一门有关投资银行和国际证券的硕士课程，并投入了我的全部精力。他们有一间模拟交易室，那是我第一次接触市场和交易，我一下子就被吸引住了。我在雷丁大学求学期间，有几个来自瑞富（Refco）的伦敦国际金融期货交易所前交易员做了一次演讲。演讲结束后，我拿着笔记本和笔到他们面前说："请把我需要知道的事情都告诉我吧。我应该读哪些书和文章？我应该关注哪些博客？我对所有和交易实践有关的事情都感兴趣。"其中一个交易员给了我他的名片，并对我说："周一给我打电话。"就在我即将毕业之前，我被一个交易员培训计划录取了。

谈谈这个培训计划。

最初，他们采用的是全日制课堂教学模式。公司会教我们技术分析、基本面分析和交易心理学。两个月后，我们开始做模拟交易。

你们有多少人？

大约 20 个人。

最终留下来的有多少人？

2 个人。

这和我猜的差不多。刚开始的时候，你觉得技术分析和基本面分析哪个更适合你？

我没什么感觉。因为是第一年，我对任何事情都感到不适应。我会尝试任何事情，因为这是我应该做的。

你第一次交易时采用的是哪种方法？

我尝试着从趋势线和日内盘整的突破点找机会挣一笔快钱。

结果如何？

刚开始确实挣钱了，但是从长期来看，这就是一个只赔不赚的策略。这是一种迎合了你的冲动本能的方法，你总是想着轻松挣钱。最终，你会意识到这是行不通的。

实际上，我发现趋势线突破是最不可靠的信号之一。让人困惑的是，当你看图形时，似乎趋势线突破是起作用了。但这完全是一种事后诸葛亮的做法，你只有在行情走完之后才知道趋势线应该画在哪里。大多数人没有意识到的是，现实中很多趋势线突破最后都被证明是假突破，这实际上等于对趋势线进行了重新定义。你在放弃趋势线突破交易之后，又尝试了哪些方法？

我尝试了其他几种技术分析方法，但没有一种是我感兴趣的。我不喜欢一上来就交易，而且我必须很幸运才能成功，技术分析给我的就是这种感觉。

既然你当时没有任何方法，那么当你第一次进行实盘交易时，你的业绩如何呢？

我一开始就挣钱了。

既然你尝试过的各种技术信号都没有成功，你又是怎样赚钱的呢？

我做了很多笔基于基本面事件的交易。当我看到隐藏在这些事件的波动中的潜在交易机会时，我不会有半点犹豫。当我认为某个事件具有交易机会时，我就会快速进场。然而，我认为大多数初级交易员在面对大幅波动的时候会犹豫不决，他们对波动更小的交易情有独钟，比如在出现突破走势的时候买入或者卖出。

所以你对波动率很感兴趣。

是的，我会表现得很激进。

如果当时有一则重要的头条新闻，你会如何交易？

如果这条新闻没有被市场消化，我就会以最快的速度进场，并尽可能地扩大我的交易规模。我预计市场将会出现调整以适应这条新的新闻。随着时间的推移，做这类交易的机会就会减少，我们将不得不根据预期结果没那么明确的新闻做交易。

这种新闻是像有计划的经济报告或公告一样的预期中的头条新闻，还是预料外的头条新闻？

两者都是。

对于后者，我估计你必须在整个交易日中不断地观看新闻摘要。而且，我认为你必须对推动一个特定市场的基本面有足够的了解，才能够即时评估新闻对价格的影响。

是的。在特定的时间里，只有为数不多的几个因素在推动着某个特定的市场。重要的是意识到什么与市场相关、什么被定价。如果一位重要的央行行长站出来讲了一些与市场定价相反的言论，那将是一个巨大的行情触发信号。我会毫不犹豫地做出反应，做一笔激进的交易。

你会持有多长时间？

几分钟到几个小时不等。

你的交易账户的规模有多大？

实际上没有具体的交易规模。不过我的风险线是 3 万欧元。

所以，一旦你的亏损达到了这个数字，你就会被扫地出门。

这是我们被明确告知的。

你说你刚开始交易就赢利了，你第一年赚了多少钱？

到年中的时候，我已经赚了大概 15 万欧元。当时，我提取了 5 万欧元，公司也同样提取了 5 万欧元。我和公司签了五五分成的协议，也就是说，我提取了多少利润，公司也要提取等量的利润。

你的交易账户规模在提取利润后又回到了 5 万欧元。在你交易的第一年的下半年发生了什么？

我几乎赔光了全部的 5 万欧元，结余为负数。

是不是某些意外的事件导致了你在后六个月与前六个月的收益出现了剧烈的反转？

我认为在最初的六个月里，我还不知道什么是真正的市场。

你在前六个月的表现非常出色，你是否变得骄傲自大了？

哦，是的。我当时刚刚毕业，心想："这太棒了。做交易太简单了。"这就是我当时被市场狠狠教训了一番的原因，这次遭遇为我敲响了警钟。

由于你的账户结余已经变成了负数，而且还有一个 3 万欧元的风险线，你是否担心自己可能会被淘汰？

这一直是我担心的。尽管我不想退出，但我知道我还是会被淘汰的，我当时心里很痛苦。我真的很热爱交易，甚至都没想过做其他的工作。就像那句老话说的一样："如果你想占领一座岛屿，就先把船烧掉。"我必须全身心投入，没有别的选择。除了做交易，我没有其他任何想干的事情。

这次惨痛的经历是否让你在交易时更加谨慎？

从某种意义上来说，你必须变得谨慎。当你的亏损达到一定水平时，你必须要削减你的交易规模。也就是说，我正处于捕捉独角兽的游戏当中，它们不可能出现在每一个角落。当一只独角兽出现时，即当交易按照我想要的方式往下进行时，即使行情对我不利，我也必须要积极地去争取。我每年只会碰到大约 10 次这样的交易，我不可能错过任何一次这样的机会。这将我置于只有一两笔交易能够亏损的境地。

那年的下半年你做错什么了吗？你的亏损是因为你犯了交易错误，还是因为市场对你遵循的策略不利？

我对自己的约束有些放松。我放宽了进场交易的标准，不再坚持自己的交易类型。我犯了先紧后松的典型错误。当时，我在发挥非常出色以后，常常会经历利润回撤的情况。幸运的是，我已经超越了这个阶段。

你的亏损主要来自短线交易还是来自失败的独角兽交易？

肯定是短线交易。亏损的关键是缺乏耐心和试图强行交易。我希望能够白手起家。我记得有一次在下跌的过程中，为了回应欧洲央行的声明，我在德国长期国债、德国中期国债和德国短期国债（分别指 10 年期、5 年期和 2 年期的德国利率合约）上建立了有风险限制的头寸。风险经理走了过来，蹲在我的桌子旁边说：“阿姆里特，你在做什么？你打算利用这些头寸做什么？”我愣了一会儿，重新振作了起来。那是我第一次意识到在交易中变得松懈有多么危险。

你在三个高度相关的合约中持有允许范围内最大的头寸，实际上持有了三份重复的头寸。是什么让你采取了如此激进的方法？

欧洲央行的那个声明我现在已经记不得了，但我知道那只是个微不足道的评论。我当时已经大幅亏损，希望能够扭亏为盈。

所以，你不仅进行了一笔有问题的交易，而且还将它的规模扩大了三倍。在风险经理走到你的办公桌旁边提醒你以后，你做了什么？

我意识到我当时处在一种希望交易能成功的状态中。当我意识到我满脑子都是"希望"而不再是交易时，我马上将所有的头寸都清仓了。直到今天，这个教训仍然萦绕在我的心头。我从来都不想拥有一个我希望它能够成功的头寸。我必须通过这种经历来搞懂我完全确信的交易和我希望的交易之间的区别。

你从那次经历中得到的明显的教训是，要警惕那些以希望而非确信为基础的交易。还有其他要总结的吗？

我懂得了耐心的重要性。市场机会总是存在的。从过往的经验和事后分析的角度来看，我现在可以说，做一笔大交易非常简单。你不必去寻找它们，但你必须等待。市场中的交易机会时有时无。市场可能在某一阶段机会寥寥，如果你想在那段无事可做的时期里找点事儿，你可能就会让自己的账户发生亏损。我就是这么干的，我在什么都没有发生的时候还努力地做些什么。相反，我应该耐心等待机会。你以前采访过的吉姆·罗杰斯也表达过同样的观点："我只是等待，直到角落里有钱，然后过去把它捡起来，在此之前我什么也不做。"

我喜欢引用德彪西⊖**的名言："是音符间的间隙造就了音乐。"在描述交易的时候，也有一句类似的表述："交易就是每一次耐心的等待。"它们的表述是如此贴切。**

我坚信这个观点。你要做的就是在每次杰出的交易之间耐心等待。我总是问自己：我是否处于最佳状态？我完全准备好了吗？我是否在次优交易上面浪费了资金资本和心理资本，而没有在真正的交易机会出现之前耐心地等待？

⊖ 法国作曲家。

其实，你说做大的交易很简单的隐含的意思是，不交易是困难的，而抓住好的交易是容易的。

我完全同意。任何一个白痴都可以把事情搞砸。当我回顾那些发生在回报最好的月份的交易时，有声音会冲着我尖叫：这是一个大的交易机会。如果我只做这些交易而不做其他交易，我的回报可能会是现在的两倍，但是交易绝对不是那样。你必须学会克制自己冲动的情绪，在等待的这段时间里，也就是在你所说的"音符间的间隙"里，不要做傻事。我在早期犯过的一个错误是，我在什么都没有发生的情况下，被动地做了一些边际交易，白白浪费了精力和资金，而没有耐心等待会最终出现的独角兽。我从这个错误中吸取的教训给我上了重要的一课。我现在明白，市场在90%的时间里都不会给你任何交易的机会，而我只利用那10%的时间就赚到了90%的利润。

现在我们坐在这里畅谈你后来的经历。不过，让我们回到你交易生涯的第一年，当你的账户结余变成负数时，你是不会想到你最终会成功的。你在早期取得过一些成绩，但是接下来的亏损让你处于被淘汰的危险之中。你在那个时候的精神状态如何？

这件事说起来有点儿奇怪，但是我知道我一定会成功的。我就知道会成功的。我要做的就是在市场中活下来。

所以，即使在你的账户亏损的情况下，你还是很自信。

是的。因为我尝到了好的交易带来的甜头，而且知道以后还会有更多这样的交易。我必须尽我所能留在这个市场，因为这是上天的安排。

我们再来讨论一下你在第一年下半年的交易中所学到的经验教训。你当时就把这些经验教训记录下来了吗，还是说这些是你后来自己领悟到的，现在回顾的时候才提及？

我在那个时候就已经意识到自己不能再那么做了。我知道自己已经站在了被淘汰的十字路口，而且我也不能接受任何边际交易。我不再根据技术分析做交易了。除非有十足的把握，否则我不会做任何交易。

＊＊＊

为了理解接下来的对话，读者需要了解"量化宽松"这个术语。以下是为可能无法完全理解这个术语的读者准备的入门内容。

通常情况下，美联储试图通过联邦基金利率来调整利率，联邦基金利率是指银行间相互借贷的隔夜利率。美联储调节联邦基金利率的主要工具是公开市场操作（open market operations），即通过买卖短期国库券的方式增加或者减少货币数量，从而达到降低或者提高利率的目的。例如，如果美联储想降低联邦基金利率，它就会"印刷"货币（通过电子方式创造货币）来买入短期国债，从而提高国债的价格，这实际上相当于降低了利率。

从某种意义上来说，量化宽松是公开市场操作的延伸。当短期利率降至接近于零的水平时，通过买入短期国债刺激经济的标准工具就不再起作用了，因为短期利率已经接近于零。这种情况就是美联储在2008 年金融危机时期及之后所面临的尴尬困境。美联储用量化宽松作为回应，这意味着它要像正常的公开市场操作一样增加货币供给量，但是美联储却没有提及降低已经接近于零的短期利率的目标。实际上，量化宽松意味着美联储用创造出来的货币买入非传统资产（即短期国债以外的资产）。具体来说，美联储买入了长期国债和诸如抵押贷款支持证券等非政府资产。美联储通过买入期限更长的国债，降低了长期利率，此举仍有可能继续刺激经济。美联储买入抵押贷款支持证券等其他类型资产的动机，是缓解在金融恐慌期间其他行业的崩溃。

2008 年 11 月，美联储实施了第一次量化宽松，此举是为了支持抵押贷款和住房市场。美联储买入了和抵押贷款相关的政府机构资产和私人抵押贷款支持证券，实际上，这类金融资产的买家需求已经消失了。当时，虽然有人猜测美联储会在某个时间点买入长期国债，但是美联储并没有采取行动。

***

在你的交易历史中，有很多天出现了异常的收益。我计算了一下，有 34 天的收益率超过了 15%，15 天的收益率超过了 25%，5 天的收益率超过了 50%。即使在出现巨额收益率的日子里，有一天的收益率仍是很突出的：2009 年 3 月 18 日，你的收益率超过了令人难以置信的 800%！你是怎么做到的？这背后的故事又是什么呢？

2008 年 11 月，当美联储第一次宣布实施量化宽松时，它买入了抵押贷款支持证券，以稳定金融危机期间的市场。我预计美联储最终将扩大量化宽松政策，其中就包括买入长期国债。我想，如果美联储真的宣布了这样的声明，它会立即引发国债的大幅反弹。2009 年 3 月 18 日，美联储宣布扩大量化宽松政策，其中包括首次买入长期国债。

你是否在声明发布后立即持有大量的头寸？

没有我希望的那么大。当时，我被允许持有的国债期货合约的上限是 300 张。在预料到这一事件后，我向风险经理解释了为什么我想把国债期货合约的持仓上限提高到 600 张。我只是要求增加我在这一预期交易中国债的上限，我甚至提出了减少或者放弃在其他市场的头寸，以对冲这边较高的风险。然而，鉴于我还是一个刚刚入市不久的新手，以及当时的市场正处于下跌期，风险经理拒绝提高我的上限。

受此限制，我选择在德国国债上建立头寸，来替代我真正想做的事情：将美国中期国债的头寸增加一倍。虽然利润没有交易美国中期国债那样可观，但德国国债对我那天的异常收益率贡献很大。

美国中期国债在公告发布后的波动有多大？

（阿姆里特拿出了相关的走势图，指向了公告发布当天。当天的价格波动达到了整整 4 个点。有两点让我印象深刻：首先，这次反弹发生在美国中期国债市场持续下跌的过程中。其次，公告日的高点距离反弹的高点仅差几个点，随后价格继续大幅下跌。）

讽刺的是，在当天做多是一笔不错的交易，但对于期限更长的交易来说，当天的买点几乎就是最高点。这些头寸你持有了多长时间？

几分钟。因为我已经做好了交易的准备，所以我以最快的速度进场。指令都是提前准备好的，我只需要敲下键盘就可以了。我的注意力非常集中，新闻推送和我的行动之间实现了无缝衔接。我很自信，没有让兴奋的心情影响到我的交易。我的思路很清晰，我只专注于这笔交易，无暇关注其他的事情。当市场在消息传出后大涨时，我凭直觉判断，价格波动得如此之快，我应当马上获利了结。我最终在高点附近平掉了所有头寸。

也就是说，市场在消息公布之后的几分钟内就达到了高点。

是的。

那笔交易你挣了多少钱？

我在两三分钟的交易中赚了 100 多万美元！我就是在这么短的时间里看到交易机会的，这是属于年轻的、充满渴望的、自律的风险爱好者的交易机会。

你还记得交易完成后你的情绪吗？

现在回想起来有些尴尬，我当时的反应有点过激，心情确实很复杂。当然，那真是让人愉快的一天。不过，几乎就在一瞬间，我又陷入了消极的心态中。

为什么？

我不觉得我赚了 100 多万美元，我感觉自己失去了赚 100 万美元的机会。这是一笔非常容易的交易，我希望能够抓住更多这样的机会，赚更多的钱。

你真的因为没有实现双倍的头寸而沮丧吗？

现在回想起来，我心里充满了感激之情，但那不是我当时的感觉，那是旅途的另外一个部分。

当你建立一个像量化宽松交易那样的巨大头寸时，你会设置止损吗？

那时候我觉得没有必要，但是现在我肯定会设置止损。对我来说，在适当的地方下车已经是固定不变的法则了。

你是否在下单的同时就设置好了止损点？

不，因为我不希望市场突然反转，并马上触发我的止损。只有在价格波动频繁，不适合人工止损时，我才会设置止损。因为只要你持有头寸，总是有可能会出现对你的头寸不利的消息，你可能无法及时离场，所以，有这种保护是非常重要的。止损可以消除尾部风险。

你什么时候开始坚定不移地使用止损策略？

在我经历了最糟糕的一次亏损之后，那天我亏损了 24%。

那是什么时候？发生了什么？

这笔交易发生在 2013 年 6 月，像是一出满是错误的喜剧。欧洲央行一直在鼓吹负利率的可能性。我认为，如果欧洲央行开始实行负利率，将利空欧元。

即使在负利率的前景已经被广泛讨论且人们已经在某种程度上预料到了的情况下，你仍然有这种感觉？

是的，因为在我的时间框架内，市场仍然会受到冲击。一旦欧洲央行进入负利率区域，就会出现一个问题，即更多的负利率会不会接踵而至。到了那个时候，潘多拉的魔盒就会打开。我一直在寻找引爆市场的原因。我在寻找过去的某个时刻，可以让我在可能会出现日内大幅波动的时候，建立杠杆化的头寸。如果引爆市场的原因是长期价格走势的启动，我就会尝试持有部分头寸。我的方法不能阻止我在某种程度上已经被定价的事件上建立头寸，因为该事件仍然可以在发生当天触发大的波动，而这就是我需要交易的事件。

在这种特殊情况下，哪里出了问题？

当欧洲央行行长马里奥·德拉吉召开新闻发布会时，我以为他会宣布实行负利率。当被问及欧洲央行是否准备好实行负利率时，他回答说："我们在技术上已经准备好了……"还没等他说完话，我就开始做空了。在预料到他的回答之后做空不一定就是错误的，因为如果交易是错误的，我可以马上离场。然而，就在我输入卖出指令后的那一刻，我的计算机突然关机了。与此同时，我听见德拉吉在电视机里继续他那魔幻般的发言："但是，我们不会率先承诺。"我知道欧元将会飙升，而我的这笔交易注定要失败了。

你做了什么？

我当时惊慌失措，大声喊道："我的计算机坏了！我的计算机坏了！"风险经理走到我的桌子前，冷静地说："我知道你的头寸是多少。到我这儿来，你可以平仓。"我已经习惯了快进快出的交易，当我听到德拉吉讲话完毕后，我就知道这是一笔糟糕的交易，我本应该立刻退出交易才对。更糟糕的是，我知道有很多投机资金在交易中选择做空，我在听到德拉吉说完"但是，我们不会率先承诺"这句话之后本可以做多。我最好的交易来自我处于与所在交易中的对手方相反的位置，也就是说，在短期投机资金做错方向的交易中，我可以成为他们的对手方。

你是在暗示如果你的计算机没有坏掉，你就可以持有相反的头寸？

我肯定会以最快的速度改变我的头寸。

你去风险经理那里平仓之后发生了什么？

我看到资金大举买入欧元，而我没有设置止损。这之后我养成了一个雷打不动的习惯，那就是尽快设置止损（萨勒在说"尽快设置止损"这句话时，每说一个字都要敲一下桌子）。如果我在那笔交易中设置了止损，我的亏损将会很小。此外，由于我的交易规模大了很多，我将不再做预期交易。

你去风险经理那里之后是马上平仓离场，还是继续留在那里观察你的头寸？

我马上平仓离场了，但是市场变化太快了，我已经遭到了巨大的打击。

计算机关机的原因找到了吗？

我肯定是 Windows 操作系统的问题。

这是我听过的最不幸的交易故事了。你亏损之后的情绪怎么样？

我还能怎么办呢？我意识到，我要么接受它，继续前进，要么让它在情绪上影响我，这对我没有任何好处。我要尽可能地把它抛在脑后。我离开了办公室，当天晚些时候，我和几个朋友到当地的酒吧聚会。我们举行了我称之为"庆祝"的活动，因为我想把我的注意力集中到积极的方面，而不是面对亏损生闷气。我感激能有这样一个头寸让我拥有赚大钱的机会。我在如此短的时间里亏损了那么多钱，只会加强我把握机会的能力。我觉得我的做法是对的，只不过当时的运气实在是太差了。

你选择"庆祝"这个词与我昨天和理查德·巴奇（对他的采访参见第 3 章）的谈话产生了呼应。他说，在经历了让人沮丧的一天后，自然的本能是停止花钱，但是他从你的身上学到了一点，就是他应该出去转转，好好犒劳自己。

理查德和我谈过这些。在一个糟糕的交易日后，我有两个选择：我可以坐在那儿，反复想着它，让它拖住我；或者把它抛到脑后，战胜它。在遭受重创后，我会尽快恢复平静并集中精力，尽量让我的情绪不受影响。我会对当天的交易进行复盘，吸取教训，然后寻找下一个机会。在经历了巨大的亏损和下跌后，我常常对自己迄今为止所取得的一切心存感激。通过这个过程，我不会在同样的消极事物上面重蹈覆辙，不会深陷痛苦不能自拔，不会再消耗我的精神资本。

你是一开始就意识到犒劳自己或者庆祝自己的交易损失是一个好主意的吗？

我想我是做了几次之后才意识到的。办公室里有个人曾经对我说过："当你一帆风顺的时候，切记要善待自己，这样你就知道你为什么要做交易了。"

但是，你的情况和他说的完全相反，你是在经历了一段糟糕的时期之后才开始善待自己的。

是这样的。对我来说，这需要改变思维方式。你要让自己的思想回到一个平静、理性的地方，而不是处于一种消极和紧张的状态。你希望你的决定是由前额叶皮质而不是由扁桃体做出的。如果我意识到我正在经历一段艰难时刻，我会克制自己，并对这段旅程心存感激。然后，我就可以出去犒劳自己了。

海洋就是一个很好的比喻。海洋的表面是波浪和湍流，但是如果你潜入水中，它又是平静的。每个人都有能力潜入那个平静的区域。如果你担心错过一笔交易，你会倾向于做本不应该做的交易。如果你情绪激动，可能会侥幸赚上一笔，但是绝对做不到持续赢利，最终你可能还会以亏损收场。你要摆脱掉那些原始的本能反应，去追求更高的自我，成为一个冷静和精力集中人。

你对交易亏损时期的反应与大多数交易员的自然反应是完全相反的。大多数交易员会生气，而且他们在经历了一个糟糕的交易日之后会感觉非常痛苦，就像你的计算机在关键时刻出现故障并造成巨额亏损那样。

这就是交易，它违背了正常的人类情感。作为一个交易员，你要不断挑战自己的情绪极限。这就是在交易这条路上成功的人这么少的原因。

在你因为计算机故障遭受了 24% 的亏损之后，你花了多长时间才重新振作起来？

马上。我在七天之内就把亏损的钱赚了回来。

你是不是做了一笔大交易？

没有，更多的是做了很多笔符合我标准的交易产生的累积效应。

你提到了保持心态平静的重要性。你是什么时候意识到这一点的？

我意识到我偶尔会无缘无故地经历一段时间的亏损。因此，我开始写日志，记录导致亏损的交易。

潜意识、情绪和习惯可以促使我们行动，并产生对交易不利的影响。我来自一个工薪阶层家庭，家里并不像我现在这样富裕。在最初的日子里，我觉得我总是和自己对着干，我总是在获得创纪录的胜利之后进行一些欠佳的交易，以此作为自我监管和"回到起点"的一种方式。通过对这些欠佳的交易的记录，我开始关注无意识的反应模式。

（萨勒拿出一张图来说明情绪与亏损之间的关系。x 轴代表情绪状态，左边是"平静"，右边是"害怕错过"。y 轴代表边际交易的亏损规模，萨勒将其标记为"泄漏"，说明亏损是可以避免的。这张图显示，当情绪状态变得更加激动时，亏损的规模会从平静区域的平缓向害怕错过区域逐渐增大。）

这张图让我意识到造成亏损的潜在原因。你要充分利用大部分的交易机会，尽量减少糟糕的交易，这一切都取决于你的精神状态，一旦你的交易失效，精神状态可能就是交易成功的关键因素。我想待在平静区域感受身边所有的事物。我能够成功地在毫秒之内做出决定并赚取大量金钱的唯一方法，就是进入平静的状态。

我曾经读过美国海豹突击队在战斗中使用神经反馈方法和生物反馈方法来帮助他们进入状态的报道，我读到海豹突击队工作中最难的部分是知道什么时候不该开枪，这引起了我的共鸣。我想，如果我能根据需要学习进入类似的情绪状态，我就有可能处理更多的信息，并知道什么时候"不该开枪"。这个目标让我踏上了理解身体与意识之间的联系、探索冥想和心流状态的旅程。

你是如何进入心流状态的，它是如何影响你的？

在一笔重要的交易之前，我会通过呼吸练习和冥想将注意力集中到当前的时刻，消除杂念。久而久之，我就学会了如何在几分钟之内进入心流状态，这种状态是在交易和许多其他领域取得成功的基础，例如职业运动。当我沉浸其中时，一切都感觉很轻松。在"深度投入"

的状态中，我在潜意识层面做出反应，而大脑的潜能 95% 在潜意识层面，5% 在意识层面。在这种状态下，我很有创造力，可以处理大量的信息，可以毫不犹豫地做出反应。我乐于接受新信息，并相应地调整我的头寸。交易让人感到非常轻松，我也不想强迫自己去做些什么，我对持有的头寸或者结果并不在意。我会毫不犹豫地止损，并且在不是侥幸赢利的基础上让利润奔跑。

相比之下，当我在事件发生前难以战胜我的情绪时，我做每件事都感觉像是在斗争。我会错过一些有价值的信息。由于缺少自信，我会在建立正确的头寸时犹豫不决，也会过早地退出赚钱的交易。

从过往的经验来看，当我的直觉告诉我有什么事情不对劲时，不论我的研究结果如何，我的直觉通常都是正确的。学会相信自己的直觉是我成功的关键，直觉会告诉我哪笔交易才是独角兽，我应该全力以赴，哪些交易存在潜在的危险，我应该保持冷静。

你之前说过因为计算机故障导致巨额亏损的那笔交易，你认为与这笔交易相反的交易才是最好的交易。你能举一个在这类交易上赚到大钱的例子吗？

如果市场对某个事件的反应从一开始就朝着错误的方向运动，我就会做逆向交易，我总是在寻找这种交易机会。同理，当我的计算机出现故障时，我就是交易中错误的一方。最近（2019 年 9 月），欧洲央行宣布了一揽子量化宽松措施，这就很有代表性。

投机资金每个月的买入量为 300 亿～ 400 亿欧元。但是，我认为总的买入量要比每个月的买入量更重要。我的直觉告诉我，市场中的热钱正在找借口发泄失望的情绪。当新闻报道每个月的买入量将达到 200 亿欧元时，热钱的反应是失望，德国国债遭到抛售，欧元止跌回升。我决定，在这种情况下，最好先看完所有的信息再交易，让自己保持冷静，进入状态，消化全部信息。当我看到每个月的买入承诺无限制的时候，我知道所有的空头将不得不迅速平仓。就在那一刻，是的，就在那一刻，市场被错误定价了，成交量激增，而我决定铤而走险，反手做多。这笔交易持续了几个小时，市场的失望情绪再次来袭，市场再次逆转。不过，我在那个时候已经赚了钱，退出了交易。你可能会说，我最终还是做错了交易，但是我当时是在和定价错误的投机头寸做对手方，至少在我的时间框架内，我是对的。

短线交易可能会赚钱，也可能会赔钱。对最初的公告做出看空反应的交易员最终是正确的，可除非他们能够在市场大幅回撤时保住利润，否则他们还是会蒙受损失。长期来看，我是"错误"的一方。可尽管如此，因为我知道短线交易者的头寸会影响价格，所以我能够进行非常有利可图的短线交易。

你有多少利润来自一天的交易？

大约 75%。

你持有时间较长的几笔交易的特点是什么？

和我的短线交易一样，长期交易仍然是由相同类型的事件触发的，但是这几笔交易具有长期的潜力。

是的，那么这些交易的哪些特点预示着它们具有长期的潜力？

对经济具有重大长期影响且完全出乎意料的事件可能会刺激长期的价格波动。英国脱欧公投的意外结果及其余波，为这种交易提供了完美的案例。

你如何决定退出交易的时间？

我有一种不可思议的能力，能够找到还算不错的离场点。我正在努力将我的这种能力转化为系统的原则，但是我还没有做到。此外，如果我持有的头寸在日内出现抛物线形的价格变动，我将锁定利润。

我是经历了惨痛的教训才学会这个方法的，我当时以为这种头寸会走得更远，但结果却回吐了大部分利润。

考虑到你获得的巨额收益，除了计算机出现故障的那笔交易外，你在风险管理方面一直都做得很好。你的风险管理的核心是，如果一笔交易没有达到你的预期，你会马上离场。还有其他方面吗？

就个人交易而言，我会根据我对市场的信心水平将风险控制在1%～5%。就像我之前提到的，我会尽早给自己的头寸设置止损。我会在交易的过程中兑现部分利润，而不是在确定离场时才平掉所有的头寸。在我对部分头寸获利了结之后，我可以进入"自由交易"的状态，也就是说，在我锁定部分头寸的利润之后，上涨空间将完全打开，而没有任何下行空间。这就像我在强势反弹的市场中持有免费的看涨期权一样。

从投资组合层面上讲，当我的资产回撤6%的时候，我可能会开始缩减投资规模，并且对接下来的新交易进行严格的筛选，但这要视情况而定。有时候我在一笔交易中亏损了5%，但是我认为问题不大，我会继续持有当前的头寸。在另外一些时候，我在很长一段时间里忍受资金被一点一点蚕食的痛苦，这种情况通常说明市场处于平静的时期，或者我与市场脱节了。此时我将开始缩减规模，提高进场的标准，只做一些稳赚不赔的交易。

最近几年，你是否在交易方法上有过重大的改变？如果有，是什么原因？

过去，我倾向于在单一市场上执行交易想法。现在，我尝试在多个相关市场上执行交易想法。例如，我会同时在德国国债、欧洲斯托克指数和欧元上建仓，或者在其中的两个市场上建仓，而不是在其中一个市场上建仓。这种操作变化的原因是，有时候，我的交易在其中一个市场上表现不佳并不意味着交易假设有问题，有可能只是因为市场上发生了一些事情使得交易没有达到预期的效果。举一个很好的例子，当美国联邦公开市场委员会（FOMC）会议暗示下调利率的可能性时，我买入了美国中期国债和标普指数。一开始，美国中期国债没有任何反应，甚至还跌了，但这并不意味着交易无效。如果我只持有美国中期国债，而没有持有反弹的标普指数，我就有可能认为我的交易假设是错误的，但事实证明并非如此。当时即将举行的国债竞价销售压低了市场利率，一旦竞价结束，美国中期国债的走势将重回正轨。所以，我学会了不把交易想法集中在单一市场上。

随着时间的推移，越来越多的自动化交易和高频交易算法使得交易想法的执行变得更加困难，并且降低了我在一些非常短的时间框架内的策略优势。因此，我只关注确定性更高、月交易频次更低的交易，但是每笔交易承担的风险更大，这反映出我对交易的信心水平。

你见过哪些导致人们失败的对于交易的误解？

我认识的很多亏损的交易员都认为他们应该持续地挣钱。他们只考虑收益率，觉得每个月都必须挣到一定数量的钱。现实情况是，你可能会很长时间都赚不到钱，或者在经历了下跌之后，获得持续的收益。企业家明白其中的道理，他们会对一家公司长期投资，在经过多年的努力后，投资收益会一次性回报给投资人。如果你想获得巨额收益，你就不能以稳定赢利的心态去实现这个目标。我最多只有50%的时候是正确的，有的时候只有30%。然而，当我的正确率只有30%的时候，我作为赢家赚到的钱是我亏损时候的8倍。交易员必须问问自己，他们是在30%的时间里正确，还是每天都能保持正确？正是后者让很多人退缩了。

导致交易员亏损的原因还有哪些？

亏损的交易员会让自己陷入消极的状态当中，他们会受到亏损的影响，这是滚雪球效应。他们会经历一次又一次的失败，然后突然之间，大脑陷入黑暗，这个时候再想逃避已经来不及了，因为他们的思想已经被各种消极的想法占据了。如果他们在第一次失败后通过控制自己的情绪从根本上消除负强化过程，他们的处境可能会更好。

此外，我在交易室工作了 13 年，发现很多人只是交易，盼望着好事临门，他们的交易生涯注定不会长久。你需要控制风险。

成功的交易员呢？他们有什么共同的特点吗？

成功的交易员关注下跌趋势，也知道上升趋势终会到来。

他们从不放弃。即使事情变得很糟糕，他们也会找到办法，克服困难，坚信一切都会好起来。

他们自身也很有竞争力，而且总是在寻找方法，让自己每个月的业绩不断提高。

他们相信自己的优势，并意识到每一笔交易都是相互独立的。这种观点让他们每一次都会全力以赴，不论上一笔交易的结果如何。

他们不排斥失败。他们明白失败是所有的努力走向成功的必经之路。他们认为只有错过获利的机会，才算是失败。

你的收益风险比是我见过的最好的之一。你认为是什么技能或个人品质让你取得了这些成就？

我非常清楚一笔好的交易的特点，当它出现时，我不会有半点犹豫。

我一直在寻找收益风险非对称的交易机会。每当我捕捉到独角兽交易时，我都会控制自己的风险，在行情没有彻底结束前，我是绝对不会提前下车的。

我不追求片刻的喜悦，我专心工作，耐心等待合适的交易。我已经准备就绪，当大的交易出现时，我会果断出击。我可以瞬间将战斗力从 0 提升到 100，这种方法对我很管用。其他人可能会觉得他们每天都必须得做点儿什么，而我不需要这样做。

我会特别留意下降趋势，并在两个大赚的交易之间保持我的心理资本。

我并不看重交易的结果，只专注于交易的过程。

我善于区分高确定性交易和低确定性交易，然后相应地调整我的头寸。

每当交易机会出现的时候，我都会表现得很激进，如果错过了机会，我会远离市场。

我是个自律的人，这让我能够在重要的交易机会出现时大胆地使用杠杆。

我总是试图从错误中吸取教训，我会找到一种方法来避免自己再犯同样的错误。

我从不放弃。在今年（2019 年）的前七个月中，我陷入了下跌的泥潭，这种情况只在我交易生涯的早期出现过。你需要具备熬过艰难时刻的韧性。

我希望比其他人都更努力工作。在我的交易生涯早期，我经常在凌晨 4 点或者 5 点起床，以便更全面地了解隔夜新闻。我有一段时间每天工作 15 ～ 18 个小时。

要想成为杰出的交易员，你要充满激情，这是你在被反复击倒后能够坚持站起来的唯一方法。我有这种激情。

对于我作为交易员所取得的成就，最重要的因素就是内心的专注：自我反省、自我意识、记录交易日志、练习冥想和呼吸。我进入心流状态的能力是我的核心特质，当我进行深度研究的时候，这一特质会成为我的优势。

哪些你现在知道的事情是你在开始的时候就希望知道的？

你没有做的事情才是重要的，耐心是关键。成功的交易是无为的艺术，在真正的交易机会之间，你没有做的事情将决定你长期的成功。你也可以在两笔交易之间做一些对你的精神资本造成很大伤害的事情，但是当大的交易出现时，你就没有准备了。

也就是说，问题不在于你在次优交易中可能遭受亏损，而在于你容易错过重要的交易机会，因为这些边际交易会对你的注意力和心态产生负面的影响。

完全正确。

最后还想说点什么？

对我来说，交易是一段自我发现和成长的美妙旅程，我很愿意分享我的心路历程，以及我认为取得长期成功所需要具备的条件。过去十年的交易生涯感觉像是热身，我对自己在未来几年中的成长充满信心。

***

作为一名交易员，萨勒之所以能够取得令人难以置信的成功，是因为他的交易过程包含了三个基本要素：

1. **交易研究和交易计划**。成功的交易不是鲁莽行事，努力工作才是关键。萨勒对每一笔交易都做了认真的准备。他整理了上千页的笔记，按时间顺序记录了他过去所有的交易。他对每一笔交易都记录了自己的交易计划、相关事件和市场反应的细节，以及正确和错误的决策。这些分类存放的笔记，能够帮助萨勒识别和研究与潜在交易相似的历史交易。利用这份个人编辑的资料库，萨勒为每一笔预期的交易都准备了非常详细的报告，这是包含了大量关于交易如何在真实场景下逐步发展的计划。萨勒每天还密切关注新闻，从中寻找任何可能提供交易机会的意外事件。

2. **交易执行**。萨勒将自己的交易类型比喻为"独角兽"，这种类型的交易为他贡献了绝大部分的利润。你没有时间去思考和分析，必须当机立断。例如，当央行态度逐渐明朗的时候，必须知道如何应对每一种可能出现的情况。即使是一两分钟的考虑，也会导致错失交易机会。为了在事件发生时做出合理的交易决定，萨勒会进行深入的研究并制订计划。此外，萨勒会在脑海中想象和演练他将如何在各种情况下做出反应，就像一些职业运动员在大赛之前所做的那样。他还通过冥想和呼吸练习进入"深度投入"的状态。

3. **稳定的情绪**。对于杰出的交易员来说，萨勒认为保持适当平静、集中精神和专注的情绪状态是非常重要的。他极力避免消极的心态，不让交易亏损或者交易错误影响自己，更不允许这些因素影响到他后续的交易机会。萨勒会在任何潜在的负面心理循环开始之前就切断它。每当他的头寸处于下跌趋势或者经历了一个特别糟糕的交易日时，他就会遏制任何迅速增长的消极心态，转而专注于所有让他心存感激的事情。用他的话说："这需要改变思维方式。你要让自己的思想回到一个平静、理性的地方。"保持积极的心态和稳定的情绪不是萨勒交易过程中的辅助因素，而是绝对的核心。

在交易不顺的时候要善待自己，这是一条独特的建议。在"金融怪杰"系列之前的采访过程中，没有一个交易员提到过这个建议。或许这对萨勒来说很有效，但是对普通的交易员来说，这是一个好的建议吗？我不知道，但是普通的交易员可以尝试。不过，根据萨勒的观点，成功的交易员需要积极的心态和冷静、专注的情绪状态，这确实是一个好的建议。

耐心是我采访过的许多伟大的交易员与生俱来的品质。对于萨勒来说，耐心是他交易成功的关键。萨勒在本次采访之前与我往来的电子邮件中描述自己的交易风格时写道："我的交易风格和狙击手很像。我时刻准备着，等待那完美的一击。我不想在别的地方浪费子弹，因为这会影响我完成完美的一击。我在等待一笔我的直觉告诉我正确的交易，然后我才会射击。至于剩下的时间，我会坐下来耐心等待。"

萨勒坚信在真正的交易机会之间什么都不做，远比做影响大量利润的交易更具挑战性。拥有避免被次优交易诱惑的耐心是必要的，原因有两个：首先，这些交易往往以净亏损收场。其次，也是更重要的是，这些交易对交易员的精神状态和专注力产生的负面影响，很可能会导致他们错过真正大的交易机会。他的经验是：只做符合规则的交易，避免边际交易。

具有讽刺意味的是，"为了持续的盈利而奋斗"这句话听起来像是一个有价值的目标，但它实际上可能只是一种假象而不是一种美德。萨勒说，他观察到那些亏损的交易员有一个共同的特点，就是他们每个月都给自己设定盈利目标。为什么这个目标是不切实际的呢？原因在于，市场不会按照你设定的时间框架提供交易机会。因此，当市场缺乏真正的交易机会时，每个月都盈利的目标将迫使交易员进行基于希望而不是方法的交易。实际上，对持续性盈利的追求将导致交易员做出与合理的耐心原则完全相反的选择。

萨勒所说的要耐心等待的交易具有两个基本特征：

1. 这些交易大概率会朝着预期的方向发展。
2. 它们是非对称交易，潜在的收益远远超过所承担的风险。

萨勒会在这些确定性很高的交易中建立大量头寸。他的头寸规模存在很大的差异，特别是在高确定性交易中会持有更多的头寸，这是萨勒能够获得巨额收益的一个重要原因。

为了限制单笔交易的亏损，萨勒总是会在实际操作时设置保护性止损单。萨勒交易的大量头寸是以事件为基础的，会遇到市场的剧烈波动，因此在下单的同时设置止损会有很大的风险，会导致头寸在毫无意义的短暂价格波动中触发止损。萨勒会等到市场朝着他预期的方向运行足够远的距离后再出手，这样他的止损只有在交易失败的时候才会被触发。如果在他设置止损之前，市场的走势不利于他的头寸该怎么办？如果市场没有及时做出预期的反应，萨勒会迅速平仓，所以，在这种情况下，直接下单有助于控制他的亏损。

胜利会滋生自满情绪。当交易进行得特别顺利时，很多交易员会在进场时机的选择和资金管理方面变得松懈。此时，他们会更倾向于做他们通常不会涉及的交易，而且在风险控制方面也不会那么严格。在经历了一段盈利颇丰的时期后，萨勒发现自己掉入了这个陷阱，因为他同时在三个高度相关的市场中进行边际交易，并建立了限制性头寸。在公司的风险经理的质疑声中，萨勒恢复了理智，马上平掉了所有的头寸。风险经理的干预避免了可能出现的重大亏损。尽管如此，这段经历还是让萨勒学到了教训，就是在经历了长期的盈利之后，不要让自己变得骄傲自满，不要放松交易纪律，这对所有的交易员来说都是宝贵的一课。

如果你发现自己处于一笔基于希望的交易中，请马上远离市场。

你需要用信念，而不是希望来维持一笔交易。萨勒在职业生涯早期使用基于技术分析的交易触发器，直接导致他做了很多笔自认为能够成功，但实际上确定性很小的交易。他对希望交易成功的不安使他确信，技术分析对他来说是错误的选择。

交易员取得非凡成就在很大程度上是由很高的工作热情促成的，萨勒就是一个极好的例子。经常有人问我，是否仅仅靠努力工作就可以成为成功的交易员，或者伟大的交易员之所以会成功，是不是因为他们具备某些天赋。尽管努力工作和风险管理是交易成功的关键，但是这并不足以解释杰出的交易员所取得的优异业绩。这些交易员确实拥有一定的天赋。萨勒在谈到他如何决策以及在什么位置离场时表示："我有一种不可思议的能力，能够找到还算不错的离场点。""不可思议的能力"这个词反映了一种依靠直觉，却无法教授也无法自学的技能。

跑马拉松就是一个很好的比喻。如果没有大量的准备和训练，这就是不可能完成的任务。对于大多数人来说，如果他们足够投入并努力训练，是可以参加这项运动的。但是，不论你付出多少努力，只有一小部分人的体型适合参加国际级的马拉松比赛。同理，如果通过努力的工作和全身心的投入，再加上有效的风险管理，相当一部分人至少可以成为盈利微薄的交易员，但是只有一小部分人拥有成为金融怪杰的天赋。

萨勒对他所有的交易都进行了详细的记录，并定期回顾这些交易日志。他这样做的一个原因是收集在特定情况下的市场行为，作为在将来出现类似情况时的参考。他创建和回顾这些交易日志的另一个关键原因是，他可以从过去的错误中吸取教训，避免重蹈覆辙。坚持和定期回顾记录下来的交易分析，包括进场和离场的原因，以及做出的正确和错误的决策，对所有的交易员都是有价值的锻炼。它为你识别交易错误提供了一个有用的工具，这是避免你在未来犯同样错误的第一步。从错误中学习会让你成为更好的交易员。

　　伟大的交易员往往对自己的能力充满信心。我知道他们可能是因为成功而自信，然而，我认为对交易员来说，自信是一种内在的特质，它先于且独立于成功而存在。萨勒提供了一个非常好的例子来支持这个观点。在他开始交易的第一年中，即使在他的账户结余为负，且面临着被淘汰的危险时，他仍然相信他会成功。诚实地评估你对交易的自信程度是判断你是否有可能成为杰出交易员的方法。如果你对你的交易方法是否具有优势感到模棱两可或产生怀疑，你应该特别谨慎地考虑你愿意承担的风险。

　　如果你具备这方面的天赋和真正的信心，就可以成为一个能够赢利的交易员。而另外一个成功所必需的品质是：恢复能力。永远不要放弃。

第 5 章

达尔吉特·达利瓦

将自己的优势发挥到极致

　　达尔吉特·达利瓦过往的交易业绩是非同寻常的。在九年多的交易生涯中，他的平均年复合收益率达到了惊人的 298%。他的交易手法非常激进，每当他对一笔交易拥有十足的把握时，他就会持有较大规模的头寸。因此，他的年平均波动率达到了 84% 的极端水平。

　　你可能会想："这很正常啊，他在获得超高收益的同时，所承受的风险肯定也超过了正常的水平。"这种推测似乎也得到了他极高的波动率的印证。但是，我要重点强调的是：他的波动率很高，是因为他有多笔巨额收益，他在控制头寸下跌上非常出色。鉴于达利瓦的收益率和波动率水平，我认为出现很多次下跌 50% 甚至更多的情况是比较合理的。然而，如果按照月度资产净值水平计算，达利瓦所持账户的最大回撤还不到 20%。他不仅能够做到全年赢利，还能够在 95% 的季度和 70% 的月份中实现赢利。如果我们将达利瓦获得的巨额收益和他对下跌的有效控制结合起来，就不难发现，他的收益风险数据是非常具有典型性的：调整后的索提诺比率是 10.3，月度 GPR 是 8.5，这些数据可是业内公认的优秀业绩水平的 5 倍啊！

达利瓦最初对网球而不是交易有着极大的热情。他十几岁的时候，曾经是英国非常有前途的青少年球员，他梦想成为一名职业网球运动员。当达利瓦有目标时，他总是会全力以赴为之奋斗。他从 10 岁（这个年龄对于一个有抱负的职业球员来说，确实有点儿晚了）开始练习打网球，训练得非常刻苦，每周接受五天的专业指导。在采访中，我们还讨论了他放弃成为职业网球运动员的原因。

当达利瓦上大学的时候，2008 年金融危机及其产生的余波激发了他对市场的兴趣。就在即将毕业之际，达利瓦下定决心要成为一名交易员。但问题是，他就读的是一所排名中游的大学，而能够从事交易工作的人基本上都是来自名牌大学的毕业生。这一难题对于在金融危机后期毕业的他来说显得尤为突出，当时的交易岗位特别稀缺，竞争也非常激烈。从逻辑分析来看，达利瓦是不可能在交易这行中占据一席之地的。但是，凭借着永不放弃的精神，他实现了自己的愿望。

达利瓦对交易的热爱，丝毫不亚于他在十几岁时对网球的痴迷。他把所有的精力都投入到了学习与市场和交易有关的知识当中。刚开始的时候，达利瓦意识到他对这个行当一无所知，更别提什么经验了，这反而成为他的一个巨大优势。达利瓦研究了市场价格的走势及其原因，并且从市场中学习如何解读不同的事件。

在向交易员转型的过程中，达利瓦的交易方法经历了多次转变。起初，他主要依靠技术分析，然而，就在他发现一小部分基于基本面的交易成为他几乎所有交易利润的来源时，他马上转向了基本面分析。在交易生涯的大部分时间里，达利瓦都根据他对央行公告这样的基本面消息的解读进行日内交易。最近几年，达利瓦利用他和研究助理开发的宏观经济模型，不断地向长期交易的模式转变。

达利瓦的大部分职业生涯都是与理查德·巴奇（参见第3章）和阿姆里特·萨勒（参见第4章）在同一个团队中度过的。为了在不受其他交易员影响的情况下更加独立地交易，达利瓦搬到了他在伦敦的办公室，而我也在那里采访了他。我在采访中提到第二天要去采访迈克尔·基恩（Michael Kean，参见第10章），巧合的是，达利瓦和基恩在一起做投资。第二天，达利瓦邀请我们俩去伦敦金融城一家名叫古德曼（Goodman）的牛排餐厅吃了一顿丰盛的晚餐。

***

你如何定义你的交易策略？

应该说，我是一个宏观的、事件驱动型的交易员。从量化交易的角度来说，我使用的是主要的经济指标和我们开发的历史模拟模型。在定性分析方面，我采取短期交易策略，具体来说，就是以头条新闻为基础，并据此确定市场中的头寸规模。此外，我可能还会利用我对能够驱动市场的观点的理解做出判断。有些时候，我的策略比基本面分析还管用。

你十几岁的时候有什么职业规划吗？

我希望成为一名职业网球运动员。网球是我高中生活的重要组成部分。

你参加过职业比赛吗？

没有，我还没有达到那么高的水平。我在英国的最高排名大概是第80位。

你的职业生涯是不是遇到了什么问题？

我在16岁的时候和一位教练进行了一次关键的对话，他曾经是拥有世界排名的职业选手。他告诉我，他喜欢参加国际比赛，可以借此机会环游世界，但是比赛的奖金实在是太少了。他当时才 30 多岁，正在攻读学位，准备开启新的职业生涯。

是他关于收入太少的观点打消了你成为职业网球运动员的热情吗？

这只是一方面。更重要的是，在人生的那个阶段，我必须开始一个全新的职业生涯。我不像我的一些朋友那样喜欢网球，我对网球的追求无非就是成为职业网球运动员，我知道自己不想成为一名网球教练。大约一年以后，我又面临着另外一个关键时刻。有一天，我的教练给我找了一个对手。我们打了一盘，结果我以 6 比 4 获胜。后来，教练告诉我，我击败的那个人是职业选手，他在前一年还拿到了世界排名。他事先没有告诉我，因为他不想让我有心理负担。按理说，我当时应该感到特别兴奋，然后对自己说："嘿，也许我能做到。"但是我没有这种感觉，我仍然认为自己不会成为一名职业网球运动员。

你是什么时候告别网球场的？

在大学的时候，我在足球比赛中伤到了脚踝。我的教练让我休养一段时间，而我再也没有回到网球场。

在你打网球的经历中，有没有什么是与你的交易生涯紧密相关的？

在网球比赛中，你必须把握住每一次击球，但是在交易中，你不需要抓住每一个潜在的交易机会。你可以等到时机成熟的时候再出手，这有点像打网球，只有当你准备好一个完美的扣杀时，你才会给对手致命一击。至于交易，我需要注意的是，如果我当时没有处于最佳状态，或者投资的周期与我的交易方式不一致，我就不交易，我很喜欢这样。

我想这更多的是关于打网球和交易之间的对比观察。那么，在网球这样的运动中达到很高的水平和成为一个专业的交易员之间有什么联系吗？

说到体育运动和交易两者之间的联系，就不得不提到心理相似性这个概念。不管你从事哪种职业，你都需要自律，你要安排好自己的作息时间，补充足够的营养。作为一名交易员，你需要做出最优决策，如果你感到焦虑不安或者身心疲惫，就很难做出正确的决定。

是什么激发了你对市场的兴趣？

我上大学的时候，市场是新闻报道的重要组成部分。

你指的是哪些年？

2008 ～ 2010 年。

哦，那会儿正是金融危机及其余波发酵的时期。你学的什么专业？

经济学和金融。我觉得金融是一个令人兴奋的领域。我很喜欢不知道第二天将会发生什么的那种感觉，我不想做单调的工作。

你什么时候开始从事交易的？

我上大学的时候就开始做货币的点差交易。我认为这在美国是违法的，但是在英国是合法的，而且还是免税的。

你投了多少钱？

数量很少，只有几千英镑。我当时也没有什么钱。

你下注的依据是什么？

我只用基本的技术分析，比如图形突破和移动平均法。

你在那个阶段有什么收获吗？

我挣了 5000 英镑，但是很快就赔了 2000 英镑。我当时感到有些迷茫，所以我决定把剩下的钱存起来，然后集中精力好好学习。直到进入最后一个学年, 我的学习成绩也没有什么起色。我想在毕业之后找一份交易员的工作, 但是我意识到, 如果我想进入这个领域, 我需要提高学习成绩。于是我在最后一年中努力学习, 总体上取得了不错的成绩。

一天, 有个银行的人来学校做报告。他演讲的主题和运营部门有关。演讲结束后, 我走到他面前问:"我真的很想找一份交易的工作, 我该怎么做呢?"他回答说:"说实话, 运营部门大概有 200 个职位, 但是交易部门的职位最多只有 6 个, 而且这个职位只会留给名牌大学的应聘者。"

我猜你上的不是名牌大学。

是的, 那是一所排名中游的大学。

后来呢?

当时, 我想我还是尽可能多地申请一些交易的职位吧。我觉得如果能够得到面试的机会, 我就有可能推销自己了。我向大约 30 家不同类型的公司申请了职位, 其中大部分是银行, 也有私营交易公司。我除了得到一家私营交易公司的面试机会外, 其余的申请都被拒绝了。

谈谈你的面试经过吧。

面试官是公司的风险经理, 他在决定从交易岗位转到管理岗位之前, 是一名场内交易员。我当时刚刚结束期末考试, 而且这是我参加的唯一一次面试, 所以我一定要把握住这次机会。

面试过程中有哪些关键的问答吗?

我们就当时的市场进行了长时间的讨论。我想是我对市场发自内心的兴趣和强烈的学习欲望给他留下了深刻的印象。最后, 他问我还有什么想问的或者是想说的, 我告诉他:"我已经向 30 家不同类型的公司提交了职位申请，我真的很想在这个领域工作。如果您给我这个机会，我将是您见过的最努力工作的人。"我想正是我对工作的热情让我得到了这份工作。

说说你入职这家公司之后的工作经历吧。

前三个月以大量的学习为主。他们会在课堂上教我们基本面分析和技术分析。

当你开始交易时，你有自己的交易方法吗？

我当时也没有具体的交易方法。我尝试着做了几笔交易，就是想看看实际情况是不是和自己学的东西一样。刚开始的时候，我比较侧重于技术分析。我运用的是市场轮廓方法（一种价格分析方法，重点关注成交量很大的价格区间），然后把它和图表分析相结合。我不喜欢那些指标，我认为我得到的信息都是过时的。我真正感兴趣的是 K 线图，它会告诉你当时的行情以及接下来会发生什么。例如，如果市场在某个交易区间横盘，你就知道市场最终会选择一个方向突破，即使这个突破最终被证实为错误的突破。

我同意你的说法。毕竟，指标是价格的衍生品，它不能提供比价格图表本身更多的信息。我们再来看看你的交易记录，我注意到你从一开始就赢利了。显然，你在技术分析方面做得非常好，这是你从一开始就在用的方法。考虑到你运用技术分析做到了持续赢利，我想知道是什么原因促使你从技术分析转向基本面分析的。

技术分析之所以让我感到困惑，是因为我弄不明白它为什么会发挥作用，所以，我对它会不会在未来继续起作用没有信心。至于基本面分析，我对价格运行的因果关系有着更加清楚的理解。我还发现，基本面分析是一件十分有趣的事情。实际上，您的"金融怪杰"系列的第一部对我早期的职业生涯产生了很大的影响。我记得书中有这样一句话，具体是谁说的我想不起来了：用符合你个性的方式进行交易。这个建议确实深深地影响了我。

我也记不清楚是谁说的了，因为同样的信息在很多次采访中都有直接或者间接的表述。每当我谈起《金融怪杰》中的经验教训时，我首先要强调的一点就是，要选择符合你个性的交易方式。你是如何开始使用基本面分析作为交易工具的？

我主要在进行头条新闻交易时用到基本面分析，特别是在央行行长或者其他官员发表评论的时候。

你是怎样利用这些头条新闻进行交易的？

通过阅读各种评论和新闻报道，我可以掌握市场对于任何事件的预期。过去，我会根据头条新闻是否会对市场预期造成利多或者利空影响进行交易，甚至是那些没有必要预期市场反应的交易，因为信息已经摆在那里了。

你能给我举个例子吗？

实际上，我是在 2011 年的欧元区债务危机期间才开始建立自己的账户的，当时的希腊经济已经开始崩溃了。你每天都会看到头条新闻引用欧洲官员对希腊经济的各种言论。我就是根据这些消息短线做多或者做空欧元的。有一次，我注意到一位官员给出了类似于"我们没有援助希腊的计划"的消息，欧元随即波动了 20 个基点。当天的晚些时候，德国总理默克尔也站出来发表了同样的观点，此时的欧元波动了 40 个基点。你可能会认为，市场已经包含了所有的信息，欧元不应该再对这个消息有什么反应了。但是我还会继续交易，因为市场的反应告诉我，默克尔说完这句话以后，这个消息所要表达的含义和以前完全不一样了。我并不在乎自己是否完全理解了这背后的逻辑关系，我只在乎它对市场产生的直接影响。我试着让自己的精神集中在赚钱这件事情上，而不是保持理智。实际上，这意味着让市场对新闻的反应程度来告诉我哪些才是重点。

你刚才用了"过去"这个词，这暗示着你不再用同样的方式根据基本面进行交易了。你的交易方式有什么变化吗？

实际上，我现在做的恰恰相反，我会淡化人们对头条新闻的最初反应。那种偏离了对头条新闻的最初反应的交易再也不会出现了，因为计算机算法会在我之前完成交易（达利瓦指的是一种算法程序，它可以根据头条新闻中的单词和短语自动下单交易）。

由此看来，不论是在你早期的还是后来的交易中，这些以头条新闻为基础的交易都是短线交易。你是什么时候开始做长线交易的？

大概是在 2016 年，我开始意识到，当基本面出现重大变化的时候，短期的波动会影响长期的走势。然后我想："我为什么要把所有的精力都花在短线交易上呢？其实我只需要抓住众多长线趋势中的一个，就可以在一笔交易中获得很高的利润。"就是在那个时候，我的交易心态发生了转变。我想："我不可能保证自己在所有的时候都是正确的，我只需要正确把握一年中为数不多的大行情就足够了。"说实话，以头条新闻为基础的交易并没有想象中那样简单。而且，这种交易的精神压力也是很大的。后来我在分析交易结果时发现，我几乎所有的利润都来自很少的交易，这意味着其他交易的净收益几乎等于零。那我为什么还要做那些没有意义的交易呢？

对你的盈亏有贡献的交易和没有贡献的交易之间的本质区别是什么？

只有那些完全基于突发事件的交易才能让你赚到大钱。

你在交易方式上的改变是否意味着你对现在的交易做出了更加严格的限制，并且愿意更长时间地持有交易头寸呢？

不完全是。我主要是转向了基于更广泛的宏观经济分析的交易。

能给我举个例子吗？

我在今年（2019 年）7 月做空了标普指数，这可能是我有史以来最大的一笔交易。我觉得政策制定者在缓解经济下行风险方面做得还不够，工资总支出和整个制造业都在放缓。与此同时，欧盟的经济数据萎靡不振。根据我的历史模拟模型，我认为在现有的经济制度下，股市大概率会下跌。

你是在哪个位置做空的？

（达利瓦拿出一张图，指着在接近历史高点的区间顶部附近形成的一个窄幅盘整区域。）

现在来看确实如此，市场随后又跌回了这个区间的下沿，但在当时，接近历史高点的盘整是一种很容易爆发新一轮上涨的形态。如果市场反弹到新高会发生什么？你认为市场还有多少上涨空间？

上涨空间不会很大，因为我是根据我的一些短期基本面指标来选择进场时机的。此外，我在做空标普和买入标普看跌期权之间进行分散交易。我在看跌期权交易上留有很大的余地。

还是以标普指数为例吧，如果我们在同样的基本面条件下，在一个更加广阔的价格区间交易的话，你会选择在哪个位置进场？这里让我们假设你的止损区间明显窄于市场平均水平。

我不会选择在真空区做空标普指数。理想的进场点应该在更接近价格区间顶部的位置。

这也是我一直在努力解决的问题。所以，在你强烈看空且市场已经积累了相当大的涨幅的情况下，当市场触及顶部区域，而你还无法确定市场是会突破失败还是再创新高时，你会更倾向于做空，因为你的基本面模型已经发出了市场即将转跌的信号。你同意我对你基于基本面分析确定交易机会的描述吗？

同意，但是有一个条件，即如果有重大发现的话，市场当时所处的位置并不重要。

我认为你所说的"重大发现"是指影响可能会持续很长时间的重大事件。但问题是，如果这个事件的影响与你的基本面预期相反怎么办？

如果事实确实如此的话，我会顺势而为。我的目标是赚更多的钱，而不是证明我是正确的。而且，我并不是在寻找确定的信号，我要寻找的是否定的信号，我只关心自己在哪里出了问题。如果这个重要事件导致的市场走势和基本面模型预测的相反，可能就意味着我的模型是错误的。

***

在结束本次采访几个星期之后，标普 500 指数突破前期高点再创新高，并在随后的几个月里连续大涨。这波行情也促成了我接下来对达利瓦的二次采访，只不过这次采访是通过电子邮件进行的。

你在采访中提到的做空标普指数的所有经济原因似乎也适用于第四季度，当时的市场状况也是大幅上涨。我不明白为什么同样的基本面信息没有发出看空第四季度的信号，因为这样的交易头寸完全是错误的。你在 2019 年 7 月下旬和第四季度的交易有什么不同吗？哪些因素让你放弃在第四季度做空？

我确实对第四季度的一些关键经济指标的前景感到悲观。然而，美联储在第四季度改变了政策立场，开始向市场注入流动性。我的研究表明美联储的行动要比我当时看空市场的理由（不断恶化的经济数据）更有说服力。所以，我当时大部分的时间都在场外观望。

***

你最痛苦的交易是哪一次？

2015 年 12 月，欧洲央行召开了一次大型会议。对于这次会议的预期是欧洲央行降息并实施量化宽松政策。我事先做了基本面分析，准备得很充分。我知道市场的预期，也知道接下来要做哪些交易。我们都在办公室里等待消息。在距离官方公告时间不到 10 分钟的时候，英国《金融时报》（FT）在彭博社（Bloomberg）上刊登了一则头条新闻："欧洲央行做出了令人震惊的决定，维持利率不变。"我注意到是《金融时报》发布的消息，心里一下子就踏实了。这篇报道完全是一个意外，我心想，如果消息属实，那么今天将是我一生中最难忘的日子。我决定赌上一把，于是马上开始买入欧元，同时做空欧洲斯托克 50 指数。然而，这篇报道与实际情况截然相反，欧洲央行宣布降息。市场逆转得如此之快，即使我在第一时间选择了平仓，可还是在这种极端情况下瞬间被市场吞噬。我在短短几秒钟的时间里就从赢利六位数变成了亏损六位数。

如此说来，市场一开始确实朝着你预测的方向移动过。

是的，因为市场在英国《金融时报》发布头条新闻之后开始波动，但是当真正的公告发布时，市场立刻发生了逆转。

你的账户在这笔交易中损失的百分比是多少？

大约 20%。

你在这笔交易中获得了哪些经验教训？

当这件事告一段落时，我说："我再也不会让这种事情发生了。"

你说的"这种事情"到底是什么意思？

持有大量头寸而没有设定止损。

你为什么没有设定止损？

因为我当时已经大幅跑赢市场，我没想到市场会跌回起点。

你是从这笔交易开始设定止损的吗？

不只如此，在那笔交易之后，每当我确认能够在短时间内挣到大钱的时候，我都会兑现部分利润。在欧洲央行发布公告之前，欧元已经上涨了整整一个百分点，而我仍然持有我的全部头寸。

所以，你的交易策略从那以后发生了改变，一是设定止损，二是如果可能的话，你会落袋一部分利润。是这样吧？

完全正确。交易就是要把回撤幅度控制在很小的范围之内。大幅下跌对心理造成的冲击往往是非常负面的，你一定要保持平稳的心态。

那篇《金融时报》的报道是怎么回事？

直到今天，我也不清楚到底发生了什么。如果不是《金融时报》发布的报道，我是绝对不会利用这个消息做任何交易的。事后看来，这篇报道应该是不实的，因为媒体当时都待在封闭的房间里，而且在官方公告正式发布之前，媒体是不能发布任何报道的。

***

后来，我在《金融时报》发表的一份撤回声明中找到了他们对这件事的解释：

> 上周四，我们在《金融时报》网站上发表了一篇不实的

报道，称欧洲央行不会降息，而是决定维持当前利率不变，从而打乱了人们的预期。这篇报道是在降息决定宣布前几分钟发布的。这篇报道的内容是错误的，是不应该发布的。它是《金融时报》事先写好的两篇报道中的一篇，这些报道都是在官方公告发布前准备好的，以应对出现的不同结果。由于编辑的错误，这篇报道在不应该发布的时间发布了。新闻自动推送意味着最初的错误会因为在推特上的同时发布导致更大的错误。我们对这一严重失误深感遗憾，并将立即审查出版和工作流程，以确保不再发生类似的错误。我们向所有的读者致歉。

***

我是通过史蒂夫·戈尔茨坦联系到你的，你做得非常好。你寻求交易教练的动机是什么？

彼得·勃兰特说过："成功的市场投机是与人性相逆的。"我把教练比作帮助我逆流而上的快艇。我觉得自己的交易需要外部核查，尤其是当我做得不好或者机会不符合我的交易风格的时候，史蒂夫正好扮演了这个角色。我发现和史蒂夫谈话能够让自己保持清醒，不会因为某些事情让自己陷入沉思。此外，和史蒂夫一起工作能够帮助我梳理和巩固交易原则。他还帮助我意识到，我过于关注自己的缺点，而我需要更多地关注自己的优点。如果你专注于自己的优点，你将无暇顾及自己的缺点。

史蒂夫告诉我你在一场慈善拍卖会上竞标慈善午餐，并且和瑞·达利欧共进了午餐。说说你的这次经历吧。

我读过《商业内幕》（*Business Insider*）里的一篇文章，上面提到瑞·达利欧为一场慈善拍卖会举行慈善午餐拍卖活动。我心想："这听起来真是太酷了，我敢打赌，中标者最后的出价大概是 100 万美元。"我上网查了一下，发现竞价只有几千美元。我对自己说："我很想见见他，我一定要争取这个机会！"于是我开始竞价。出乎意料的是，我的出价在相当长的一段时间里保持领先，实际上，我在拍卖的最后一天还保持领先。那天我下班坐火车回家，希望能快点儿到家。由于拍卖活动即将结束，时间非常紧迫。我一出火车站就上网查询结果，但是发现自己失败了。我心里非常难过，开始责备自己："我为什么要上火车？我应该再等一会儿的。"第二天，我收到了主办这次拍卖活动的网站发来的电子邮件，他们说，达利欧愿意提供第二次慈善午餐，如果我的出价符合中标者的要求，我就可以得到这个机会。我兴奋地马上就去竞标了。

中标价是多少？

只有 4 万美元。

你们在哪里吃的午餐？

西村（位于曼哈顿）的一家意大利餐馆，我不记得名字了。

感觉怎么样？

太难以置信了。瑞·达利欧的《原则》这本书对我产生了重大的影响，它不仅改变了我对交易的看法，而且也改变了我对人生的看法。

在哪些方面？

读完这本书后，我开始质疑一切。我认为达利欧说得很对，你对现实的感知不一定就是事物本来的样子。为了达到你的目标，你需要深入理解你所采取的行动和随着时间的推移产生的结果之间的联系。然后，你可以在需要的地方调整你的行动，以达到预期的结果。这促使我开始对我的交易进行数据分析。

你在数据分析的过程中学到了什么？

我复盘了自己以前的交易笔记，这些笔记代表了我的观点，然后我又查看了交易结果的数据，这代表了现实。这次复盘让我意识到，虽然我认为自己擅长技术分析，但是实际情况并非如此。

这个结果对你的交易有影响吗？

是的。我开始放弃技术分析。

午餐时的谈话进行得如何？

达利欧告诉我：“现在是属于你的时间，你可以畅所欲言。”

你问的第一个问题是什么？

我当时非常紧张，现在回想起来确实有点模糊了。我告诉达利欧，我想谈谈我的交易、市场，还想听听他对生活的看法。

他有没有给你具体的建议？

他说，要尽可能地追溯过去，检验自己的观点，这是非常重要的。达利欧在研究历史方面具有很深的造诣。他说，人们被以前发生过的事情蒙蔽了双眼，因为他们只关注不久前发生的事情以及自己的经验，而没有追溯到足够长的时间去检验自己的观点。他让我明白，要想坚定信念，你必须超越自己的经验来看待历史。

那么现在，当你分析市场时，你能追溯到多久以前？

尽我所能。

能说得再具体些吗？

如果是现在的话，我要往前追溯大约 100 年。但是，在理想的情况下，我希望比这个时间更长。阅读是我的研究工作的一部分。我最近读的一本书是爱德华·钱塞勒（Edward Chancellor）写的《金融投机史》[⊖]（*Devil Take the Hindmost：A History of Financial Speculation*），这本书追溯了历史上著名的郁金香泡沫事件。

这本书怎么样？

棒极了。它就像达利欧所说的那样，可以帮助你从更广阔的历史视角来看待市场和投机。

你和达利欧共进午餐的时候还有其他收获吗？

理解达利欧对期望值的看法是非常有价值的。我不想在这里错误地引用他的话，粗略地解释一下吧，他说人类将全部的精力和金钱都投入到了空间探索领域。然而，达利欧的想法正好相反，他认为人类应当加大对海洋的研究，因为深海在很大程度上还处于未知的状态。他说，人类从海洋探索中收获的成果要比在空间探索中获得的成果多得多。换句话说，海洋探索的期望值远远大于空间探索的期望值。我觉得达利欧的观点很吸引人，开始思考如何在市场中确定期望值。

你如何定义期望值？

对于我来说，在一个极度看空的市场中，期望值绝对是与当前的趋势背道而驰的。例如，在今年（2019 年）的早些时候，玉米就不被市场看好，其价格处于几十年来的低点，而且投机性空头头寸高于过去很长一段时间。这种情况表明，如果玉米得到了强有力的基本面支撑，进而逆转了当前市场的看空情绪，那么看多玉米市场的期望值就会很高。

这顿午餐你吃得下什么东西吗？

（他大笑起来）达利欧对我说："嘿，你应该尝尝这个，它真的很好吃。"我这才意识到，我还没有吃东西。

⊖ 本书中文版已由机械工业出版社出版。

还有其他对你的交易方法产生影响的人吗？

有的，彼得·勃兰特就是其中之一。我是勃兰特《因子》交易服务的长期用户。一次我听说他要来波兰，真的很想拜访他。我给他的助手发了邮件，安排和勃兰特见面。最后，我和他一起吃了早餐和晚餐。勃兰特对他的交易事业非常谦虚，他属于那种知行合一的人。勃兰特告诉我，他花了 8 ～ 10 年的时间才知道自己的优势是什么。他居然花了那么长时间才做到，这让我很震惊。我意识到在我真正理解我的优势之前，我还有很长的路要走。这次见面之后，我决定分析让我大赚的那些交易的特点，因为我在这些交易中表现很不一样。我查阅了所有和这些交易有关的资料，包括我当时的感受、市场的主要特征，以及我个人的市场分析，在这些做得很好的交易中寻找共同的特征。

你有所有交易的信息吗？

我从 2011 年开始每天记录交易日志。

是勃兰特启发你仔细检查你的日志来分析那些大赚交易特点的吗？

是的，确实如此。勃兰特每年都会对他所谓的"最佳配置交易"进行复盘，这些交易为他寻找经典的暗示价格变动的图表形态提供了最清晰的例子。

所以，你想知道你的"最佳配置交易"是什么，对吧？

是的，没错。

你发现了什么？

我发现在我的每一笔大规模的交易中，都会出现一件出乎意料的事情，就是我的交易方向与新闻报道完全相反。这些交易的另外一个特点是，我进场交易的理由非常明确，我没有混淆我的短期观点和长期观点。我还注意到，这些交易从来没有回撤很大的幅度，通常马上就能赢利，而那些没有赢利的交易则很快并持续亏损。

你提到你在每天的交易日志中都会记录你的感受。你能举个具体的例子来说明这些信息是如何提高你的交易能力的吗？

我认为要想提高交易业绩，需要在交易行为方面有所提高。有些情感上的问题是和交易有关的。例如，我的日志有一段时间持续记录了沮丧和怕错失机会的情绪。当我深入研究的时候，我发现造成这种情绪的根本原因是我的短期观点和长期观点之间的冲突。当时的情况是我想做一笔长线交易，但是后来我发现了一个在同一市场做短线的机会。结果，我哪笔交易都没有做好。更糟糕的是，我放弃了可观的利润，这就是我感到沮丧的原因。我当时正在转变思路进行长线交易，因而意识到这种长短期观点的冲突。一旦我客观地理解了这个问题，我就会找到正确的解决方法。

解决方法是什么？

我会假设在一个特定的市场中可能出现与我的长线交易观点相反的短线交易，如果它们的走势像我预期的那样，我就会按照它们的实际情况交易，但我还会保持我的长线交易。

你还从勃兰特那里学到了什么？

他还谈到了"渗漏"的概念，是指你在和既定交易计划不一致的交易中亏损的钱。我在追踪账户中的这种交易时，发现它们阻碍了我获得更高的利润。2017年，我所有的利润只来自10%的交易日。所以，避免边际交易至关重要，因为它们浪费了大量的资金和精力。

勃兰特的交易方式是百分之百的图表交易，而你的交易是基本面驱动的。他的交易方式是否完全取决于独立于方法论的普遍交易原则，比如，了解自己的优势，避免次优交易和风险管理？或者我这么问，在他的方式中有什么部分适用于你的交易？

我确实运用了勃兰特的图表原理，因为我认为他观察市场的方法是永恒的。他不使用指标，只看图表，这一点与我看待市场的方式产生了共鸣。

我认为整体价格的走势图会影响到你的交易。

确实如此。我承认长期走势图至关重要，特别是在长期盘整的情况下。你也不知道价格会在什么时间突破，但只要突破，通常就会导致重要的价格波动。

你能举一个典型的图表价格走势的例子吗？

我确实想到了一笔交易，这是一个经典的例子，不过要追溯到很久以前了。

这没关系，重要的是那笔交易。

2013 年 5 月初，澳元已经盘整了很长一段时间。就是在这一天（达利瓦指着价格走势图中 2013 年 5 月 9 日的位置），这注定是一个不平静的日子，当时的经济数据、就业报告非常强劲，但是市场出现了长期下行的趋势。就业报告不但乐观，而且非常乐观。市场预期的数字是 11 000 人，而实际的数字是 50 000 人。此外，失业率下降，就业率上升。这份报告从哪个方面讲都是乐观的。报告是在欧洲时间凌晨 2:30 公布的，公布后，市场出现了一波反弹，但是当我早上 7:00 走进办公室时，市场已经转跌，而且价格已经跌破了我一直关注的多头盘整走势的低点。我一看到数据结果和后来的市场走势，想都没想就选择了抛售，立刻选择做空。

当交易亏损的时候，你会做一些不同的事情吗？

当我亏损时，我有一套成熟的体系来止损。我认为任何低于 5% 的亏损都是产生收益前的自然波动。然而，一旦下跌超过 5%，我就会砍掉一半的仓位。

如果亏损持续扩大的话，你的下一个止损点在哪里？

如果下跌幅度超过8%，我就再砍掉一半的仓位。如果跌幅达到了15%，我就会停止交易，休息一会儿。

这种情况发生过吗？

除了那天《金融时报》的错误报道，还有另外一个例子。这时我基本上就是去上班、做研究，不交易。

这种情况持续了多久？

时间不长，大概一两个星期。

我们谈到了你从瑞·达利欧和彼得·勃兰特那里学到的经验，你从其他交易员那里学到了什么？

我从以前的老板那里了解到，交易的关键不是做对，而是赚钱。人们通常专注于保持理智，但是这可能会成为你赚钱的障碍。当我开始交易的时候，我会把自己当成什么都不懂的新手。所以，我总是根据市场的走势逆向分析，而不是基于个人的观点做主观的判断。我不会有"希腊将如何与欧盟谈判，然后市场会往哪个方向运动"这样的想法，相反，我会观察市场的走势，往回追溯为什么走势会这样变化。例如，如果欧盟官员发表了一份声明，市场随即对此做出了反应，我会这样解读："哦，他们是这么说的，难怪市场会有那样的走势。"

在如何提高交易业绩方面，你对其他交易员有什么建议吗？

整理你的交易数据并坚持记录交易日志。通过这些资料，你可以发现自己的优势和劣势，进而调整你的交易。做你自己擅长的交易而不是模仿其他人来保持自己的优势，然后以你的最佳状态进入交易。这看起来像什么？什么事情是你应该做却没有做的？你需要避免哪些行为？通过这个过程，你可以巩固你的既有优势，遏制你的消极倾向。

你的交易原则是什么？

有意思的是，我早期的很多交易原则都来自你的那本《金融怪杰》里的交易员。随着时间的推移，这些原则变得更适合我的个性，对我也越来越有用。下面就是我的交易原则：

引用亚当·罗宾逊（Adam Robinson）的话：天才知道自己有一把锤子，只需要寻找钉子。关键是我要坚持做我擅长的事情。

一笔交易的风险回报比是动态的，你在持有的时候会发生巨大的变化。因此，当这笔交易对我有利的时候，我需要灵活地做空部分头寸。否则，我就会认为我是百分之百正确的。我曾好几次在可以获得巨大利润的关头，眼睁睁地看着市场行情急转直下，而我却依然持有全部头寸。从中我总结出这条原则。

我设置了下跌预警，这是我为自己单独制定的原则。我注意到，在每一次下跌开始的时候，似乎都会经历三件事：单日跌幅超过 2% 或更多；在一笔交易中损失大量的开盘利润；规模交易没有产生相应的回报——我认为这是一个重要的机会，但是如果交易规模过大，最终很可能亏损。

另外一个为我量身定制的原则是要善于识别某些市场情绪，也许这是一个警告信号，表明我可能正在和这个市场脱节。我在查看每天的交易日志时，需要注意的关键词是"怕错失机会"和"沮丧"。

寻求思路的清晰性而非确定性。试图获得确定性会影响你的行动。

时刻为可能出现的问题做好准备。你要清楚当事情与你想象的相反时你会怎么做。

要客观地对待每一个交易机会，而不是按照你理解的方式去交易。例如，如果我在一笔交易中只完成了部分交易，我可能会倾向于做额外的交易，以弥补当前较小的头寸规模。这样做会破坏我的交易计划，而且通常会导致更糟糕的结果。

一定要确保你的止损点设置在与你的市场假设相悖的位置。永远不要使用以货币衡量的止损点，因为这种止损点是指你愿意为之承担风险的资金数量。如果你试图使用以货币衡量的止损点，这就意味着你的头寸规模太大了。

不要担心错过那些你在一开始就没有做好准备的交易。市场为我们提供了源源不断的机会，只要明天太阳照常升起，我就有一天的机会赚钱。这不是我需要担心的事情。

你对新手有什么建议？

我经常被问到这个问题，我发现很难回答。我一般不建议新手走职业交易员这条路，因为大多数人不愿意投入成功所需要的努力，市场和投机的一个问题是，运气在短期内扮演着非常重要的角色，这可能会让人们误认为他们的利润来自技术，然而事实并非如此。美国医学院的学生需要六年多的时间才能取得医生执业资格，为什么你会觉得达到很高的交易水平会和获得医生执业资格难度不一样呢？交易员和其他职业一样，需要长期努力才能获得成功。如果你还没有为这种努力做好准备，那么我建议你完全不要做交易员。

如果有人在听了你的建议之后还想成为交易员，你会对他们说什么？

不要急于开始交易。你要先认真地做研究，找到适合你的方法，然后再开始交易。这条建议很少有人能够听得进去。

最后还想说点儿什么？

要想成为杰出的交易员，你必须真的热爱交易。对于我来说，参与市场就像下一盘永无止境的国际象棋游戏，这是你能玩儿到的最刺激的游戏。如果交易不能让你兴奋，那么我不清楚交易得好的快乐是不是可以弥补交易得差的不开心。

＊＊＊

每个交易员都需要回答一个问题：你的优势是什么？如果你没有一个明确的答案，你就不知道该关注哪些交易，或者哪些交易值得持有更大规模的头寸。达利瓦对他的交易方法做了一个关键的改进，就是确定了几乎为他带来所有收益的交易类型。这让他能够将注意力集中在识别、执行和管理那些真正重要的交易上。这样做的另外一个好处是，他可以大大减少边际交易，因为边际交易对他的投资组合产生了绝对的负面影响，并拖累了他的注意力和精力。一旦你确定了自己的优势，你就要坚决执行那些在你的交易范围之内的交易。令人惊讶的是，很多交易员在应用特定交易方法方面非常熟练，但是在运用其他交易方法方面不得要领，这些交易不仅通常以净亏损告终，而且还影响了他们所擅长的交易方法的执行效果。

达利瓦之所以能够识别出那些能够给他带来真正优势的交易，是因为他每天都详细记录了他的所有交易，不仅记录了市场分析和每一笔交易的交易逻辑，还有他当时的心理感受。这些详细的交易日志让达利瓦能够辨别交易的类型，并从那些让他赚了大钱的交易中找到共同的特点。除了提供一个非常宝贵的工具来识别交易员在哪里赚了钱，交易日志也可以记录经验教训：正确的决策和交易行为，甚至是那些曾经犯过的错误。通过定期回顾这样的交易日志来强化过往的经验教训，是提高交易员水平最有效的方法之一。

要成为一个成功的交易员，你需要有很强的适应能力。我们以达利瓦的交易生涯为例，他最初主要以技术分析为主，但是当他意识到他几乎所有的利润都来自基本面交易时，他放弃了技术分析，只把它作为一种辅助工具。他最初的方法是捕捉重大头条新闻引起的初始价格波动。然而，当算法开始以比他还要快的速度下单并触发预期的价格波动时，他会使用另外一种策略来对冲这些价格波动，也就是说，在最初的价格波动之后，他会从完全相反的方向进场交易。随着达利瓦成为一名交易员，并在交易助理的帮助下进行了大量的研究，宏观经济分析成为他主要的交易依据。在达利瓦的交易方法中，唯一不变的就是改变。

尽管达利瓦最大的亏损主要来自一桩偶然事件——《金融时报》发布的一则罕见的、错误的新闻，但他在风险管理方面的疏忽也是造成这次亏损的原因。具体来说，达利瓦对规模很大的仓位从不设置任何止损。如果他有保护措施，他就会在实际的新闻内容与《金融时报》的报道相矛盾时，及时止损离场，从而大大减少他在交易中的亏损。在这次交易之后，达利瓦总是对规模较大的持仓设置止损。

构成达利瓦风险管理的另外一个重要部分是，如果下跌幅度超过一定的阈值，他就会采取具体的步骤降低他的交易规模。如果跌幅超过5%，他就会砍掉一半的仓位；如果跌幅超过8%，他会再砍掉一半的仓位；如果跌幅达到了15%，他就会在恢复最佳状态前停止全部交易。

达利瓦提出了一个经常被人忽视的点，即交易的风险回报比是动态的，并且会在持有交易头寸时急剧变化。例如，假设你执行了一笔交易，预期的收益是300点，但同时要承担100点的风险。如果市场朝着有利于你的交易方向移动了200点，那么现在的风险回报比与头寸开始执行的时候是完全不同的。达利瓦通过获取部分利润的方式来管理交易中的风险回报比的动态特性。他认为，持有整个头寸直到最终离场表面上看是做到了百分之百的正确，实际上是在冒着百分之百出错的风险。在交易朝着对你有利的方向运动时兑现部分利润，不仅反映了交易的变化导致风险回报比的变化这一事实，还是一种风险管理工具；如果市场走势突然发生了逆转，那么兑现部分利润的做法将会减少利润的回吐，或者减少亏损。另一种调整交易中的风险回报比的方法是在市场朝着有利于你的交易方向移动时，相应地收紧保护性止损。不过，达利瓦在采访中并没有提到这一点。

保护性止损应当设置在与你的交易假设相悖的位置。以货币衡量的止损点意味着你愿意损失的最大金额，使用这种止损点说明你的头寸太大了。这个时候，你应当降低头寸规模，这样你就可以选择一个和你愿意在交易中承担的风险金额一致的重要止损点。

你要清楚交易中出现错误时怎么做。达利瓦在制订交易计划时，知道他将如何应对每一种可能出现的情况。在你开始一笔交易之前就明确你的交易管理计划，要比在建立头寸之后再行动要好得多。为什么呢？因为在你开始交易之前，你可以做出完全客观的决定。一旦你建立了头寸，你就失去了这个优势。

通常，交易员会对市场如何应对给定事件、市场环境形成他们自己的观点，然后据此进行相应的交易。然而，达利瓦却使用了相反的方法，他没有事先确定自己的观点，而是通过观察市场价格的波动来确定引起价格波动的原因。通过这种方式，达利瓦让市场告诉他是什么引起了具体的价格波动，而不是根据他自己未经证实的观点和假设进行交易。达利瓦的交易业绩证明了这种方法的智慧之处。

市场价格走势与基本面发展预期的影响产生严重背离，可能是一个重要的价格信号。达利瓦谈到的澳元交易就是这一交易原则的完美例证。随着一份出人意料且数据强劲的就业报告的出炉，市场最初如预期般反弹，但随后急转直下，价格跌到了近期的低点。基本面消息和实际价格走势的严重背离发出了一个完美的信号，即市场进入了漫长的熊市。

尽管达利瓦的交易主要基于他的基本面分析和市场如何对基本面的变化做出反应，但他确实将技术分析作为一种辅助工具。他认为对价格有重要影响的一个技术分析形态就是长期交易区间的突破。如果这个趋势能够延续，这种突破就可能会导致价格沿着同一方向持续波动。澳元的交易不仅是对基本面消息与预期完全相反的反应，而且还发出了澳元从长期交易区间突破的技术信号。

达利瓦说："交易的关键不是做对，而是赚钱。"渴望保持理智让很多交易员误入歧途。唯一重要的是你是否能够赢利，而不是你的市场逻辑有多么正确。

达利瓦的交易原则之一是：在确定性之上寻求清晰性。市场的核心不是确定性，而是概率。等待确定的或者接近确定的交易，会让你在市场上无所作为，并且错过很多大概率能挣钱的交易。

很多取得巨大成功的交易员都有一个共同的特点，就是坚持不懈地努力。他们通常会用类似游戏的比喻来描述交易，就像达利瓦在这次采访中所说的那样，交易就像"下一盘永无止境的国际象棋游戏"。如果你是一名交易员，你有必要质疑一下你的交易动机。你是因为喜欢交易才交易的吗？还是出于它能够让你赚很多钱才交易的？如果你选择了前者，你的胜算要大得多。

第 6 章

约翰·内托

星期一是我最喜欢的交易日

约翰·内托（John Netto）高中毕业时，没有人认为他会是一个事业有成的人。他的学习成绩很差，做任何事情都虎头蛇尾，上大学几乎就是一种奢望。然而，内托充分意识到了他在组织性和纪律性方面的不足。也许是一瞬间获得了灵感的缘故，他在事先没有任何思考的情况下，决定加入海军陆战队。内托激动地讲述了海军陆战队的优点，并且将他作为海军陆战队队员的经历视为人生的转折点。

在完成基础训练和步兵训练后，内托递交了航空调度员培训的申请。然而，或许是出于其他考虑，海军陆战队只安排他参加了气象观察员的培训。培训结束后，他被派驻日本。内托喜欢日语，他购买了教学磁带来提高自己的日语水平。当他和当地人用日语交流，看到对方惊讶的表情时，他感到特别兴奋，因为日本人总是认为外国人不会说日语。凭借着一口流利的日语，内托最终被派往美国驻东京大使馆，成为久负盛名的海军陆战队使馆警卫队的一员。

内托在入伍时就读于华盛顿大学。作为海军陆战队后备军官训练队计划的一部分，海军陆战队指派他担任海军军官候补生的领导工作。出于对亚洲语言的热爱，内托主修了日语和汉语。他原本打算当一名海军陆战队军官，并期望在亚洲执行一项能够发挥他语言优势的任务。然而，长期的膝伤让他无法继续自己的军旅生涯，他的这个计划也随之搁浅。内托因为膝伤没有获得海军陆战队军官的任命，不得不接受伤残退伍的现实。他的伤残退伍支票和一小笔津贴成为他参与市场交易的启动资金。

内托用他学习日语的方式研究交易方法。通过读书和从网络中获取信息，他形成了完全基于技术分析的交易方法。随着经验的积累，内托意识到，将基本面分析纳入他的分析和交易中是非常重要的。后来，他将自己对于主导市场价格的基本面驱动因素的理解与技术分析相结合，形成了一种新的交易方法，这种交易方法能够准确地找到符合他的基本面分析观点的潜在交易机会。此外，内托还开发了基于市场事件的交易策略和能够在几分之一秒内自动执行下单交易的专有软件。

内托的办公室里整齐地摆放着十块大显示屏，其中六块显示屏连接在一台计算机上，分别显示报价页面、多时间框架的市场走势图、单个头寸的收益风险比监控、期权报价、交易窗口，以及普通的计算机操作界面；另外四块显示屏连接在另一台计算机上，专门用于运行内托的事件交易软件。

在正式追踪交易记录的十几年里，内托基于名义账户水平的平均年复合收益率达到了42%（使用名义账户水平替代实际账户水平在降低收益和风险水平的同时，还提供了更能代表预期风险敞口的业绩表现）。他的账户在此期间的最大回撤是15%。内托的收益风险指标非常好，调整后的索提诺比率是4.7，月度GPR是4.8。

内托的交易方法既复杂又费时，可如果你认为这足以让他忙到停不下来，那你就大错特错了，他能同时在法学院上全日制夜校。当然，这并不是说内托打算放弃交易成为法律工作者。他并不想通过法律赚钱，而是想通过法律途径为退伍军人提供无偿服务。实际上，他最初的动机就是想学习法律而已，就像他想学习日语一样。对我来说，在全职致力于艰苦的市场分析和交易的同时，仅仅为了获取知识而去法学院学习，这简直疯狂。不过，我是一个线性思考的人，我想内托不是这样的人。

有些采访内容比其他采访更难转化成文字，我对内托的采访就是这样。内托说话的速度让人联想起纽约人在赶火车之前试图结束一场谈话的样子。当我们谈到交易时，他表现得非常兴奋，以至于每个回答都有点儿答非所问。当我让他用一个例子来说明他提到的某个观点时，他通常又会掺杂其他例子，让人听起来有些摸不着头脑。在整理这篇采访时，我发现自己总是需要把几个小时录音中的材料拼凑在一起，才能得到一个连贯的回答。

平心而论，内托在采访中经常觉得之前的回答可能不够清晰，就像他在我们见面的过程中做自我评估时表现的那样。"我觉得这个回答有点儿太随意了""这个东西确实太深奥了""你可能不需要了解这方面的背景知识""这条消息的逻辑关系太复杂了""你在回放整理录音的时候，可能会觉得比较麻烦"。没错，这就是内托，以上都是我的亲身经历。

＊＊＊

你是如何对交易产生兴趣的？

我很擅长投机。我上高中的时候，就为那些想在体育赛事上投注的学生做经纪人。我会为所有的橄榄球比赛张贴比分分布图，对阵的双方我都接受押注。如果下注 1 美元，我就会收取对方 1.1 美元，从中抽成，我就是靠这个挣钱的。

你做这个挣了多少钱？

到高三那年，我已经挣了 7000 美元。那一年的 12 月 17 日是我 18 岁生日，我决定在过生日之后不再做经纪人。那一年的感恩节是我在这一行中的最后一个假期，下注的 28 个人里面有 24 个人赢了。你知道吗，大多数人都会对他们非常看好的比赛下注。就是那一次，我不仅输光了上高中以来挣的所有的钱，还额外欠了 1500 美元。

当你意识到你在一天之内就失去了在过去几年里拥有的一切时，你是什么心情？

这对我的打击是毁灭性的。但我从这次经历中学到的最重要的一点是，无论事情有多糟糕，太阳总会在第二天照常升起。

你在十几岁的那个周末的经历对你多年以后成为交易员有什么影响吗？

影响肯定有。在经历了那次我认为不可能发生的损失后，我在开始交易时就能察觉可能会发生的异常事件，我预感到了雷曼兄弟可能会出问题。我意识到，这些看似不可思议的宏观事件很可能会在市场中发生，这源于我在早期的冒险行为中，被一次异常事件打击过。所以，在开始交易时做好风险管理是十分有必要的。

这些和你在高中经历的那次巨大损失有直接关系吗？

和那次事件还有我在海军陆战队的经历有关。

你为什么要加入海军陆战队？

我上高中的时候，学习成绩并不好，各科的平均绩点大概是 1.8。我当时成绩最好的是一门经济学课程，除此之外，我唯一的兴趣就是通过做经纪人赚更多的钱。尽管我意识到上大学很重要，但我觉得自己还没有为此做好准备。大概在我高中毕业前一个月，一位海军征兵人员来到我们学校，他问我是否想加入海军，我马上告诉他："不，我要加入海军陆战队。"

在那之前，你是什么时候想过你要加入海军陆战队的？

我也不知道。这应该是在我被问到是否愿意加入海军的时候才冒出来的想法。我的成绩很差，又自卑。虽然我觉得自己很聪明，但是我知道自己最需要的是遵守纪律。所以，我觉得在要求最苛刻、挑战最难的海军陆战队服役的想法是有道理的。

所以，你是因为服役最具挑战性，才愿意加入海军陆战队的，是吗？

是的。我选择海军陆战队是因为那里是最具挑战性和最有组织性的地方。我很清楚自己在高中的时候太懈怠了，没有集中精力学习。我知道自己在这方面非常欠缺。

你在海军陆战队服役了多长时间？

将近九年。

说说你在那儿的经历吧。

这段经历改变了我的生活。我从来没有体验过对自己的行为负责，并且把自己赶出舒适圈的生活。

这是一次困难的旅程吗？

超乎想象地困难。

最困难的部分是什么？

相信自己可以做到。

你好像缺少自信。

是的，我极端不自信。我的成绩很差，还因为赌博输掉了所有的钱。除了在国民经济这门课上取得了好成绩以外，我从来没有做成过任何事。在我成长的过程中，我哥哥也觉得我没用。我总是试图想出一些商业点子，但是我尝试过的每一件事都以失败告终。我必须克服自己不能够做好一件事的消极思想。

你在海军陆战队的经历对你当交易员有影响吗？

当然。海军陆战队有着严格的纪律，并且会传授你在巨大的压力下工作的能力。作为一名海军陆战队队员，你进行的很多次训练都是为了营造紧张的环境，只有这样，你才能在面对真实的场景时做到临危不乱。我记得在新兵训练营的第一个晚上，我们只睡了三个小时，他们就一边敲着垃圾桶一边冲着我们大喊："快起床！快起床！"我要在这里生活三个月，可是第一天就感觉像过了三个星期一样。我做交易时也有过这种度日如年的感受。我一做多，市场就开始下跌；我一做空，市场就开始上涨。如果你想生活得轻松一点，千万别走交易这条路。海军陆战队教会我如何面对逆境，而这种能力对于我成为一名杰出的交易员来说至关重要。你要能够在连续五次做空失败的时候依然做到稳如泰山。海军陆战队会训练你如何应对挫折，并且让你懂得制订计划和承担责任的重要性。交易在很大程度上和责任有关，你必须对自己的亏损负责，而不是找借口推卸责任。

你为什么离开海军陆战队？

我并没有打算离开。作为海军陆战队后备军官训练队计划的一部分，我曾去华盛顿大学进修，主修日语和汉语。我原本打算当一名海军陆战队军官，执行一项能够发挥自己语言优势的任务。就在毕业前夕，我的膝盖在打篮球的时候受了很严重的伤，不得不进行修复手术。更严重的是，我的另一个膝盖得了慢性肌腱炎。很明显，我的膝伤是不可能让我留在海军陆战队的，我不得不接受伤残退伍的现实。

你是怎么从一个在海军陆战队主修东方语言的士兵成为交易员的？

我在海军陆战队服役期间就投资过共同基金，这让我对市场有了初步的了解。在我通往交易员的旅程中，我是在华盛顿大学担任学生报商业版编辑的时候迈出关键的第一步的。我读了很多关于交易和技术分析的书，其中就包括乔尔·帝纳波利（Joe DiNapoli）的那本非常有影响力的关于斐波那契分析的书[一]。1999 年，我用海军陆战队支票账户里储蓄的 75 000 美元开立了一个股票账户。我很快就把账户里的资金做到了 19 万美元，然后又眼睁睁地看着这些利润在 2000 年的科技股崩盘中跌到了 4 万美元。我在 2000 年 4 月经历了第一波暴跌，而当年年底的第二波暴跌则彻底打垮了我。

也就是说，你的钱从涨了一倍多变成回吐所有的利润并亏掉了一半的本金。这听起来就像……

（内托打断了我，说出了我想说的话）就像我在高中做经纪人的经历，我也感觉到了（他笑了）。

你是如何做出买卖决策的？

这是个问题。我遵循了某通信服务的建议，对所有的股票设定了具体的进场和止损位置。我想说的是：在我的整个交易生涯中，设置止损是必须坚持的原则。多亏了我在高中的经历，我时刻提醒着自己不要崩盘。

你是怎样把 19 万美元做到 4 万美元的？

我在连续的止损离场中亏损了很多钱。规模是另一个问题。我经常因为触发止损而离场，但是我的头寸规模实在是太大了。我天真地认为："我在这笔交易上可以忍受 25 000 美元的亏损，但是我没有考虑

[一]《帝纳波利点位交易法》*DiNapoli Levels: The Practical Application of Fibonacci Analysis to Investment Markets*。

过如果连续六笔交易出现亏损该怎么办。"

你所有的交易都是根据通信服务的建议操作的吗？

我有时也会根据自己对市场的嗅觉做一些交易，而不在乎这些交易意味着什么。

所以说，你没有自己的方法论。

我完全没有自己的方法论，我还在不断摸索之中。当时，我认为自己没有必要再学习了。我以为我知道自己在做什么，因为我已经把账户里的钱从 75 000 美元做到了 19 万美元。

你什么时候重新开始交易的？

没过多久，我开发了一种基于斐波那契回撤理论的交易方法。（斐波那契数列是一组数字序列，其中每个数字都是前两个数字的总和：0，1，1，2，3，5，8，13，21，34，55，89……随着数字越来越大，一个数字与它后面相邻数字之间的比率越来越接近 61.8%，与它后面第二个数字之间的比率越来越接近 38.2%。斐波那契数列在自然界中很常见，比如在一些由壳和花瓣形成的螺旋体中。运用斐波那契数列的交易员会在上述的关键比率（61.8% 和 38.2%）附近寻找潜在的市场反转机会。

你是根据斐波那契回撤水平进行交易吗？

我会找同一价格区间内集中在一起的点。交易启动的一个基础情形是：短期价格回辙 61.8%，且长期价格回辙 38.2%，同时出现其他技术指标或阻力位。当很多支撑指标或者阻力指标集中到同一区域的时候，我就会在这些位置持有大量的头寸。

这种方法的效果怎么样？

我在 2001 年和 2002 年做空市场的时候是赢利的。但在 2003 年 3

月 17 日，我经历了灾难性的一天，布什总统当天向萨达姆·侯赛因发出了最后通牒，以美国入侵伊拉克为威胁逼他下台。

那天早上，随着市场的低开，我开始做空。然而，市场很快就回到了上升通道，我因为触发止损而离场。那时候，我的账户一下子就亏损了 14 000 美元。情况虽然很糟糕，但还在可控的范围之内。后来，我在第二次做空时又触发了止损。这一次，亏损增加到了 28 000 美元。我没有放弃，第三次进场做空，同样因为触发止损离场，总亏损已经达到了 39 000 美元。就在我第四次进场做空的时候，市场终于开始下跌了，这一次我挽回了一半的损失。我对自己说："我马上就要翻身了！"当我的账户只亏损 13 000 美元的时候，市场又开始了新一轮的上涨。我第四次触发止损离场，这次我的亏损总额达到了 40 000 万美元。后来我又第五次进场做空，到当天交易结束时，我总共亏损了 63 000 美元。

就是在这一天，我回吐了前一年的全部利润。这次交易简直太失败了，但这就是事实，这就是失控。

"失控"是什么意思？

这是一个扑克牌术语，是指玩家在挽回损失的过程中情绪失控，做出了激进而又愚蠢的行为，最终扩大了自己的亏损。

那天的交易部分体现了你的交易方法吗？

第一笔交易完全是根据我的方法操作的。市场在前几天有所反弹，并触及了一个阻力位，随后在第二天跳空低开，事实证明行情出现了反转。实际上，我在第一笔交易失败之后，就已经有些失控了。你也看到了，后面的交易都是这种失控状态的延续。

这是市场走势与对新闻预期的反应截然相反的典型例子。

完全是的。

直到今天，我仍然为自己没有在 2016 年的大选之夜做多而自责，当时市场一路下跌，而特朗普意外胜出几乎毫无悬念，但是市场突然发生了逆转，并稳步走高。我当时清楚地意识到，市场与同预期相反的价格走势发出了一个典型的买入信号，但是特朗普的胜出却让我沮丧，以至于错失了做多的大好机会。

***

在本次采访前，内托在他发给我的电子邮件中附上了他于 2020 年 1 月 4 日发给美国期货协会（NFA，美国期货行业自律组织）的一封信，信中确认他将以 100 万美元的名义账户进行期货交易。此外，他还给我发了美国期货协会的确认函和一份从 2010 年 1 月开始的审计记录。在期货领域，名义账户规模代表账户被假定能交易的规模，在该账户的资金总额不能反映交易的风险水平时使用。期货保证金要求只占合约价值的一小部分，所以如果期货账户中没有大量的保证金之外的资金，该账户的资金总额就可能会显著低于其名义规模，从而夸大利润或损失。在这种情况下，使用名义账户规模替代实际账户规模能够同时降低收益指标和风险指标（如波动率、回撤），而且能生成更真实的业绩数据。

美国期货协会的信和你发给我的绩效审计结果表明，你从 2010 年 1 月就开始有正式的业绩记录了。我有两个问题：首先，在 2003 年 3 月大幅亏损和 2010 年 1 月开始正式记录交易业绩之间的这段时间，你是如何交易的？其次，既然你已从事交易多年，为什么在 2010 年 1 月才开始正式记录业绩？

在那段时间，我能够做到稳定地赢利，总的说来还算中规中矩。我之所以选择 2010 年 1 月这个时间点，既是因为它是新的 10 年的开始，也是因为我想把我的交易提升到更高的水平。虽然我一直在做交易，但我主要靠做介绍经纪人赚取的佣金谋生。我的目标是做到能够完全专注于交易，于是我在 2011 年关闭了经纪账户。

这些年来，你的方法论是否与你之前描述的基于斐波那契数列的技术方法有所不同？

是的，主要的变化是我意识到了市场主流观点的重要性，并且在交易中融入了我对这些观点的理解。

你能举一个市场主流观点的例子吗？

主流观点就是市场机制的另一种说法。例如，美国五年期国债目前的收益率是 1.5%。标普指数的股息收益率是 2.8%（本次采访的时间是 2019 年 8 月）。市场主流观点是：鉴于标普指数显著的收益率，资金将会流入股票市场。在这种情况下，做空标普指数会有很大的风险。与之相反的是，你应该在靠近关键的技术点位时买入标普指数，因为指标为你指明了真正的投资前景，并且得到了基本面的支撑。

另外一个例子是，在我们现有的机制中，存在着对收益率的盲目追逐。现在的市场有 17 万亿美元的负收益率工具。这个机制在很大程度上解释了是什么推动了黄金市场持续的大牛市。为什么？因为从某种意义上来说，黄金是一种零收益货币。这个市场上存在着 17 万亿美元买入就赔的资产，所以黄金的收益率为零这一事实使它成为一种更好的资产，这是目前黄金价格上涨的主要原因。

所以，假设存在对黄金有利的机制，是否意味着只要追逐收益率还是市场的主流，你就只能做多黄金？

基本上是这样的，但也不总是这样。

是什么促使你在长期看涨因素面前做空黄金？你认为目前推动黄金价格走势的因素是长期看涨因素吗？

你可能会遇到导致黄金价格发生剧烈逆转的事件。例如，如果有传言称欧洲将实施财政刺激措施, 那么欧洲债券将会经历一次重大的调整。由于黄金一直受益于负收益率环境, 因此, 这一事件将导致大规模的黄金抛售。此外, 如果这个市场主流观点被广泛遵循, 最终交易就会变得拥挤, 脆弱的市场随时可能会发生剧烈的逆转, 特别是当发生了与市场主流观点相悖的意外事件的时候。

因此, 即使你长期看多, 也有可能在黄金上进行短期的修正。

是这样的, 因为当你处于持续的、长期的趋势时, 如果出现一个意外事件, 调整将是非常剧烈的。

你能举一个你基于对市场主流观点的解释进行交易的具体案例吗?

2013 年 5 月, 美联储主席伯南克表示, 美联储将从基于计划调整利率转向基于经济数据调整利率。这是什么意思? 这意味着任何经济数据 (就业数字、零售额等) 都将比以前更具影响力。伯南克的表态改变了市场的主流观点。2013 年 7 月 5 日, 就业报告显示, 大量的就业岗位正在出现。尽管我在报告发布之前就已经做空了美国国债, 但是我实际做空的数量要比这个多得多, 因为从美联储 5 月的政策转向来看, 数据的影响将超过预期。那是我迄今为止赚钱最多的一天。我的特长就是识别市场主流观点中可能导致市场重新定价的变化。我也会尝试通过研究重大事件, 来判断市场的主流观点。

虽然你在 2003 年的交易中没有采用这种方法, 但是我们可以追溯一下, 在 2003 年 3 月你巨亏的那天, 市场的主流观点是什么?

当时的市场主流观点是, 我们仍处在为期两年的熊市当中, 由于美国即将向伊拉克开战, 股市将再创新低。这个观点很有说服力, 而我也对此深信不疑。然而, 当一个令人信服的主流观点与市场价格走势背道而驰的时候，由主流观点驱动的交易可能会出现剧烈的反转走势。

你是什么时候开始把市场主流观点融入你的交易中的？

2008 年的黄金市场也许是市场主流观点在我的交易中发挥重要作用的第一个市场。我会告诉你我当时做对了什么和做错了什么。我的观点是：世界正在崩溃，美联储将会实行宽松政策，因此黄金价格还将继续走高。这是对前三个季度的正确描述，而我在做多黄金的交易中也取得了不错的收益。但是让我没有想到的是，当世界开始担心通货紧缩时，黄金会随着市场中的其他资产一起被抛售，这就是 2008 年第四季度发生的情况。此外，我还忽略了一个事实，即由于资金大量离场，而对冲基金又是做多黄金的主力，因此它们不得不抛售黄金和其他资产。

到目前为止，我们已经讨论了技术分析和市场主流观点是如何在你的交易方法中发挥作用的。还有其他重要的因素吗？

在过去的十年里，事件交易可能贡献了我交易中的绝大部分利润。其中既有意料之中的事件，也有意料之外的事件。

能不能每种情况都举一个例子？

上周五，特朗普在前往 G7 会议的飞机上发了一条疯狂的推文，说他在着陆后将会对中国实施报复行动。特朗普在推特上表现得非常愤怒，这是一个意料之外的事件。在知道那天晚些时候特朗普可能会宣布对中国征收额外关税的情况下，你不能冒着风险做多。

你对此有何反应？

要在有风险的时候做空，放开了做空。

你是怎样交易的？

做空标普指数。

市场没有在这条推文发出后马上下跌吗？

没有马上下跌，而是在一个小时之后才开始下跌的。

你是什么时候开始做空的？

立刻。我是从一个音频聊天网站听到这个消息的，那是一个全天只追踪、过滤和解读市场动态的网站。我在交易的时候不看视频新闻，因为这会分散我的注意力，我只听音频。我一听到他们读的特朗普的推文，就马上开始做空。

你在完成下单的时候，市场下跌了多少点？

足足下跌了 8 个点，不过这不是问题。市场后来又下跌了 50 点。

你从这笔交易中得到了哪些明显的教训？

我得到的教训是，你必须理解市场的主流观点是什么，才能分辨出哪些是意外，哪些不是意外，并据此采取相应的对策。但前提是，你得知道什么是意外事件。如果你在不知道的情况下交易，你就是一个把钱白白浪费掉的傻瓜，你很可能在接近高点时买入，在接近低点时卖出。

所以，你的事件交易与你的市场主流观点紧密相关。

对极了！根据不同的市场主流观点，同样的事件可能会对价格产生不同的影响。例如，如果没有人预期石油输出国组织（OPEC）会减产，而它宣布减产，能源市场就会产生波动，这个时候你就能获得一个明显的价格反应。而如果 OPEC 宣布削减同样的规模，但这是市场普遍预期的，可能就不会有价格反应，消息一旦传出，市场甚至可能会发生逆转。因此，了解市场的主流观点对我的事件交易至关重要。同时，这也让我的技术分析更加有效，因为它让我知道，在哪种情况下，一个特定的图表形态更有可能导致一个大的价格变动。

你如何基于意料之中的事件交易？

美国农业部（USDA）本月（2019 年 8 月）早些时候发布的农作物生产报告是一个完美的例子。美国农业部 6 月的报告显示，美国的玉米种植面积为 9170 万英亩[⊖]。人们普遍对这一数字持相当大的怀疑态度，因为市场普遍认为，鉴于美国中西部地区严重的洪水灾害，玉米种植计划被迫推迟，进而导致种植面积明显降低。对此，美国农业部同意在 14 个州重新调查种植情况，并在 8 月的报告中更新估计的玉米种植面积。在 8 月的报告中，市场预期这一数字会大幅减少。然而，美国农业部只将预估的玉米种植面积减少了 170 万英亩至 9000 万英亩，这一降幅远低于预期。更关键的是，美国农业部还提高了预估产量。市场预期的玉米种植面积接近 8700 万英亩，没有一个分析师的预测接近 9000 万英亩。当你看到这种异常值出现时，就如同市场在给你送钱一样，重新定价不可避免。但缺少足够流动性的市场无法让每个想要离场的人都顺利离场。

如果这个数字真的很悲观，市场不会立即跌停吗？

你在假设市场是有效的，但它们并不是有效的。市场会跌停，但不会马上跌停。因为有了 MPACT，所以我可以马上做空。

什么是 MPACT？

它是"市场价格变动"（market price action）的缩略词，也是我今天早上向你展示的软件程序，它能够在千分之一秒内阅读和评估新闻，然后自动下单交易。

所以，你在软件里已经提前输入了针对美国农业部可能发布的每一个可能的估计值的交易行动指令。

是的。执行才是最关键的。我把我的交易利润和净资产的很大一

⊖ 1 英亩约为 4046.86 平方米。

部分都投资在了 MPACT 的开发上，这是一个事件解释软件程序。该软件根据与预先设定好的事件场景一致的价格变动进行交易。我的大部分工作是在事件发生前设定 20 个、30 个甚至 40 个可能的场景，以及与每个场景相关的交易行动。

我可以花一个星期的时间为美联储的一次会议做准备，并从多个定性角度来分析。当我为美联储的会议评分时，我会有一个框架来解释美联储在以下四个方面的言论：经济、通货膨胀、未来利率路径、其他特殊因素。这四个因素是动态加权的。MPACT 将会阅读美联储的声明，并针对这四个因素分别进行评估，然后打分。最后，MPACT 会根据基于声明得到的分数选择事先准备好的场景，每个场景都有对应的具体的交易策略。

这款软件是你开发的吗？

我设计了它，并聘请了一个团队来开发。这个项目花了六年的时间来建造和完善。

你能举个例子说明 MPACT 是如何根据美联储的声明进行交易的吗？

2018 年 12 月，我认为美联储不会加息，尽管市场定价显示加息的概率接近 100%。如果美联储真的要加息，声明中就会有一些表明要加息的暗示。然而，美联储主席鲍威尔在讲话中才表示："鉴于经济可能会在某种程度上实现增长，明年很有可能出现两次上调利率的情况。"这句话足以让整个市场崩溃。

尽管这与你的预期完全相反，你是否准备了包括美联储暗示将来会有几次加息的场景呢？

我确实准备了这个场景。因为我预计美联储不会加息，所以我在美联储宣布加息之前，做多了标普指数和黄金。MPACT 自动卖出了我的多头头寸，并反向做空。

好的，这是一个典型的例子。然而，如果在同一份声明中存在相互矛盾的表述，那该怎么办呢？

确实存在这种情况。2017 年 3 月是我经历过的最糟糕的交易日之一。我认为如果美联储为 6 月的再次加息预留了空间，会利空利率市场。但美联储确实这么做了，而我当时正在大量做空 5 年期国债。这笔交易让我亏损了 21 万美元，回吐了全年的利润。

到底是哪里出了问题？

虽然美联储暗示了 6 月加息的可能性，但总体声明还包含了其他因素，有些内容是我在设置场景时没有预见到的。在那个时候，我没有像现在一样在软件的分数生成过程中设置更多的细节，这个过程需要学习。所以，错误让我花钱买了教训，但同时也为我带来了机会。

让我们来讨论一下情绪和交易，我知道你在这个问题上面持有不同的观点。你能详细说一下你是如何看待情绪对交易的影响的吗？

情绪是你的朋友，而不是敌人。我们感受到的情绪可以作为信号源。我给你举一个具体的交易案例。2015 年 9 月，标普指数大幅回落，跌至 8 月相对低点附近。我被自己出于原始本能的情绪压垮了，觉得标普指数要崩溃了。我做空了 200 张标普指数期货合约，这个头寸规模对我来说太大了。

询问自己的情绪处于什么状态是我交易的一部分。我非常害怕吗，我是不是太贪婪了，还是说我的情绪介于两者之间？这是我处于极度贪婪状态下的一个例子。当我问自己："你现在对风险水平的重视程度是多少？"我意识到自己的答案是"根本没有"，我居然认为在没有任何交易原则的情况下做空能够赚到大钱。当我意识到这一点时，我马上平掉了全部头寸。

对我来说，我的最佳状态出现在我还有些不安的时候。我在交易的过程中会评估身体的紧张程度。我希望在集中精力的同时再感到一些焦虑。相反地，如果我在交易某个头寸的时候长舒了一口气，感到非常放松，这就是一个警告信号，市场可能即将反转。如果我以1500美元的价格买入黄金，那么当金价涨到1530美元的时候，我会对自己说："我搞定了这笔交易，我最好在继续大涨之前再买一些。"我可以向你保证，金价会很快回到1518美元。

因此，具有讽刺意味的是，当你仍然对某个头寸感到紧张，而不是感觉非常自信的时候，你会更倾向于增加头寸。

是的！完全正确！

你的意思是，像我这样的人建议交易员在交易中不要带着情绪的做法是错误的。

哦，我的天哪！你为什么要这么做？你会因此失去一个有用的信号源。如果你必须从中选择一个，你是愿意复制你熟悉的三个最成功的交易员的交易，还是宁愿与三个业绩最糟糕的交易员的交易背道而驰？我通常会选择与最糟糕的交易员反向操作。好的交易员很难做到持续赚钱，但是糟糕的交易员做到持续赔钱却一点儿也不难。表现糟糕的交易员的特点是什么？他们没有交易原则，他们总是做出情绪化的决定，非常冲动，这就是他们被恐慌情绪左右，最终在靠近高点的位置买入，在靠近低点的位置卖出的原因。

我告诉人们不要带着情绪交易，是因为情绪化的交易通常是错误的。但你的意思是，糟糕的交易员要意识到自己的极端情绪，这是非常有价值的指标。

完全正确！你要了解自己的情绪，把它们记录下来，并有意识地把它们作为你做事情时的另一个信号源。

对比一下成功的交易员和失败的交易员的特征。

成功的交易员能够明白交易的实质。他们知道，即使一切都做对了，也可能会输。成功的交易员有自己的交易计划，他们会严格遵守纪律，并对其进行持续的改善。他们明白渐进式的改进会对他们的盈亏产生深远的影响。失败的交易员总是在寻找灵丹妙药，如果不能立即奏效，他们就会寻找下一个方法。

你对其他交易员有什么建议？

你不需要马上就能赚钱。有时候不亏钱和赢利一样重要。有计划的冒险会带来成功，而冲动的冒险则会导致失败。

为什么你认为自己是成功的交易员？

我之所以成功，是因为星期一是我最喜欢的交易日。当你热爱自己的工作时，你就会成功。

＊＊＊

一直以来，我和我采访过的很多"金融怪杰"都建议人们不要带着情绪交易。然而，约翰·内托则持有一种颇具说服力的观点，他认为情绪是交易员最有用的工具之一。虽然我们两个人的建议看起来相互矛盾，但实际上有着异曲同工之处。内托还认为，情绪通常会对交易决策产生不利影响。实际上，情绪导致糟糕的交易决策的倾向正是内托试图利用的信号源。内托非常关注自身的极端情绪，和其他人的极端情绪一样，自身的极端情绪对交易的危害很大，因为极端情绪这种警告信号意味着需要立即采取行动。例如，当一笔交易朝着对内托非常有利的方向运动，而他随后发现自己认为"这个交易不会亏损，我最好在继续大涨之前加仓"的时候，他会立即平仓。

虽然大多数交易员倾向于基本面分析和技术分析中的一个，但是有一些杰出的交易员会将两者结合在一起。约翰·内托很好地说明了基本面分析和技术分析是如何协同使用的。内托通过对市场主流观点或者市场机制的理解，来决定他在一个特定的市场中做多还是做空。这种发自内心的偏好一旦形成，他就会在技术分析的基础上选择交易的进场点。在他所说的方向偏好存在于市场中的情况下，通常来说，这些进场点是对支撑位和阻力位的回应。

事件交易是内托的方法论中另一个重要的组成部分。他既基于美联储声明和政府报告等预定事件交易，也基于意料之外的事件交易。内托强调，要想成功地进行事件交易，你需要对任何既定结果是否会出人意料有一个良好的认识。他只关注他认为与市场预期偏差很大的事件。在这类交易中，执行速度显然是至关重要的，因为市场通常会对意外做出快速反应。内托自己开发的专有软件解决了这个问题，这款软件通过阅读与事件相关的文本来确定是否符合交易的场景，如果符合，系统就会在一瞬间完成相应的交易。为了让这个软件发挥作用，内托需要根据每个既定事件定义大量的可能出现的场景，这个过程需要很大的工作量。通过这款软件进行快速交易意味着，如果内托的分析是正确的，他将捕捉到很大一部分市场波动，即使事件触发了市场的快速反应。

在遭受损失，特别是巨大的损失之后，交易员通常会有一种冲动，即试图在市场中迅速挽回损失。要坚决抵制这种诱惑！在内托早期的交易生涯中，他因为做空标普指数遭受了巨大的损失。他没有在这笔交易上面犯错，这笔交易和他的方法论是一致的，只是内托对市场方向的判断是错误的。如果他的交易到此结束，这将是糟糕的一天，而不是灾难性的一天。问题是内托开始孤注一掷，想在同一个市场中把钱赢回来。后来，他在当天连续做了四笔卖空交易，均以触发止损离场告终。这四笔交易与他的方法论没有任何关系。他陷入了一种情绪旋涡，使他无法做出合理的交易决定。用扑克牌术语来说，这叫作"失控"。当天交易结束时，他的巨额亏损与最初相比翻了两番，回吐了将近一年的利润。当你在市场上赔钱的时候，一定要及时止损，要警惕通过事先没有计划的交易来赚钱的冲动。

在本书的几次采访中，包括这次采访，我发现了一种新的交易风格，即市场对新闻动态的反应与预期不一致可以提供有价值的进场时机信号。布什对萨达姆·侯赛因发出最后通牒标志着第二次海湾战争即将开始，市场将其视为一个看跌的信号，特别是在股票市场仍然在长达两年的熊市低点徘徊之际。不出所料，市场跳空低开，但是随后出现反转，并大幅收高。这一意外的价格走势标志着长期大牛市的开始。

同一交易风格的另外一个例子是 2016 年大选之夜的股票市场价格走势。当时人们普遍认为特朗普将会落选，即使他最终赢得大选，市场也会大幅下跌。当大选结果清楚地显示特朗普意外胜出时，股市就像预期的那样开始下跌。然而，市场发生了逆转，不仅收复了之前的失地，还在整个晚上大幅走高。这一出人意料的市场反应开启了股票市场连续 14 个月的上涨。

第二部分

UNKNOWN MARKET WIZARDS

股票交易员

第 7 章

杰弗里·诺伊曼
在低价股中寻找机会

我收到了一封非常耐人寻味的电子邮件：

您好，施瓦格先生。

　　我之所以一时心血来潮联系您，是因为我有一个在我看来非常棒的股市成功故事。在沉默了多年以后，我正在寻找机会讲述我过往的经历，而您就是我认为最适合讲述这个故事的人。由于我低调的个性，还有一些出于安全方面的考虑（黑客等），我以前一直在股票交易圈里保持沉默，更重要的是，它让我的生活变得更简单了。就连我最好的朋友也不知道我在股票交易上获得了成功。我现在已经有了两个小孩，我想有一天他们能够看到我的故事在某个地方以某种方式被记录下来，并引以为傲（超越他们将来得到的任何物质方面的东西）。

　　具体的细节我就不在此阐述了，但我要告诉您的是，我在 2002 年用 2500 美元开始交易，到现在已经赢利 5000 万美元（税前）。我去过世界上好几十个国家（估计有 60 多个），并且在我 30 岁生日的时候走遍了世界七大洲。我现在 30 多岁了，交易风格从形态日内交易过渡到波段交易。我在选股风格上独树一帜，我的金字塔式仓位布局与杰西·利弗莫尔非常相似。我从来没有接受过一分钱外部投资资金，而且我一直是独立交易。

　　如果您对此有兴趣，或者有合适的人可以推荐给我讲述我的故事的话，我将不胜感激！

　　再次感谢！

　　杰弗里·诺伊曼（Jeffrey Neumann）

我回复他说，我有计划再写一本新书，但不是现在。随着计划的推进，我决定开始了，同时告诉诺伊曼把他每个月的对账单复印件寄给我作为参考。他给我寄来了 10 年的极具价值的账户报表（从他的经纪人那里获得的）。为了补充早些年的数据空白，他给了我几页纳税申报单。总的来说，他的交易记录跨越了 17 年。他的初始资产净值实际上是 7700 美元，而不是 2500 美元，中间的差额是他的父亲留给他的股票，而这部分头寸他从来没有交易过。取更高的 7700 美元计算，诺伊曼账户的年复合增长率达到了 80%。这个数据实际上是被低估的，因为它没有考虑诺伊曼在 2002 ～ 2008 年的大量净提款，这个时期的月度对账单已经找不到了，而月度对账单是会基于提款调整收益率的。诺伊曼在他早年账户净值较低时的收益率非常高，从而放大了他整个历史记录的平均收益率。在过去的 10 年里，他每个月都能够收到经纪人提供的对账单。截至 2009 年 1 月，他账户的资产净值是 230 万美元，平均年复合收益率是 53%。

从几千美元做到 5000 万美元仅仅是这个故事的一部分。也许，真正的看点在于诺伊曼是靠交易大量的低价股积累起巨大财富的。现在，你应该知道我说的低价股是什么样的股票了吧——好吧，比如说每股 1 美分的股票。在我的印象里，低价股市场就是金融市场中的一潭死水，里面充斥着毫无价值的公司和靠着拉高出货谋取不义之财的混蛋（股票推销商通过炒作使鲜为人知的股票的价格飙涨，当股价达到高点时，趁机抛光手中所有的股票），这种看法可能仍是绝大多数市场参与者的看法。作为一个没有任何内幕消息的交易员，诺伊曼是如何在这个局外人毫无优势的市场中获胜的呢？这就是诺伊曼的故事。

诺伊曼在机场接我，我刚走出航站楼，他就认出了我（我猜他是靠一本旧书的封面照片认出我的）。我们在他家宽敞的后院里一个可以避雨的开放式休息区进行了采访，在那里可以免受下午断断续续的雨天的影响。我们在采访间歇准备去当地一家寿司店共进晚餐。诺伊曼让我在打车和步行穿过附近的几条小路之间选择，我毫不犹豫地选择了后者，我很高兴在坐了一整天后能够做点儿小运动。当我为了写书采访某人时，我总是会记录下我们一起用餐时的谈话。根据我的经验，精彩的故事往往会出现在一顿轻松的大餐中。寿司的质量非常棒，好到没有必要点酱油和芥末，因为这会干扰寿司特有的味道，但是这家餐厅的嘈杂程度堪比纽约的地铁。于是我放弃了记录我们谈话的想法，并小心翼翼地确保我们的交谈与交易无关。

我们在我住的宾馆里完成了采访，诺伊曼的办公室也在那儿。几个小时之后，我看到他有些疲倦，显然他是个习惯早睡的人，而我是个习惯晚睡的人。我没有捕捉到任何额外有价值的信息就结束了采访，我猜这让诺伊曼松了口气。我们走到诺伊曼的办公室，他查看了一个大屏幕上的一些股票走势图。我当时就站在他的身边，他拿出我们那天讨论过的股票交易图表，向我展示他进场和离场的情况。从采访中可以明显看出，行业主题是诺伊曼的交易方法论的重要组成部分，他定义了适合他自己的行业名称。我站在那里，听他读着大多是自己定义的行业的名称：锂、钴、石墨、替代能源、机器人、国土安全、房屋建筑商、基因检测、可穿戴设备、农业和航运。

***

你小时候有没有想过自己要做什么？

从我记事的时候起，我就想成为一名医生。我父亲是个医生。对我来说，镇上的成功人士似乎都是医生，而我也有同情心，所以，医生这个职业似乎很适合我。

你是大学医学预科的学生吗？

是的。我主修化学，兼修生物学。我用了三年时间完成了全部必修课程。大三结束后的那个夏天，我去欧洲徒步旅行，这是我一生中第一次旅行，它开阔了我的眼界。我玩儿得很开心，后来我就决定再也不去学校了。

三年后你是重返大学了，还是拿到学位了？

我本可以在三年后毕业，但是我给自己留了几个学分，因为我知道我还没有准备好走下去，我不知道自己想做什么。大四期间我修的唯一一门课程是潜水。

你是什么时候开始对市场感兴趣或者关注市场的？

我在高中时上过一门经济学课程，作为课程的一部分，我们有一个 10 万美元的模拟股票投资组合。这门课只有在学校可以上网的时候才能上，我找到了一种查看开盘前市场价格的方法，这样我就可以提前一天确定该买哪些股票。我很早就发现了这一点，我把10万美元变成了大约100万美元。

所以，从本质上讲，你抓住了这个系统的漏洞。

完全正确。

你第一次交易是什么时候？

我在大四的时候就在学校的机房里做股票交易，那时候我还没有电脑。

你开始做交易的动机是什么？

我不想去医学院，不想在教育上花费太多的时间。

在夏天的欧洲徒步旅行之后，你是因为这是一种轻松赚钱的方式才被交易吸引的吗？

基本上是的。

你当时了解交易吗？你读过有关交易或者市场的书吗？

没有。我在开始交易股票之前，没有读过任何关于商业、投机或者统计方面的书。

那你如何决定买哪只股票或者什么时候买呢？

一开始，我随机查看股票走势图，发现交易价格在7～8美分的股票一年都没有行情。

你选中这些低价股是因为它们便宜吗？

是的，因为它们很便宜，而且它们波动的幅度非常大。我看到每天涨幅最大的股票几乎总是低价股。

你的交易账户里有多少资金？

初秋，我在开车的时候遇到了冰雹，随后收到了保险公司寄来的

2500 美元的支票，我用这笔钱开立了一个交易账户。我做得最好的一件事就是设定了一个盈利目标。如果我每天能够赚 3%，我就能在一年之内把我的账户金额做到 100 万美元。

这听起来几乎是不可能的。

是的，这是不可能的，我完全同意。我有幸遇到了一个经纪人，他接受的报价可以到小数点以后的好几位。在报价从 1/8 和 1/16 的形式转换成美分后好几位的形式之后不久，我开始了交易。我的经纪人给出的报价会到美分后两位，而当时大多数经纪人的报价只到美分，这就是为什么我买入的第一只股票从来没有发生过价格变动，因为价格卡在了 7 ～ 8 美分之间。

你的意思是有人出价 7 美分买入，有人要价 8 美分卖出。

是的，大约有 100 万股以 7 美分买入，150 万股以 8 美分卖出。

所以，他们在这之间没有接受任何订单？

我的经纪人让我在 7.01 美分的位置挂单买入。这样一来，我就可以在交易中插队了，只要有人卖出我就能全部成交。当我满仓的时候，我就会在 7.99 美分的位置挂单卖出，只要有人挂单买入，我就能全部出手。我几乎扮演了做市商的角色。所以，即使我的股票从来都没有产生过波动——也就是徘徊在 7 ～ 8 美分之间——我仍然可以在每笔交易中扣除佣金后获得 13% 的收益。

你在交易中设置止损点吗？

我从来没有设置过止损点，如果股价放量跌破我的进场点，比如说 7 美分，我就可以离场了。所以我的亏损只有 1 美分。

就以 7 美分这笔交易为例，你经常在 7 美分的位置离场吗？

是的，如果在这个价位的成交量非常大的话。

即使你是一个对交易知之甚少的新手，你也会做一些聪明的事情：做高度不对称的交易。

从我第一次交易开始，我就想："我要以交易为生。"一开始我每天赚几百美元，等我意识到这一点时，我已经能用同样的方法每天赚几千美元了。我写下了账户资产净值水平要达到 100 万美元需要连续交易的天数。有些时候我做得很好，我可以一次完成 5 天的任务。记得有一次我想："我还有 100 天就能赚到 100 万美元了。"的确，我还需要赚 90 万美元才能达成目标，但这个目标似乎是可以实现的。

你用了多长时间赚到 100 万美元？

我记不太清楚了，但不超过一年。在我完全了解交易是怎么一回事儿之前，我就已经赚到了 100 万美元。后来我就退出市场了，我那年 23 岁，已经成为百万富翁。我认为我应该退休了。我生活简朴，没有什么额外的开销，拉面是我的最爱。我那个夏天去欧洲的整个旅程也仅仅花了 1500 美元，其中还包括机票钱。当时的利率是 6% 左右，这意味着我的 100 万美元每年可以赚 6 万美元的利息，这笔钱在交税之后足够我生活了。

所以你打算赚到 100 万美元就退休吗？

基本上是这么打算的。我那个时候以为我会永远周游世界。

在这段时间里，当你赚到第一个 100 万美元的时候，你还在关注图表吗？或者说你正在做的事情与图表有关吗？

我只是利用图表来发现那些根本不动的股票，即买卖价差长期处于相同区间的股票。这样一来，我就可以反复进行同样的交易。

你只做这种做市商类型的交易吗？

是的，只有一次例外。我买的一只股票在几周之内从 20 美分涨到了 2 美元。我开始相信自己是股票交易员。发行这只股票的公司讲的故事很精彩。这是一家动物追踪公司，我当时觉得猪流感就要暴发了。那是我第一次陷入一个故事里，我买入之后，股票开始暴跌。

你买入多久以后，股票开始下跌？

几乎是同时。在短短几分钟之内，股价就从 2 美元下跌到了 1 美元。我记得我当时出了一身冷汗，心想："我本来有一个很好的策略，但是我一度偏离了它，现在我要承担后果了。"我等了一会儿，在随后的反弹中清仓离场，但这笔交易仍然让我损失了大约 30% 的资金。

你持有了多长时间才离场？

我当天就离场了。

你回归做市商类型的交易了吗？

是的。

你在挂单买入的时候是否总是会在 1 美分的后面加上 0.01 美分？

开始的时候是这样的，但是其他人开始效仿，做着相同的事情，我不得不提高我的买入价、降低我的卖出价。

你是什么时候结束这一切的？

大概是在这种情况发生一年以后结束的。买卖价差变得非常小，以至于到了最后，我卖出时的价格只比买入时高出百分之几美分。

后来呢？

我用自己的应用程序在屏幕底部建立了一个股票行情自动显示器，只显示我感兴趣的股票。我关注的是那些有大单的股票，这样我就可以追踪大资金的动向。我只想交易那些被大机构不断买入的股票。

你是如何决定买入时机的？

我最初依靠技术分析。

你从哪里学到的技术分析？

我只是花了很多时间看图表。那时，我还没有读过任何有关技术分析的书。我查看了那些产生大幅波动的股票的走势图。为什么一只股票会在某个特定的点位启动？在此之前是否出现过成交量的突然放大？我找到了一种简单的趋势线分析方法，我现在还在用。

是什么方法？

我在寻找稳定的下降趋势，然后用一条线将各个高点连在一起。

这与传统的趋势线有什么不同？

我所看到的很多关于趋势线突破的建议说的都是突破一条水平的平顶线。我的趋势线能够让我提前进场，并在整个交易中占得先手。

（诺伊曼实际上是在描述横向盘整水平线的向上突破，而不是下降趋势线的突破。诺伊曼使用的不是一种新型的趋势线，这一点可以从他的评论中推断出来。诺伊曼是在下降趋势线发生突破时买入的，而不是在横向盘整于低点附近形成后向上突破时买入。根据定义，后一个的价格信号会在更高的价位出现。）

我想成为一个在股价突破下跌趋势线时买进股票的人。当股价在下跌趋势线上反复的时候，成交量通常会放大。假如有人在31美分卖出10万股，我会努力成为买入最后1万股的那个人。

如果没有后续怎么办？

那可不是个好消息。股票的走势就应该是那样的（他打了个响指）。你通常可以马上知道交易是否正确。

如果这笔交易错误，你就会离场。

是的，我会马上离场。如果我在30.1美分买入股票，然后股价下跌到30美分，我会以买入价卖出离场。

如果股价继续上涨，你会在什么位置离场呢？

过去，我会在股价第一次拉升的时候卖出一半，然后等到它盘整完毕二次拉升的时候，卖出剩下的所有股票，但我现在则会在股价第一次拉升时大举做多。

你用的趋势线是如何设置时间框架的？

我以前喜欢用月线作为标准，因为我想在同一天进场和离场。对我来说，突破月线意味着潜在的波动可能会持续 6 ～ 8 个小时。直到后来，我才学会从波动更大的长期趋势线中寻找突破点。

你现在还这么做吗？

我现在从 1 ～ 5 年的趋势线中寻找突破点，这样我就可以积累更多重要的头寸，并且在更大的价格波动中交易。

你是什么时候开始从捕捉下一个短期的价格波动转向从长期角度进行交易的？

我第一次以这样的方式交易是根据聊天室里一个叫 songw 的研究员提出的建议。他在一篇文章上说，即将出台的一项法案会将汽油中乙醇的含量从 1% 提升到 5%。我记得当时聊天室里的第一反应是，汽油比例从 99% 下降到 95% 没有什么大不了的。songw 又从另外一个角度重新解释了他的观点，强调了乙醇的重要性，那可是 400% 的增幅。他的话点醒了我，我意识到这是笔大买卖，这个法案将会通过，所以我囤积了大量的乙醇类股票。

这些股票的价格不是已经对这个消息做出反应了吗？

这篇文章发表于该法案提交国会的两周前。堪萨斯城当地的一些报纸也报道了这个事情，但是这一消息还没有被全国性的媒体广泛报道。是 songw 这个伟大的研究员发现了这个机会。最终，这条消息开始被主流媒体报道，随着消息的传播，你可以看到股票的价格纷纷进入主升浪。

这是你第一次持有这么长时间的头寸吗？

是的。

你持有这些乙醇类股票有多久？

我抓住了整个行情。我在法案提交国会的当天就全部卖出了，彻底打败了市场。我买入的 3 只乙醇类个股在 10 个交易日里上涨了超过 1000%。我在两周内通过这笔组合交易赚到的钱要比我之前所有交易赚到的钱都多。我第一次看到一个行业在强大的催化剂推动下，在特定时间内爆发出的力量。我意识到对这类交易你完全可以放手一搏，从而实现账户利润的大幅攀升。

也就是说，当法案提交到国会的时候，这些股票的价格就见顶了。

让我感到不解的是，市场的催化剂是如何让公众认为这只是行情的开始的。

这笔交易是否改变了你的交易方式？

我确实改变了交易方式。这是我第一次理解行业交易的概念。在这之前，我只知道技术分析图形的走势，并不知道我为什么要买这只股票。现在，我看到了明显的催化作用及其导致的价格波动，这改变了我的职业生涯。这就是我现在的交易方式，我喜欢在同一时间买入整个板块的股票。当我买入一个板块时，我会采用扫射方法买入每一只股票和每一只相关的股票。一开始，我的头寸规模比较小，然后我会开始深入研究。我会阅读所有公司的资料，一旦我对这笔交易胸有成竹，我就会几百倍或者几千倍地增加我的头寸。一开始，我可能只持有 1000 美元的股票，然后我就会关注它，一旦我的想法成熟了，我就会为它投入几百万美元。

你还在那个聊天室吗？

不在了，我五年前就离开了。

为什么？

我不再喜欢其他人的意见了，我不希望我的观点被别人曲解。而且，聊天室还是交易员扯闲篇儿的地方。

除了寻找催化剂和继续关注行业交易外，你的交易方法与前几年相比有什么变化吗？

我不仅坐在那里研究某家公司，我还会亲自拜访这家公司。如果他们生产消费品，我会买下来看看我是否喜欢它。如果我不喜欢这个产品，我就不会买这家公司的股票。

你能举个例子吗？

几年前，我听说了 3D 打印技术，于是我花了 1000 美元买了四台 3D 打印机。我自学了计算机辅助设计（CAD），这样我就能打印出我想要的东西。我给自己设计的乌龟屋打印了钉子（诺伊曼有一只大的宠物龟，经常在他家的后院里非常慢地"散步"）。我想知道哪一台 3D 打印机是最好的，而且想知道为什么。我不仅听取股东的意见，还参加 3D 打印专题讨论会。我通过学习足够多的 3D 打印知识去了解这些公司都在做什么，而我也被 3D 打印机团团包围。这些投入会帮助我在这些股票大涨之前锁定仓位。我把自己变成了每一个我要投资的领域的专家。

如果找到你喜欢的行业，你将如何确定入场时机？

以 3D 打印这个行业为例，因为所有的股票都已经开始上涨，所以用下降趋势线突破作为进场信号就没有意义了。

你后来是怎么做的？

我使用 30 日下降趋势线或者 30 日平顶线。

你说的是短期盘整形态的突破，对吗？

是的。

你是如何决定离场的？

那要看情况而定，这取决于催化剂的重要性和整个行业所处的赛道，我没有任何预设的公式或者原则。例如，我不会遵循"在赢利10%以上的时候离场"或者其他类似的原则。

以 3D 打印机为例，你是如何决定在哪个位置卖出这些股票的？

这个行业的龙头是一家 3D 系统公司，其股价几乎在一年之内从10 美元涨到了 100 美元，出席股东大会的人也变多了。在聊天室里和NCBC 上有很多关于 3D 打印类股票的讨论，一旦每个人都在谈论它，我的优势就不存在了。到那个时候，我不是已经清仓离场，就是正在寻找离场的机会。

你是等到市场崩溃以后再离场，还是选择直接离场？

和我画一条下降趋势线来帮助决定在哪里买入股票一样，我通过画一条上涨趋势线来帮助决定在哪里卖出股票。当这个行业的龙头股跌破上涨趋势线时，即使一些小盘股还在上涨，我也会开始清空手里的股票。

我还要提一件事，3D 打印的交易经验让我做了一笔有史以来最赚钱的交易。我发现了一家做生物打印的 3D 打印公司。这家名为Organovo 的公司从人体内提取细胞，并将其培养成大量细胞，然后把这些细胞放入 3D 打印机中形成不同的形状。当细胞处在不同的 3D 形状的时候，它们的反应与在平面形态下的反应存在差异。公司这么做的目的是利用这项技术来确定哪种药物对特定的人群最有效。我一听说这个消息就开始买进这家公司的股票，当时该公司登陆场外交易市场已两月有余，公司的市值大约是 4000 万美元。随着我在 3D 打印类股票上赚到钱，我的信心增加了，我每天都会买入更多的 Organovo 股票。

我把交易比作拼图游戏，这个游戏里面的碎片越来越多——其他 3D 打印类股票的价格也在持续上涨，成交量也在放大，这些股票对我来说是这个拼图游戏的重要组成部分。我拜访了 Organovo 公司的 CEO，他也是公司的创始人，我能够看出他对公司充满热情。我还见过公司最初的天使投资人，看到了他们的 3D 生物打印机。后来，公司从场外交易市场转板到纳斯达克上市，并同时进行了增发，股价因此下跌了大约 30%。但是在我看来，这次转板提供了绝佳的买入机会，于是我押上了全部的筹码。我最多的时候持有这家公司 3% ~ 4% 的股份。当时，Organovo 的股价是 3.5 美元，不到一年的时间，就涨到了 12 美元，我在这个价位抛掉了大部分股票。那一年我赚了 1000 万美元。

这只股票后来怎么样了？

它在开始下跌之前又涨了一点儿，现在跌到了 1 美元左右。

也就是说，这只股票在大幅拉升之后又跌回原处。这是整个 3D 打印行业的真实情况吗？

是的，这些股票都被抛售了，它们最后的结果都是一样的。

你还记得其他交易吗？

在我做过的很多好的交易中，有些股票已经退市了。

能举个例子吗？

2009 年的一天，我注意到一只名叫 Spongetech 的股票，它在当天以 1 美分的价格成交了 2 亿股。我查阅了公司的内部交易文件，发现内部人士最近以 7/10 美分的价格买入了 7.5 亿股，这个数量相当于所有已经发行股票的一半！我查了一下这家公司的主营业务，发现他们生产一种内置肥皂的海绵块。我想："这个东西确实很有意思。"于是，我下单买了这个产品，试了试，我真的很喜欢它。然而，对我来说，最重要的是文件显示，内部人士已经买入了一半的已发行股票。因此，我也毫不犹豫地买入了六七百万股。

你是在哪个价位进场的？

我是在 1 ～ 2 美分之间进场的。公司随后进行了大规模的广告宣传活动，它在美国家庭影院频道（HBO）赞助了一个关于橄榄球的节目，每次有球员出镜时，他们的球衣上都会有一个 Spongetech 公司的徽章。公司赞助了本垒打大赛（Home Run Derby）⊖，现场有一个巨大的 Spongetech 横幅。公司还赞助了美国网球公开赛女子网球锦标赛，你从电视上就能看到球场的中央有公司的标志。公司的产品无处不在，并开始在沃尔格林（Walgreens，美国连锁药店）和便利店销售。我下定决心抱紧手中的头寸，看看这家公司到底会发展到什么程度。

某天，在公司的股价涨到 10 美分以后，我和几个朋友在酒吧小聚，他们正在谈论这只股票。他们对这家公司表现得很狂热，不过他们并不从事股票交易工作。他们也许是通过体育广告发现这只股票的。这只股票的价格当时继续上涨。

我每年夏天都有旅行的习惯。不过在那个夏天，我决定在旅行期间继续持有手中的仓位。这是我持有的唯一一个股票头寸。股价每上涨 1 美分，我就卖出 10 万股。我在肯尼亚旅行期间收到了朋友的短信，他说 Spongetech 的股价已经涨到了 25 美分。此时的公司市值接近 4 亿美元，而它所做的就只是在海绵里放了块肥皂。我开始有点恐慌了。

既然你是在上涨途中卖出的，你还剩下多少头寸？

我还持有超过一半的头寸，有几百万股。我当时在肯尼亚的一个帐篷营地，那里没有计算机和电话。

⊖ 美国职业棒球大联盟全明星赛之前的一场比赛。

如果不能够接电话，你怎么接收信息呢？

我有一部黑莓手机，你可以收到其他黑莓手机用户发出的短信。也许我还可以想别的办法打国际长途，但我不知道该怎么打。所以我给了前台的那位女士一些好处，用她们那儿的拨号计算机上网，那台计算机太慢了，每次交易我都要花上好几分钟才能完成。就在我执行最后一笔交易订单时，股价已经攀升到了 28 美分。回到帐篷后，我的朋友给我发了一条短信："Spongetech 的股价已经跌到 5 美分了！我该怎么办？"

是同一天吗？

是的，就在我回到帐篷 5 分钟以后。

你是怎么回复你的朋友的？

我之前给他发短信说，我在离开帐篷营地之前会抛掉所有的头寸。当他后来告诉我股价已经跌到 5 美分时，我真的不知道说什么才好。

你在旅行的时候还在跟踪股票的走势吗？

偶尔会关注一下。我对自己的头寸非常满意。

你在收到短信之前，最后一次查看股票价格是在什么时候？

可能是在几天前。

如果你没有收到短信，或者你在完成交易时慢了几分钟，你就会把剩余头寸的几乎所有利润全部回吐掉。

是这样的，那条短信价值 70 万美元。

是什么原因导致了股价的暴跌？

对我来说，这与《股票作手回忆录》中的故事如出一辙。（在这本关于投机的经典著作中，主人公被广泛认为是杰西·利弗莫尔，故事背景设定在充斥着投机商号和市场操纵的金融时代。）内部人士持有 7.5

亿股，两个月前，他们甚至还不能以 1 美分的价格卖出 1 亿股股票。然而，如果他们能够通过广告宣传让股价高于 10 美分，并且让人认为 10 美分的价格是合理的话，他们就可以很轻易地在这个位置卖出全部 7.5 亿股股票。我确信那天发生的就是内部人士的砸盘，股价随之崩溃，而他们却一直在抛，直到抛不动为止。

（2010 年，美国证券交易委员会指控 Spongetech 公司及其高管实施了大规模的拉高出货计划，欺骗投资者，让他们误以为自己买到了一家非常成功的公司的股票。这家公司还欺骗了麦迪逊广场花园和很多职业运动队，让它们为数百万美元的无偿赞助和广告费买单。）

你做空吗？

我从不做空。

你是怎样通过在 2008 年单边做多赚到 100 万美元的？

我觉得旅行对我的交易生涯很有帮助。夏天的市场总是非常难熬，还好假期能够让我度过这个艰难的时期。当我在 2008 年秋天回来的时候，整个世界正在崩溃，而我却精神抖擞，蓄势待发。我的账户规模创下了新高，我有各种各样的股票要留意。我已经做好了抓一波行情的准备，而那些在进行夏天交易的人则完全失去了信心，他们的账户已经亏得惨不忍睹了。

当时的金融股下跌得特别厉害，有触底的迹象，于是我试探性地建了一部分仓位，但我总是无法赢利。我知道我会在某个时刻抓住一波大行情，终于有一天，我发现金融股有一些不同。我在离收盘还有 10 分钟的时候，买入了一揽子金融股。

为什么？

我看到那些股票放量突破了逐步下跌的趋势线。我看到有人在买进，所以我也跟着买进。我买入了大量的股票，然后通过买入大量金融股的两周远期期权来提高杠杆率。我记得收盘之后，我开车去和朋友们打网球，我在广播里听到了关于问题资产救助计划（TARP）的报道（问题资产救助计划允许美国政府从金融机构购买价值 7000 亿美元的非流动性资产）。这是我第一次听到这个词，我知道市场要发生疯狂的事情了。第二天早上，我买入的所有股票全都大幅上涨，有些股票甚至涨了 50%。开盘后不到 5 分钟，我就把前一天买入的所有股票清仓了。那天我赚了 90 万美元，我持有这些股票的时间可能总共只有 15 分钟，前一天持有 10 分钟，第二天早上 5 分钟。（其实，诺伊曼并没有成功抄底，那个位置只不过是短期的相对低点。在接下来的几个月里，市场继续下跌，因此，他能够快速获利是相当幸运的。）

你一开始交易的是低价股。现在你关注哪些股票，我是说能够让你的交易额达到数千万美元的股票？

我仍然关注小盘股。我最喜欢的是市值在 2 亿～ 5 亿美元之间的股票。

为什么呢？

我认为在这个范围之内公司的股价更容易出现大的波动。

考虑到你的账户规模要大得多，你是否还在交易低价股，我的意思是股价低于 1 美元的股票？

当然，有些时候会做一些，这是我最喜欢的交易。

流动性不是问题吗？

哦，我会把一笔订单分成很多笔更小的交易。随着时间的推移，我也会扩大头寸的规模，有时候，我每天都会买入很多。

你怎么离场呢？

如果股价在一笔交易中大幅上涨，市场的情绪就会十分高涨，流动性也会大大增加。当我获利了结的时候，这只股票通常会有充足的流动性。

你能举个最近的低价股交易的例子吗？

在大麻二酚（CBD）在联邦层面合法化（在新农业法案通过之前，它只在个别州是合法的）前大约两个月，我去了得克萨斯州最大的一家饮料商店。我问非酒精饮料部的经理："你们有含有大麻二酚的饮料吗？"他停下脚步说："我们只有一款产品，它前所未有地改变了我的生活。"他当时 60 岁，手臂疼痛的问题一直困扰着他。我们一起交谈了 15 ～ 20 分钟，其间我听到对讲机里有人呼叫他的名字，但是他根本没有理会。他一直在说有多么喜欢这款产品，让我对这款产品很兴奋。这种饮料每小瓶售价 4 美元，我买了一箱。

我回到家开始查找这家饮料公司的资料。公司的股价只有 2 美分，正好位于两年下跌趋势线的顶点。考虑到商店经理对这款产品的青睐，再加上每小瓶售价 4 美元，我认为它的销量会非常好。我有自己的图表买入信号，从长期下跌趋势线处突破。我买的股票数量占公司总股本的 2% ～ 3%，我感觉马上就要涨起来了。

你得了什么病？

我在几年前得了椎间盘突出，每天都在服用萘普生（一种消炎药）。

如此说来，这款含有大麻二酚的饮料很适合你，对吗？

确实如此，但是我不知道这是水的作用还是安慰剂效应。我开始每天待在商店里，就是想看看到底是哪些人在买这款饮料。

你每天都待在商店里，经理会不会觉得你有点奇怪呢？

第一天结束的时候，我告诉了他我来这里的原因。我说我对股票很感兴趣，而且还买了很多和大麻二酚有关的股票，他觉得这很酷。我了解了他很多事情，我还注意到店员也喝这款饮料。

后来这只股票开始上涨，比我几周之前买入的时候上涨了 1000%，股价触及 25 美分。我又去了那家商店，经理冲到我面前，脸色苍白地对我说："我们把这款产品都下架了。有人发现饮料里有东西漂着。"我说："好吧，那你们之后会再卖这款饮料吗？"他说："我们把这款产品从主要的库房都拉走了。我们也不知道还能不能继续销售。"

我马上开车回家。果然，在我前天买的饮料中，漂着一种棕色的物质。在此之前，我还以为我会长期持有这只股票呢。我开始以最快的速度抛售手中的股票，当时市场的流动性非常充足。公司的 CEO 在早上的采访中提到，如果公司今年的销售额超过 100 万美元，可口可乐公司可能会有兴趣收购他们。这只股票当天的交易量大概有 1 亿股，我当时手里有三四百万股，所以我可以在不影响股价的情况下在最高点卖出我的全部头寸。

这么说，你是提前得到了这款饮料会被主要的经销商下架的消息。

是的。我不认为这是内部消息，但它的确是你在外面才能寻找到的消息。

你买的其他大麻二酚概念股表现怎么样？这一家公司出了问题，其他公司也会受到影响吗？

肯定会有影响，因为我把股票全都清仓了，我可能是这些股票最大的散户持有者。

但我仍然对这个领域感兴趣。我去加利福尼亚州待了一个月，让自己成了大麻二酚和四氢大麻酚（THC）方面的专家。我去了每一家上市的零售连锁公司和连锁药房。有一家叫 MedMen 的零售连锁公司，市值有 10 亿美元。我在其旗下一家连锁店待了 45 分钟。店里有 20 个员工，我在店里期间，来了一位顾客。我心想："这些员工每小时可能挣 15 美元或者 20 美元。"这家店位于黄金地段，租金一定很贵。员工们不生产店里卖的产品，这里几乎没什么生意。这样一家公司怎么会值 10 亿美元呢？我没有选择做空是因为我从不做空股票，但我一直在一点点卖出股票。在那次实地考察之后，我把为数不多的股票全部清仓了。后来，我还专门写了一篇关于这只股票的博客。

这只股票后来怎么样了？

在几个月的时间里，它的股价从 6 美元跌到了 2 美元左右。

在我们讨论的这些例子中，你似乎特别关注新产品。这是你的投资方式的一部分吗？

我一直喜欢尝试新产品。有时候，我可以在某些产品还没有面世时就想象它们的应用场景。有一年，我买了一个生物识别扫描仪，它可以连接在我的笔记本电脑上，让我用拇指指纹登录。我记得我一只手拿着扫描仪，另一只手拿着苹果手机，心想："既然是这样，为什么我的手机没有这个功能呢？"几年后，我开始关注奥森科技（AuthenTec），这是一家专注于生物识别传感器的科技公司。当我得到突破下跌趋势的进场信号时，我买了一些股票。随着股价的不断上涨，我又陆续增加了我的头寸。后来，奥森科技与三星公司签订了协议。我当时的反应是："哦，我的天呐。它马上就要起飞了。"我从来没有看到过这么明显的交易机会，我在它身上下了重注。这只股票占我账户的仓位超过了 1/3。

太不可思议了，你居然把超过 1/3 的资金押在了这只股票上面！

是的，我经常这样做。我当时的持仓均价非常低。我就像堆金字塔一样，一点一点增加我的头寸。在与三星的交易宣布两周后，苹果公司收购了奥森科技。那是我职业生涯中唯一一次看到我持有的股票被全部收购。

当你把超过 1/3 的资金都放在一只股票上的时候，你是如何保护自己的？

如果股票的表现不太好，我会像逐渐买进建仓那样分批卖出。

你说的股票表现不佳是什么意思？

这是指股价开始下跌而不是上涨，或者说流动性减少，以及大单都是卖出而不是买进。当我的持股比例占公司整个股本的一定百分比时，我就已经对该股的走势有了相当好的判断。如果股票的走势和预期不一致，我会开始减仓。

***

我们随后就加密货币和诺伊曼在该领域的持仓问题展开了长谈。简短地说，诺伊曼很早就根据图表突破形态做多了，并在 2017 年底股市见顶的那波大幅拉升的过程中保持了重仓。我们接下来的讨论转向了他为什么决定清仓。

***

当你决定离场的时候，市场的整体氛围有没有什么变化？

有的，我把这种变化叫作"高尔夫球场指标"。我通常不和高尔夫球友谈论市场。从我打第一杆开始，有个从来没有做过股票投机交易的 60 岁老人就开始问我关于莱特币（Litecoin）的事情。对我来说，大众都开始了解一种交易是一个明显的信号。当时，我已经交易加密货币有一年多的时间了，我认为是时候开始考虑离场了。

如果你从一笔交易中退出，你是否会考虑在条件合适的情况下重新进场？

对我来说，再次进场是非常容易的事。我对追高买入没有任何疑虑。

哪些书影响了你的交易方式？

我做了一年多的交易，才读了第一本金融书。

哪本书？

《股票作手回忆录》。

这本书对你的交易有影响吗？如果有的话，它又是如何影响你的？

它让我更加坚信我现在所做的一切。当你处于有利的趋势中时，要敢于下重注，反之，当行情不利于你时，你要降低预期。虽然我的交易胜率低于 50%，但是我的表现仍然很好，这是因为我意识到一年里有一两次非常好的机会，我会在这样的机会中加大投入。

你还从这本书中学到了什么？

书中有一段轶事，讲的是有一家报纸报道了杰西·利弗莫尔持有一大笔头寸的事实。受这篇报道的影响，这只股票的价格在第二天开始大幅上涨，而利弗莫尔则利用增加的流动性将手中的头寸全部脱手。当我持有低价股或者小盘股时，我会用这个故事提醒自己，我需要利用增加的流动性让我的头寸从中获利。

你如何定义你的交易方法？

我把交易看作拼图游戏，我会先把四个角拼好。

四个角指什么？

第一个角是指技术分析，你必须选择正确的图表形态。第二个角是指清晰的股权结构。

这是什么意思？

该股只有很少的或者没有期权和认股权证，股数最好低于 2 亿股。

另外两个角是什么？

选对行业，以及找到能够让股票或行业上涨的催化剂或消息。四个角摆放完毕，我就可以继续完成拼图了。

剩下的部分包括哪些内容？

看文件的细节，检查管理层曾经做过什么，试用产品，以及正确构建你的金字塔式头寸。

你遵循的交易原则是什么？

问自己下一个机会在哪里。我总是在寻找下一个大机会。在你从一笔表现不佳的交易中离场后，你总是能够找到机会重新进场。我要寻找的是收益风险比为 10 ∶ 1 的交易机会。

你认为哪些个人品质成就了你？

金融危机过后对戴维·泰柏（David Tepper）的采访是我看过的最好的采访之一［戴维·泰柏是著名的对冲基金公司阿帕卢萨资产管理公司（Appaloosa Management）的创始人］。泰柏打了一个比方，说他就像大迁徙中的角马，想第一个到达山谷去享用新鲜、绿色的草。然而有些时候，如果你到得比较早，可能会遇到狮子的袭击，而混迹于角马群中会更加安全，但吃不到新鲜、绿色的草。他的描述让我深有感触。

是因为你就是他那样的人吗？

他描述了我是如何进入市场的。我想成为第一。即使我有时候被市场打脸，那也没有问题，只要我能够在接下来的交易中抢得先手就行。

其他让你获得成功的品质是什么？

我会很快发现我犯的错误，并马上纠正它。我会从每一次错误中吸取教训。一旦我意识到错误，我就会马上抛售股票，一切就都结束了。我甚至一分钟后就不记得这笔交易了。一笔交易就这样发生、结束，如此反复。我已经习惯这一切了。

***

　　抢先市场一步。有天晚上我在睡梦前想到了这一点，当时我正在整理采访诺伊曼的这一章。我在采访诺伊曼的时候没有意识到这一点，在刚开始听采访录音以及编辑这一章的时候也没有意识到这一点。诺伊曼及其成功的交易生涯和他屡试不爽的方法背后有一个共同点，就是他总是抢先市场一步。当纳斯达克将报价从分数转换成十进制时，诺伊曼利用不同经纪人在报价时的小数点位数的差异获得了短暂的交易机会。

　　在诺伊曼后来采用的交易方法中，他在长期下跌趋势线的突破点位进场交易，这是趋势反转发出的最早的技术信号。当然，这种进场点通常会导致在真正的突破形成之前经历多个假突破。需要再次强调的是，诺伊曼总是能够做到抢先市场一步。如果突破没有持续性，诺伊曼会马上离场，即使在过早进场的情况下，他也能获得一个接近盈亏平衡的结果。

　　诺伊曼一直喜欢在诸如 3D 打印等新领域的早期发展阶段进入市场。由于对新领域的过度宣传会在缺乏基本面支持的情况下导致超买的情况，因此很多新兴产业早期都经历过价格上涨的阶段。在这之后，一旦市场的情绪降温，股价就会经历自由落体般的下跌。有时候这些公司会起死回生，有时候不能。然而，无论市场怎样变化，诺伊曼都会抓住价格上涨的阶段。

　　我演讲中经常会提到一个观点：交易之所以吸引人，是因为它是一种轻松赚大钱的方法。但是这个观点只是我用来说明错误的交易方法的例证。具有讽刺意味的是，这个观点正好描述了诺伊曼开始交易的动机，他也确实赚了大钱！我一直认为大多数人依靠交易发家致富的行为最后都将以失败告终，但是在采访完诺伊曼之后，我不得不承认，显然有例外。

在趋势线突破点或者在预期的、即将到来的趋势线突破点进场是诺伊曼成功的重要原因。当然，就其本身而言，在趋势线突破点买入显然不是交易成功的根本所在。我甚至认为，随着图表分析的广泛流行，假的趋势线突破会越来越普遍，长此以往，这个技术信号很有可能导致净亏损而不是净收益，更不用说取得惊人的收益了。然而，如果你看过诺伊曼的交易明细（采访结束后，诺伊曼在显示器上查阅了一组图表，并向我展示他在哪些位置做了哪些交易），你会情不自禁地被这些交易明细的不可思议之处所震惊。在一张又一张图表中，他的进场点非常接近于长期下跌后产生报复性反弹之前的绝对低点。这些交易看起来不可思议，就好像诺伊曼为下个月的市场走势提前设计好了剧本一样。

那么，诺伊曼是如何使用一种效果遭到质疑的技术信号，却取得令人难以置信的效果的呢？关键是趋势线突破只是他整体策略的一个组成部分。就其本身而言，买入突破趋势线的股票通常是失败的交易。然而，知道在哪些突破点可以买入，正是诺伊曼的交易方法如此有效的原因。诺伊曼的核心交易具有以下特征：

股票价格经历了大幅下跌，或者在接近低点的位置横向盘整。

公司的服务或者产品具有相当大的潜力。

某种催化剂能够促使价格止跌回升。

某只股票属于诺伊曼认定的即将大涨的板块。

他熟悉这种产品，而且经常自己试用。

股票显示复苏的迹象——要么是在长期下跌后突然上涨或横盘整理，要么是在长期相对不活跃后成交量激增，或者两者同时出现。

当大部分（不是全部）特征出现时，诺伊曼就会开始寻找突破点。

因此，在下跌趋势线突破（可以把它想象成为最基本的技术信号之一）后买入这一看似简单的交易，其实是一种复杂的交易，你需要考虑一系列看起来合情合理的因素。

还有一个重要的且与进场交易无关的因素可以解释诺伊曼是如何成功地使用单调的趋势突破方法作为交易信号的。诺伊曼会在他认为股票价格已经准备好上涨的时候买进（例如，在重要的突破的顶点卖出一个大卖单最后的头寸）。如果股票价格在诺伊曼买入之后未能继续上涨，反而开始回落，诺伊曼会马上退出交易。由于是在价格已经至少跟进了一点点的点位进场的，即使这笔交易最终是错误的，诺伊曼也可以做到在不赔不赚的情况下离场。因此，诺伊曼非凡的记录不仅仅是因为他有一个卓越的进场策略——尽管他确实有这种策略，还因为他能够在交易没有达到预期的效果时果断离场。他在离场策略中加入了风险控制，不管他是否有这种初衷。

将诺伊曼的进场技术信号和彼得·勃兰特的技术分析（参见第 1 章）相比较是件有趣的事情。诺伊曼之所以只想在突破下跌趋势线的时候买进，是因为（当进场信号得到确认时）图表形态会给他提供更好的进场价格，而且他也愿意在经历多次假突破后获得更好的进场价格。勃兰特则使用了和诺伊曼完全相反的方法，他认为趋势线突破是不可靠的，所以他尽量避免使用这种方法。勃兰特只会在横向盘整区域被突破之后买入，因为这种走势的可靠性更高，而且还可以设置一个既有意义又距离很近的保护性止损。虽然他们两个人在进场交易信号技术分析上有着截然不同的观点，但他们都很成功。这个经典的例子说明，任何一种交易方法都不会百分之百管用。

我们虽然对诺伊曼和勃兰特的进场交易时机进行了对比，但是值得注意的是，诺伊曼的退出时机却体现了杰森·夏皮罗（参见第 2 章）

所推崇的逆向交易哲学："我试图发现每个人都在做什么，然后做逆向交易，因为所有人都在做同样的交易，所以他们注定会赔钱。"这句话很好地描述了诺伊曼是如何退出交易的。在本次采访谈到的几乎所有重要的交易中，当投资者都在关注某个板块的股票时，诺伊曼选择了离场。请参考以下的例子：

在增加汽油中乙醇含量的法案提交国会的当天，诺伊曼卖出了他持有的乙醇类股票，当时媒体正在铺天盖地地报道与法案有关的新闻。

当 3D 打印类股票受到市场的追捧，成为 CNBC 报道的主题，并且在聊天室广为传播的时候，诺伊曼卖掉了这些股票。

当 Spongetech 的股票在酒吧里成为诺伊曼的那些非股票投资者的朋友的谈资时，他开始抛售这家公司的股票。

诺伊曼用他的"高尔夫球场指标"将手中所有的加密货币变现。

你要坚持你的方法和交易计划，不要被计划外的交易干扰。诺伊曼最大的一笔亏损（按百分比计算）发生在他职业生涯的早期，他背弃了能够为他创造稳定收益的做市策略，冲动地买入了一只靠讲故事实现股价飙升的股票，这笔交易让他的账户资产净值在一天之内蒸发了30%。

让人吃惊的是，从长期的角度来看，诺伊曼成功的交易中有很多笔是完全错误的。3D 打印类股票和 Organovo 的股票回吐了前期的全部涨幅，最终甚至下跌到诺伊曼第一次买入时的水平之下。Spongetech 的股票被证明是一个骗局，这只股票其实一文不值。最重要的不是一只股票的长期走势，而是当你持有时它的走势。诺伊曼的进场和离场方法可以保护他不承受重大的损失，还能让他获得意外的收益。成功的交易在于熟练的资金管理（通过进场和离场的方法体现出来），而不在于预测市场。

诺伊曼的很多笔交易看起来纯粹是靠运气。例如，因为店员告诉他某种饮料含有杂质，所以他在大麻二酚类股票接近高点的时候全部脱手。但是仔细一想，诺伊曼的运气都是他靠努力挣来的。正是因为他的实地调查和对这种饮料在当地商店的销售状况进行持续的监控，他才能够在商店里获得有价值的消息。他在肯尼亚徒步旅行时收到了来自黑莓手机发送的短信，在 Spongetech 股价于当天创下新高时清仓了所有的股票，这不得不说是一种非同寻常的运气。但正是因为诺伊曼拥有正确的直觉，在市场近乎疯狂地买入这只股票的时候全身而退，才使得这条消息发挥了应有的作用。

Spongetech 的交易还完美诠释了《对冲基金怪杰》[⊖]中提到的一个交易原则："不论你是处于兴奋还是恐慌中，都要分批减仓。上涨或者下跌过程中的抛物线式的价格走势往往会让当前的趋势戛然而止。如果你有幸遇到一只股价几乎垂直运动的股票，那么请在趋势还在继续的时候分批卖出。如果你不幸做错了方向，那么这种走势是你减仓的绝佳机会。"

读过《彼得·林奇的成功投资》[⊖]这本书的读者应该会发现，本次采访的某些部分与林奇的核心思想产生了共鸣。具体来说，诺伊曼尝试新产品和实地走访商店收集消费数据的习惯对他的交易成功来说是不可或缺的，同时也是他能够进行一些好的交易的根本原因，无论是买进还是卖出。诺伊曼是林奇"投资你所知道的"哲学的活生生的例子。同时，诺伊曼还专注于寻找有潜力成为林奇所说的"十倍股"的交易标的，即股价上涨 10 倍的股票。

当诺伊曼对一笔交易拥有十足的把握时，他敢于下重注。例如，

⊖⊖　本书中文版已由机械工业出版社出版。

在奥森科技这笔交易中，他把账户的 1/3 到一半的资金投入到这只股票上面。诺伊曼因为高度自信而持有的激进头寸，是他取得高复合收益率的重要原因。然而，诺伊曼的交易风格的这种独到之处需要交易员格外谨慎，对大多数交易员来说，试图效仿这种做法是非常危险的。敢于下重注之所以对诺伊曼来说是有效的，原因有三：第一，他在自己把握十足的交易上成功率颇高。第二，他会把账户中 1/3 的资金重仓一只股票或者某一个行业板块，这使得他的平均入市价格要低得多，从而在股票下跌时为他提供了巨大的缓冲。第三，也许是最重要的一点，如果股票开始下跌或者出现其他与预期不符的迹象，他会非常迅速地清仓或者分批减仓。除非有他这样的能力，否则持有巨大的头寸将是非常危险的事情，会将交易者完全暴露在足以关闭账户的风险中。

第 8 章

克里斯·卡米洛

自成一派的交易者

纵观整个市场分析的历史，分析方法包括基本面分析、技术分析，以及两种方法的相互结合。然而，克里斯·卡米洛（Chris Camillo）既不使用基本面分析，也不使用技术分析。他的方法只有在将数据处理能力和社交媒体融合在一起的现代社会才能够发挥作用。卡米洛实际上创造了一种全新的市场分析和交易方法。他将这种方法称为"社交套利"。

卡米洛的交易方法是通过观察日常生活中的社会趋势和文化变迁而发展起来的。为了发现更多趋势，他成立了 TickerTags 公司，该公司的软件可以监控社交媒体上面针对具体股票的关键词（卡米洛称之为"标签"）。卡米洛描述了他在解释其方法论时得到的令人困惑的反馈。人们会对他说："你的意思是说你不关注市盈率，也不关注公司的管理层，更不关注价格波动。"他的回复是："我只看标签。"

卡米洛的交易生涯就像两座岛屿，其中一座是遍布崎岖道路和岩石的不毛之地，另外一座是让人陶醉的热带天堂，两座岛屿之间隔着一条宽阔的海峡。除了卡米洛十几岁时的第一笔交易，这在后面的访谈中会聊到，他早期在交易上的尝试都以惨败收场。他在那几年试过很多种方法，但都不成功，他投入的资金逐渐消耗殆尽（幸运的是，因为他收入不高，所以他并没有亏太多钱）。在阔别市场 10 年之后，卡米洛于 2006 年再度开启了他的交易生涯，与之前的交易结果形成鲜明对比的是，他这次取得了巨大的成功。在恢复交易后的将近 14 年里，卡米洛的平均年复合收益率达到了 68%，他最初投入的 83 000 美元变成了 2100 万美元，其中包括他的净现金提款。

我与卡米洛初次见面前，他发了一封电子邮件给我，说希望与我见面，就一件他拿不定主意的事情征求我的意见。我回复说，如果他能够坐飞机到博尔德和我见面，而不是打电话，我会很乐意。我们在当地一家我很喜欢的名为 Buff 的餐厅吃了很长时间的早午餐。虽然卡米洛的主要工作是交易，但他对电影的兴趣由来已久，这可以追溯到他上大学时写的一个未拍成电影的剧本。目前，他在 YouTube 上制作了一档名叫"傻钱"（Dumb Money）的系列节目，该档节目主要由短视频组成，讲述的是他和几个朋友投资地方企业的故事。卡米洛解释说，如果有一天他想明白如何运营这档节目，他希望能够拍一部关于交易的电影。他想知道我是否愿意参加电影的拍摄（这部电影的具体拍摄方式还没有确定），以及我对这部电影有没有具体的建议。我告诉卡米洛，我认为这个想法很难执行，因为准确描述交易和制作一部吸引人的电影几乎是不可能同时实现的。卡米洛自己也没有搞清楚，但是他正在认真考虑这个问题。

在我和卡米洛见面的时候，我决定再写一本新书，这个想法在我和卡米洛第一次电子邮件沟通时还没有成形。由于他那封毛遂自荐的电子邮件，我认为卡米洛是这本书比较理想的候选人，所以我告诉他，如果他对这本书有兴趣的话，请寄给我他的月度报表作为参考。当我们在博尔德见面时，我已经决定要为这本书采访卡米洛了。鉴于此，我竭力避免在闲谈时涉及与交易有关的话题，因为我想把这些内容完整地保留到正式的采访中。

我和卡米洛第一次见面时就知道他是个非常健谈的人，加上采访会涉及大量内容，所以我为本次采访预留了 8 个小时的时间。为了提高效率，我把采访安排在了我暂留奥斯汀的那一天（卡米洛住在达拉斯）。然而，我那天早上到达奥斯汀机场时，发现要乘坐的航班由于雷暴天气被取消了，当天下午晚些时候的其他航班也是如此。我只能租一辆车，然后在持续不断的大雨和由天气引起的交通堵塞中行驶了 4 个小时。我对有些交易员的采访总是不能有效地进入正题，而有些对话却进行得非常顺利。考虑到航班取消和疲劳驾驶带来的精神压力，我很庆幸对卡米洛的采访能够以后一种方式进行。

我在卡米洛家后院一处可以避雨的地方采访了他。随后，我们又在他所属的一家俱乐部里边吃晚餐边交谈。为了不影响采访的录音效果，餐厅安排我们在酒窖里单独进餐，我对此深表感激。

***

你开始关注市场的原因是什么？

我哥哥是股票经纪人。一个人总是会对比他年长的兄长尊敬有加，所以，我猜这就是我了解交易的原因。不过，我直到十二三岁才对交易产生了兴趣（他大声笑了起来）。我一直在关注知识套利，从某种程度上来说，我在很小的时候就开始做知识套利了。

知识套利是什么意思？

当我还是个 12 岁的孩子时，我迷上了车库甩卖。我每个周三和周四都会分析报纸上刊登的车库甩卖信息。如果时间充裕的话，我会在活动开始前询问各个商家他们在卖什么商品。我希望找到一些可以转卖的东西，并找到对特定商品感兴趣的买家。我认识一个专门收集旧扇子的人，我还认识一个对旧手表感兴趣的家伙。

你是如何找到这些只对特定商品感兴趣的人的？

我会去古玩城和跳蚤市场找那些对特定商品感兴趣并愿意出高价购买的人。那个时候还没有 eBay[⊖]。

你如何评估入手的东西的质量？如果你买到一块古董表，你如何判断它不是一件赝品呢？

我也说不清楚我是怎么弄明白的。车库甩卖和房地产销售的卖家几乎都是年龄较大的女性，她们对服装、家具、瓷器和古董等物品的了解程度很高，但是对手表、老款玩具火车等面向男性的物品却知之甚少，任何与男性有关的商品只是标个价就处理掉了。正是因为卖家认为这些东西一文不值，所以我才能够在这些被错误定价的东西中淘到宝贝。不过，我会找到对这些特殊商品感兴趣的人。我在达拉斯做了几年，几乎到了痴迷的程度。我找到了这一行的发财之道，但是我不知道你怎么称呼这个行当，寻宝还是知识套利。

只有十几岁的你是怎么参加这些车库甩卖活动的？

我骑自行车或者坐公共汽车去活动现场。

你赚了多少钱？

有的时候我一无所获，但是运气好的时候，我能够赚到一两百美元，这就是我当时的生活。此外，我还做过汽车保养的生意。我是一个具有创业精神的人，虽然只有十几岁，但是拥有 30 岁的心智。我没

⊖　知名网上购物网站。

有做任何孩子应该做的事情。我高中毕业时的成绩在全班排名倒数，不是因为我不如其他的孩子聪明，而是因为我很难把精力集中在我不感兴趣的事情上。我当时对学习不感兴趣，只对赚钱感兴趣。如果是今天，我可能已经被诊断出患有注意力缺陷障碍（ADD），而且还要接受治疗。还好，他们当时没有送我去看病。

你是如何从车库甩卖套利转向做交易的？

在去车库甩卖之前的每个周五和周六，我都会在 7-11 便利店买一瓶柠檬味的斯奈普（Snapple）饮料，那里总是有两个装满斯奈普饮料的冰箱。一天早晨，我和往常一样来到店里，却发现只有半个冰箱的斯奈普饮料，而且我喜欢的口味也没有了。我问店员发生了什么事情，他解释说，现在提供的斯奈普饮料品种有限，因为市场上出现了新的竞争对手，比如亚利桑那（Arizona）。

那天我回到家把这件事告诉了我的哥哥。我问他："有没有什么办法能让我从中赚钱？"他说："有的，我们可以买入看跌期权做空斯奈普。"他告诉我距离斯奈普发布收益报告还有一周的时间，并且向我解释了期权的交易原理。我让他给我买了 300 美元的看跌期权，一周之后，斯奈普宣布他们正在增加渠道的库存，不过我当时还不明白这意味着什么。但是我在 7-11 便利店的洞察是正确的，我在这笔交易中赚了三倍的钱。这对于我来说很奇妙，从那时起，我就被交易深深吸引住了。

你那个时候多大了？

大概 14 岁。

你能够理解你哥哥对期权的解释吗？

能理解。我只是当时还不知道我发现的这个方法有多么强大。我还没有意识到我在这笔交易上的策略最终会成为我整个投资生涯中所沿用的方法。实际上，我是在很多年之后才总结出这种交易方法的。

我想讲讲我在高中和刚上大学时候的交易经历。那个时候我的表现非常糟糕。我阅读了很多交易方面的书，交易方法也随之一变再变。例如，我读过一本关于亨特兄弟垄断白银市场的书，具体的书名记不起来了，在此后的一段时间里，我对大宗商品非常痴迷。距离我家几英里⊖的地方有一家商店，在那里可以买到银器。我在那里买了 100 盎司的银条，然后每天都会根据报纸刊登的信息绘制银价的走势图。大约五个月后，我终于意识到我在大宗商品市场上根本赚不到钱（他大声笑了起来）。

哪些关于市场的书对你的交易产生了影响？

我这些年读了很多关于市场的书，但只有《彼得·林奇的成功投资》这本书对我产生了重要的影响。

实际上，你做空斯奈普的交易就是这本书的主题的完美典范。

确实如此。这本书引起了我的共鸣，并且对我思考如何成功投资产生了重要影响。我意识到成功做空斯奈普的那笔交易绝非偶然，我对自己充满了信心。如果没有读过林奇的那本书，我现在可能会想："你不可能仅仅通过逛一家商店就打败华尔街最聪明的大脑。"我对基本面分析和技术分析没有兴趣。虽然基本面分析对我来说是有意义的，但是它与我没有任何联系，我觉得它很无聊。我发现有很多聪明的人在做基本面分析，但是我知道我永远也不会为了做得比其他人好而花大量的时间在这上面。

你从林奇的书中总结出什么经验教训？

对我来说，中心思想是在你的日常生活中寻找投资机会。

你是什么时候开立账户的？

我上大学的时候在富达（Fidelity）开立了一个账户。那个时候大

⊖　1 英里 =1.609344 千米。

学里有了彭博终端，但是没有人知道怎么用。我阅读了使用手册，学会了如何操作终端。由于我当时没有太多的资金，所以我做了很多笔期权交易，我发现我能够在有限的资源上获得真正回报的唯一方法就是使用期权。我几乎每次都在做虚值高风险期权交易。我追求的是 20 倍的高额利润，但是我几乎每笔交易都会赔钱。

你从哪里获得交易的资金？

我继续在周末做我的汽车保养生意，赚了不少钱。此外，我还在富达找到了一份全职共同基金交易员的工作，但这份工作远没有听起来那么令人兴奋。我的工作就是接听电话，为客户提供共同基金报价。

你除了一份全职工作，还在做汽车保养生意，那你还有时间学习吗？

我发现我越忙，我越能把每件事都做好。我对上大学没有兴趣，我追求的仅仅是完成我的学业而已。我经常翘课去地下室用付费电话做按键式交易。在输入期权代码之后，计算机程序会读取我输入的期权符号。这是一个非常缓慢的过程，有时候我要花 15 ～ 20 分钟才能完成一笔交易。

我记得你在富达做全职工作，你有时间下这些订单吗？

我在富达的工作在市场收盘之后。

你的交易账户规模有多大？

我的账户规模非常小，因为我几乎每笔交易都在赔钱（他笑着说）。

你有赢利的交易吗？

有一些，但是我记不清楚了。我只知道我投资的每一分钱都赔光了。

也就是说，你在生活中赚钱，在投资中赔钱。

是的，我把钱都赔光了。

具有讽刺意味的是，你的第一笔交易做得非常好，然后你就一直亏损。

我的第一笔交易让我迷上了交易，然后我在几年的时间里以不同的方式持续亏损。我发现我很难从现有的技术中总结出更好的交易方法。在此期间，我对投资失去了兴趣。

我对这并不感到惊讶。不过显然，你在某种程度上又重拾了对市场的兴趣。你是什么时候重新开始交易的，你这么做的动力又是什么？

我大概是在十年之后才重新开始交易的。我当时在一家市场研究公司工作，一切都很顺利，但是，我的财务需求比我的工作提供的收入要多得多。所以，我又重新开始做交易。我那个时候没什么积蓄，我记得我开始交易的时候账户里大概有 8 万美元。

鉴于你之前的交易亏多赚少，是什么让你认为交易是一种赚钱的途径呢？

我知道这里面有机会，只是我还没有弄明白而已。我不知道是什么又让我回到了交易领域，也许是潜意识吧，我首先想到的就是这种方式。此外，我从事过市场研究工作，这可能会对我有所帮助。我管理着世界上最大的咨询公司里的整个咨询部门。（市场研究咨询公司从其庞大的受访者群体中选择一个样本，以匹配调查所需的目标受众群体。）

我看过大量的研究资料，意识到市场研究并没有你想的那么准确。人们虽然嘴上说要做某些事情，但实际上他们根本不会去做。例如，当新款苹果手机上市前，你问人们这样一个问题："你会买一部没有键盘的手机吗？"受访者通常会说："不，我永远都不会买没有键盘的手机。"我看到过太多的人做着口不对心的事情，所以我对市场研究这个行业彻底失去了信心。而且，这个行业的项目推进速度很缓慢。

这听起来更像是准确性的问题，而不是速度快慢的问题。

推进速度确实很慢。当一家公司想要进行研究时，它必须提交相应的主题，然后聘请第三方公司准备问题，这个流程大概需要数周的时间，之后这些问题才会交给咨询公司。当你完成所有的工作时，你在分析结果上面已经花费了六七周的时间了。我知道这么做的效率非常低。当我再次开启交易生涯时，我用的还是最初的基于观察的投资方法。我也不知道我是运气好还是领悟到了什么，总之，在那几年里，我做的每一笔交易几乎都是赚钱的。

举几个例子吧。

这是彼得·林奇式的投资，典型的例子当属芝乐坊（Cheesecake Factory）和美国知名中餐连锁品牌华馆（P.F.Chang's）。如果你是华尔街的交易员，你是无法掌握芝乐坊和华馆的第一手资料的。虽然你可以读到一些关于它们的报道，但是你绝对理解不了这些连锁餐厅对于美国中部地区意味着什么。我拥有的一个巨大优势就是我住在得克萨斯州，根据我掌握的第一手资料，我可以告诉你它们就是现象级的餐厅，是游戏规则的颠覆者。你可能会第一次遇到在非休息日还要排几个小时的队才能就餐的餐厅。这里有太多的人从来没有吃过中餐。

是因为在这些餐馆要排长队吗？

这并不像华尔街因为地域歧视或者其他偏见对某些事情视而不见一样明显。人们有时会说："我敢说你的方法对小公司行得通，但是对大公司就未必有效了。"这种说法是不对的。由于一种很少有人意识到的偏见，我在第一代苹果手机问世的时候就交易了苹果公司的股票。

第一代苹果手机最初只由美国电话电报公司（AT&T）发售。当时AT&T在曼哈顿的网络系统出了名地糟糕，几乎处于瘫痪状态，虽然没有人谈论这个事实，但这是苹果手机上市后第一年在金融圈的普及程度远远落后于其他领域的主要原因。更重要的是，出于企业通信的需要，金融行业已经被黑莓牢牢地掌控了。我很早就注意到了这种情况。我的一位在纽约的朋友一说起苹果手机，第一反应就是："我们这里用不了苹果手机，因为它用的是 AT&T 的网络。"

我永远也不会忘记苹果手机上市第一天时的盛况。那是在一个派对上，我清楚地记得第一个人向我展示苹果手机的情景，我随后又看到了 25 个人的反应。我当时就知道这款手机一定会非常火，而我却不会成为拥有苹果手机的人。我甚至从来没有用过苹果的产品。

我对自己回归交易领域第一年的优异表现感到震惊，说实话，我不知道这是不是因为我的运气好。我当时已经在提供投资组合追踪服务的在线投资平台 Covestor 上注册了账户。有一段时间，我是 Covestor 大约 3 万个账户中的头号交易员。直到那个时候，我才发现自己确实发现了什么。我曾经不止一次告诉我的同事："在将来的某一天，我在经纪账户上的收入将比我现在工作挣得更多。"我的工资最高时刚超过每年 20 万美元，而我的账户当时只有 10 万美元，但是这个数字增长得非常快。我当时一直希望将账户的资产做到 100 万美元，没过多久我的账户规模就达到了 100 万美元，这比我工作挣的钱还要多。我在这个时候选择了辞职。

你辞职是为了做全职交易吗？

是的，这对我来说有风险，我将在以后的日子里与之相伴。回顾过去，我认为我回归交易后取得成功的一个重要原因是我能够不受外界噪声的干扰并保持耐心。我不属于业内，交易并不是我的本职工作，我也没有任何交易压力。我可以六个月不做交易，不用向任何人汇报。我过去几年最大的失误在于频繁交易。如果我坚持自己看好的交易，我相信我账户里的资金将是今天的十倍。我的方法在我识别出重要的、在监测之外的信息时最有效，它能够让我对交易拥有足够的信心。不过，这种情况并不会经常出现。我很难做到为了等待一笔高胜率的交易而在接下来的三个月里不做任何交易。

你能详细说明你识别高胜率的交易的方法吗？

我把我做的一切称为"社交套利"。"社交"这个词对我来说并没有金融方面的含义。我的交易依赖于我提前识别出监测之外的信息的能力，这些信息要么没有被发现，要么没有得到投资者足够的重视。在某些方面，我的关注点与我在从事车库甩卖那些年的关注点完全相反。我在车库甩卖活动中买东西时，总是将注意力集中在那些被女性卖家错误定价的男性商品上面。我很快意识到，华尔街的很多偏见为我提供了机会，它们能够让我识别出哪些信息是针对女性的，哪些是针对年轻人的，以及哪些是针对农村地区的。我不是说我的方法完全依赖于这些领域，但在我从事车库甩卖交易的头几年，我的关注点确实在这些领域。我专注于时尚和流行文化，这些都是典型的华尔街交易员或者基金经理完全不会关注的东西。

你是如何发现交易机会的？

我认为这是对大脑的再训练。你仍然过着正常的生活，但是你在以一种非常不同的方式观察生活。每当我发现任何具有潜在意义的东西时，我都会继续进行更多的研究。例如，2013 年，当温迪汉堡（Wendy's）宣布推出椒盐脆饼培根芝士汉堡时，我会出去做尽可能多的观察。我和温迪汉堡的十几家分店的经理都有过交流。我问他们在温迪汉堡工作了多少年，这款产品与过去的季节性产品相比有哪些不同。我每一次得到的回答都是一样的："我们以前从未见过这样的产品。"我还和顾客就此进行了交流。

你只是统计了达拉斯的消费者情绪。你怎么知道这种情绪代表了全国消费者的反应呢？

达拉斯的神奇之处在于，它可能是美国最具代表性的市场之一。除此之外，我还关注各种谈论快餐的在线聊天网站。我知道这听起来很疯狂，但这些网站确实存在。这是一笔华尔街完全错过的伟大交易。每一家快餐连锁店都会在春季推出自己的季节性产品，一般来说，这些产品总是会不断更新，不会引起人们的关注。然而，这款新上市的汉堡却改变了整个公司的发展方向。由于这种影响以前从未发生过，所以跟踪股票的人不会关注这只股票。

在你的职业生涯中，有没有让你感到痛苦的交易？

具有讽刺意味的是，我最后悔的交易也是我最赚钱的交易。很多年前的一个寒冬，我发现很多消费者在购买安德玛（Under Armour）的ColdGear保暖运动内衣，而这一现象则完全被华尔街忽视了。

我喜欢越野滑雪，我在20世纪70年代买过巴塔哥尼亚（Patagonia）等品牌的内衣。这些品牌的产品和ColdGear有什么不同吗？

安德玛的产品是面向大众的。这款产品的受众比任何一家公司的产品都要广泛。

你是如何发现消费者的这种购买趋势的？

我是在社交媒体上发现这个趋势的。我每天晚上都会跟踪大量的关键词。我当时跟踪的关键词就包括ColdGear、Under Armour等。我会衡量有我所跟踪的关键词的会话数量，如果我发现有某个关键词的会话数量明显增加，我就认为这是潜在机会的第一个信号。我每天只花四个小时做研究和分析，可一旦我发现像安德玛这样的机会，我就会每天花上14～15个小时进行尽职调查，这个过程通常会持续几天甚至几周的时间。

你说的尽职调查具体指的是什么？

我会尽量收集和交易有关的每一个数据，并从一种假设开始进入正题。在安德玛这个案例中，我的假设是 ColdGear 产品的销量非常好。然后，我会对假设进行验证。我走访了商店的经理和顾客，并且在网上搜索每一条和我的假设相关的信息。我核实过的每一条信息都充分证实了假设。这是我做过的最大的交易之一。当我对交易拥有绝对的把握时，我的成功率会达到 95% 以上。然而，即使我拥有绝对的把握，我也不一定能在交易中赚钱，因为这里面还存在不确定因素。

为什么说这是你最后悔的交易？

就在安德玛公布业绩的前几天，露露乐蒙（LuLulemon）公布了业绩，这对于我来说简直就是一场灾难。

安德玛和露露乐蒙有关系吗？

当时，这两家公司之间的关系非常密切，所以当露露乐蒙的股价在赢利之后获得实质性突破时，安德玛的压力可想而知。

我想这个案例就是所谓的外部因素。

是的。后来，一家在业内口碑颇佳的研究公司发布了一份看跌安德玛的报告，预计其收益为负，而当时安德玛是我有史以来最大的头寸之一。一周前，我在这笔交易上的胜率是 98%，在这次事件之后，我的胜率已经下降到了 60% 左右。

那么，你做了什么呢？

出于恐惧和自我质疑，我抛售了大约 2/3 的头寸。

你的头寸有多大？

这部分头寸是我资产净值的 8% ~ 10%。但是，我的头寸都是期权，所以，如果股票的收盘价低于期权的执行价格，我可能会损失全部资金。这对我来说是笔不小的交易，我可不想在一天之内就赔光所有的钱。

你经常用期权建立头寸吗？

当流动性十分充足且期权价格合理时，我会这样做。

有多少交易满足这些条件？

大约 50%。

我想你是用期权来撬动交易的，对吗？

是的。

你使用的是虚值期权、平价期权，还是实值期权？

我以前更倾向于使用虚值期权。然而，随着我的投资组合规模越来越大，我用得较多的是平价期权和实值期权。如果是一笔高胜率的交易，我偶尔也会投资虚值期权。

你在单笔交易中会动用账户资产净值的百分之多少？

在一笔高胜率的交易中，这个百分比大概是 5% ~ 15%，因为我知道即使股票的价格没有下跌太多，我也可能损失全部的资金。

你的期权头寸的期限是多久？

我会试图预测信息传播事件的内容，一般来说是预测业绩报告。如今，华尔街通过信用卡数据或其他数据能够更快地识别监管之外的信息，这让其变得更加聪明，也让我在业绩报告公布之前就能够获得很多关于交易的信息。因此，我有时会买入在业绩报告公布日期之前到期的期权以节省期权费。在这种情况下，我希望市场能够验证我在业绩报告公布之前的预测。

你剩下的 1/3 头寸表现如何？

安德玛的业绩报告和我最初的预期一致，ColdGear 产品的销量非常惊人，我不记得股价到底上涨了多少，可能接近 20%。算上之前我平仓的 2/3 头寸的亏损，我仍然在这笔交易上赚了很多钱。我要是一直持有这些头寸就更好了。

你最终还是赚了很多钱。你为什么说这是一笔痛苦的交易呢？

因为我在判断完全正确的情况下产生了动摇。我对自己的抛售行为非常后悔。

这件事让你做出了哪些改变？

它告诉我信心才是交易的核心，我不应该让外在的因素动摇我的信心。我知道我应该做什么，但是怎么做又是另外一回事儿。我曾经对市场有过这样的想法："市场肯定知道一些我不知道的东西。"这也是我一直想摆脱的想法。在安德玛的交易结束后，我在离场时告诉自己："永远不要因为你觉得他们知道一些你不知道的东西而退出交易。"

这个经验是否在后续的交易中得到了体现？

绝对有体现。几年前推出《怪奇物语》时的奈飞（Netflix）就是一个很好的例子。奈飞是世界上最受关注的公司之一，华尔街的精英们时刻都在关注它的动向。每当奈飞推出一档新节目时，我都会通过衡量社交媒体的会话数量来观察人们对节目感兴趣的程度。华尔街如何对待奈飞的股票完全取决于节目的收视率。有一家公司曾为奈飞提供了尼尔森调查公司风格的收视率报告。可问题在于，奈飞的每一部顶级剧集的观众人数都大致相同，这种统计没有任何意义。

当奈飞推出《怪奇物语》时，所有人都知道这是一部热播剧，这一点本身不具备任何有用的信息。此外，在奈飞上热播并不意味着什么，因为奈飞的热播剧实在是太多了。真正的问题在于《怪奇物语》是否能够成为特例。我衡量了有"怪奇物语"这个词的会话数量，然后将其与奈飞在之前五年里制作的五部顶级剧集进行了比较。我发现，这五部顶级剧集的会话数量在第一周达到了顶峰，随后回落到之前的水平。而《怪奇物语》的不同之处在于：它的会话数量在第一周达到顶峰，然后在接下来的几周里趋于稳定。把这部剧集播出后 60 天的会话数量加起来，数字是第二高热播剧的三倍。

这笔交易的有趣之处在于，几乎所有的分析师都预测奈飞的季报将会非常糟糕，到处都是关于奈飞的负面消息，这让我想起了几年前的那笔安德玛的交易。这种情况让我感到紧张，但是我并没有因此受到影响。我在奈飞上下了重注，并且坚定持有。为了给这笔交易打上高胜率交易的烙印，我甚至在奈飞上写了一篇文章。

奈飞的业绩远超预期，公司把财报的强劲表现归功于《怪奇物语》的巨大影响。虽然每个人都知道这是一部热播剧；但是他们没有意识到《怪奇物语》和过去所有的热播剧都不一样，而我却知道它的不同之处。这是我最赚钱的交易之一。

你有没有错过交易机会的经历？

2008 年美国总统大选后不久，米歇尔·奥巴马在杰·雷诺的《今夜秀》（*Tonight Show*）上穿了一条 J.Crew 的连衣裙。我正好看了这期节目，这是 J.Crew 十年来最具决定性的时刻之一。这期节目之后，米歇尔·奥巴马登上了几乎所有八卦小报和时尚杂志的封面。从那以后，非裔美国人彻底接受了 J.Crew 品牌。而我却完全错过了那次交易。

但是你当时看了这期节目，你应该意识到这是一个机会。

说实话，我确实没有意识到。我虽然看了节目，但我没有观察到这个细节。这件事对我的影响太大了，所以我去 eBay 买了那条裙子。这条裙子就在我的衣柜里，我可以拿给你看看。

你为什么要买那条裙子？你是想让它提醒你那笔错过的交易吗？

是的。我想让它提醒我每天错过了多少机会。错失那笔交易让我意识到，我运用的方法让我错过了十几笔交易。

这对你有什么影响吗？

我知道我必须找到一个更好的途径来运用我的方法。我需要收集更多的数据，我得想办法拓宽我的信息来源。虽然目前的方法让我运用起来得心应手，但是我想："如果我错过了 10 笔，甚至 100 多笔交易，那么我要错过多少机会啊！"

是什么原因让你错过了那笔交易？

从理论上来讲，我的方法很简单，任何人都可以做到，但是想要做好不是一件容易的事情。当你看到股价大幅波动时，这种波动肯定是有原因的。大多数情况下，股价波动是因为市场对公司的服务或者产品的需求出现了变化。有没有办法提前发现这种变化呢？我知道机会就摆在那里，但是我不知道该如何抓住更多的机会。我抓住的机会都是随机的，而且是根据我身处哪里、我在某个时刻看到了什么所决定的。

我的一位好朋友有一对双胞胎，他的妻子在脸书（Facebook）上发帖子写道："我的这对双胞胎自打出生以来第一次没有哭闹。我还以为发生了什么意外。我跑到游戏室，发现他们正在盯着电视看《火车宝宝》（Chuggington）。这部动画片成了我的救星。"随后，其他的妈妈们开始发帖说她们的宝宝是如何痴迷于这部动画片的。假设你是一个组合基金经理，你从朋友的妻子那里看到这篇文章，你会做些什么吗？也许你只是看上一眼，就继续做其他的事情了。我对自己停下来思考《火车宝宝》是什么感到自豪。我在谷歌上搜索了《火车宝宝》，发现它是由欧洲的一家小公司制作的，而这家公司碰巧又是上市公司。我意识到，由于这部动画片在美国很受欢迎，该公司可能会获得一些更好的授权协议。我投资了这家公司，大约四个月后，股价上涨了 50%。

我那天的状态非常好，但即使在那一天，我也不知道自己错过了多少类似的机会。所以在接下来的几年里，我一直在思考如何扩大我的方法的应用范围。我觉得如果我能够成功，我可以用该方法成立对冲基金，或者把它卖给华尔街，再或者两者兼而有之。最终，我的两个想法都实现了。

你的方法是怎样解决错失大多数从理论上可行的交易机会这个问题的？

继续在推特和脸书上搜寻我认为正在发生的事情是非常低效的。我想："从另一个角度来看，我是否可以构建关键词，让它们代表对上市公司有意义的东西呢？"这些关键词将包括每一家重要的上市公司、每一位 CEO、每一种产品、每一个品牌、每一项技术、每一项文化运动，以及可能影响一家公司的每一项政府法规。从本质上说，我需要找到所有可能对公司产生影响的事物的名称，这些事物可能会被人们谈论或者记录下来。我把这些关键词称为"股票标签"。

整理这些潜在的有意义的关键词似乎是一项巨大的工作。你怎么可能做那么多的工作？

我有一个合作伙伴，他是一位才华横溢的计算机科学家，我们从当地的大学雇用了 40 名学生来创建这些标签。他们创建了 25 万个标签，我们的想法是将这些标签与推特和脸书等社交媒体公司授权的非结构化数据相结合，这样我们就可以监测这些标签在这些社交网络上被实时提及的相对频率。例如，我可以告诉你有多少人在当前这款苹果手机发布前的三周内谈论过购买苹果手机，以及上一款苹果手机的这一数据。

你是如何为这个项目筹集资金的？

我从我的交易利润中拿出 100 万美元成立了 TickerTags 公司，然后又筹集了几百万美元。

这些标签的价值不是取决于把它们组合在一起的人的能力吗？你怎么知道这 40 名学生能够准确地完成任务？

我教他们如何为一家公司创建标签。每个学生都有一份公司名单，他们要对这份名单上的每一家公司进行研究，研究他们的季度报告，寻找与公司有关的新闻文章，所有的工作都以确定该公司的价格驱动因素为最终目标。他们会把所有能够对公司产生影响的关键词做成标签。例如，"椒盐脆饼培根芝士汉堡"就是温迪汉堡的标签。

我们最终得到了超过 100 万个标签，对应的公司超过 2000 家。我们可以识别异常的会话，并根据特定的基准，判断人们对由这些标签组成的话题的兴趣是大还是小并判断与去年相比，这个基准是属于一家公司，还是属于其竞争对手。会话数量在任何时候都会围绕一个具体的主题，而我们的系统将会识别它。我相信这是我的终极目标，也是我用自己的方法奋斗的巅峰。我认为我们已经为华尔街打造了最有影响力的机构数据产品。

你能给我举个例子说明 TickerTags 是如何帮助你识别之前会错过的交易的吗？

通过 TickerTags，我们可以提前发现目标。La Croix 就是一个完美的例子。你熟悉 La Croix 吗？

我和我的妻子可没少买。

我们在很早以前就发现人们关于它的会话在快速增加。人们谈论的不只是 La Croix，还包括瓶装水这个细分市场。我们在华尔街意识到这个交易机会好几年之前，就已经发现消费者行为出现了变化。我是国家饮料公司（National Beverage Corporation）早期的投资人，这家位于佛罗里达州的公司专门生产 La Croix，这款产品几乎贡献了其大部分的收入。可以说，国家饮料公司的业务非常单一。

我所做的一切都是为了及早发现变化。是的，就是这样。我一直知道，华尔街需要的就是一种能够及早捕捉到变化的技术。你最早能够捕捉到这种变化是什么时候？当然是人们在谈论某件事的时候。我们能够很早就意识到整个社会从碳酸饮料向气泡水的转变，而 La Croix 正好是文化变迁发生时出现的品牌。我喜欢及早发现变化。在国家饮料公司上的交易是我运用及早发现文化变迁做的最为纯粹的一笔交易，文化变迁会对某家特定的公司产生正面的影响，而对其他公司产生负面的影响。

信息领域始于社交，人们在线上或线下相互交谈，然后信息就会进入非金融媒体。接下来，金融媒体就会关注信息并且进行报道。最后，所有这些都会反映到公司的收益报表上。

华尔街现在可以获取过去从未拥有的数据，比如信用卡交易数据。信用卡交易数据显示了人们在收入到账之前的消费情况，这是我作为交易员的竞争"对手"。顺便说一句，虽然我订阅了信用卡交易数据，但是我不完全依赖它。

社交聊天和信用卡交易数据哪个会更早出现？

这正是问题的关键。怎样才能比信用卡交易数据更快一步呢？获得早期信息的唯一方法就是注意某个信息的受关注程度。我经常听到有人说："你正在通过人们的行为预测未来。"我想这个说法是不正确的。我并没有试图预测未来，而是试图准确快速地描绘现在。我不会预测人们将要做什么，而是更在意他们正在做什么。我想知道他们对当下的什么事情最感兴趣，喜欢买哪些商品。人们总是喜欢在某些事正在发生或者即将发生之前谈论它们。在我看来，此时就是你观察变化的最佳时机。

那么，你已经获得了由社会信息提供的早期信号，为什么还要订阅信用卡交易数据呢？

我想通过这些数据掌握我所拥有的信息被传播的时间。

哦，你是想利用这些数据决定离场的时间。

是的。我认为这些信息已经得到广泛的传播了。

你能举个例子说明在线聊天的增加导致做空机会出现吗？

当然可以。我喜欢文化变迁，因为华尔街总是在这上面慢半拍。女性从戴传统的胸罩到戴无钢圈胸罩或者干脆不戴胸罩的转变就是典型的文化变迁。很早以前，我就发现女性开始越来越多地谈论"不戴胸罩"或者"无钢圈胸罩"。你可以看看维多利亚的秘密，它以传统的托举文胸而闻名，这就是它的品牌形象。我知道趋势会对它的品牌造成巨大的冲击。如果你留意"不戴胸罩"和"无钢圈胸罩"这两个词的出现频率，就会明白这一点。华尔街根本没有看到这个机会。

我认为你买看跌期权是为了利用这个交易想法。

是的。我在连续两份业绩报告发布前都买了短期看跌期权，这两笔交易的表现非常好。

还有其他的例子吗？

有的。这是我一直以来最喜欢的交易之一。你肯定还记得大肠杆菌恐慌席卷墨西哥小辣椒餐厅（Chipotle）时的情景吧。

我当然记得。

华尔街做了大量的工作来预测大肠杆菌恐慌对小辣椒餐厅客流量的影响。在恐慌暴发之前，小辣椒餐厅因为午餐时间排长队而远近闻名。小辣椒餐厅有一个非常时髦的品牌，人们经常在推特上发一些在那里吃饭和排长队的推文。我通过监测在线对话中的"小辣椒餐厅"

加"午餐"，以及"小辣椒餐厅"加"排长队"，来衡量实时的客流量。几乎一夜之间，这些关键词的使用频率下降了大约 50%。

当大肠杆菌的消息传出后，所有的晚间新闻都在报道这件事情。它的股价不是马上下跌了吗？

虽然该股的价格当即下跌，但是与其最终的跌幅相去甚远。市场普遍认为大肠杆菌恐慌的影响有限，没有人预料到这一事件最终会导致客流量的急剧下降。但是我可以告诉你，客流量在持续下降，因为在接下来的一年里，"小辣椒餐厅"这个词的使用频率再也没有恢复到之前的水平。

你是什么时候开始做空的？

这个事件曝光后没多久，我就开始做空了。但是在接下来的一年里，我根据公司业绩报告等公告反复交易这只股票。

另外一个例子是在纪录片《黑鲸》（*Blackfish*）上映后做空海洋世界（Sea World）。

我看过这部纪录片。它拍得非常棒。（这是一部关于被囚禁的虎鲸所经历的身心伤害的纪录片，重点讲述了海洋世界里的一头虎鲸杀死了包括一名经验丰富的驯兽师在内的三个人的经过。）

这部影片引发了一场针对海洋世界的大规模网络谴责活动。我们经常看到关于大品牌的负面消息，但是它们从中恢复的速度也相对较快。最典型的情况是，虽然发生了一些不好的事情，但是通过危机公关，公司在几周或者几个月之后，又以正面形象出现在大众面前。海洋世界的情况比较特殊，网上关于它的负面言论迅速增加，一点也没有停下来的意思。与其他出现负面消息的公司相比，海洋世界的情况一点也没有好转。在接下来的一年里，海洋世界的市值下跌了 40% 以上。在此期间，我多次做空这只股票，在财报电话会议等信息发布前后买进、卖出，因为公司的情况并没有得到改善，所以市场不会出现反转。

关键是寻找海洋世界的关注度吗？

不，我只是利用了人们的情绪，而这种情绪是非常消极的。这部纪录片上映之后，关于海洋世界的社交言论几乎 100% 是负面的，而且多年来一点也没有改变。通常情况下，我不会根据情绪做交易，但是海洋世界的情况非常少见，整个市场的情绪呈一边倒的态势。

你做空的部分占这笔交易的百分之多少？

大约 20%。我是一个冷静的机会主义者，但是无论出于什么原因，我 80% 的交易都是做多的。通常情况下，当你在会话数量中寻找异常时，积极的东西往往要比消极的东西多。

你为什么决定出售 TickerTags？

几年前，推特在电话中通知我们，我们的数据速率将会在未来几年大幅增加，而且增幅非常可观。我们必须决定是再筹集 500 万美元的风险投资，还是卖掉公司，而我们选择了后者。我成立 TickerTags 并不是因为我认为这是一个让人感兴趣的好主意，而是因为我知道我需要它。所以，今天的 TickerTags 不再是我个人的公司，而是我的一个客户。

我猜你可以免费订阅公司的服务？

我现在仍然是公司的顾问。我对公司有很深的感情，所以我会帮助完善平台。我比其他客户更欣赏这个平台。

你做顾问有报酬吗？

我可以免费订阅服务。TickerTags 是个价值千金的平台，客户仅限对冲基金和银行。

你难道不担心对冲基金和自营交易公司利用这个工具会降低该工具的有效性吗？

不会的，我认为对冲基金想熟练掌握这个工具还需要很长的时间。实际上，当我们成立 TickerTags 时，我经常和对冲基金分享我的交易想法。

你在交易之后还会分享你的想法吗？

我会毫无保留地和对冲基金谈论我的交易，即使我只有部分仓位。

你难道不怕在入市之前分享信息会影响你的交易吗？

我一点儿也不担心，我相信它们不会向外界透露一个字。这种方法对于它们来说是非常陌生的，而且如果真的交易的话，运用过程中的不舒适感以及信心的不足会让它们在交易时跟不上我的节奏。

我曾经问自己，为什么华尔街不深入研究我的方法呢？我直到成立 TickerTags 时才弄明白。TickerTags 成立之后，我每隔一周就会去纽约，这种情况持续了两年。我几乎拜访了所有顶级的对冲基金。那里的基金经理是我见过的最聪明的一群人。他们的世界很复杂，就连对待同样一件事情的方式也各不相同。对于有着根深蒂固的做事方法的他们来说，接受我的想法简直太疯狂了。由于没有可以参考的历史信息，他们根本不会考虑会话数量对某只股票的影响。他们只相信数据的高度相关性。

我不能说每次会话数量达到顶峰时奈飞的股票就会波动，因为每一次的情况都不一样。你必须能够理解并解释这些数据，你必须愿意相信它们。对冲基金经理想要的是可重复性和系统性。他们想知道这种方法多长时间才能产生高胜算的可交易信息，我很难给他们明确的回答。有可能是一年几次，也有可能是一年 25 次。他们想要的是能够在成千上万只股票上重复利用的方法，他们对数据应用的可变性感到不舒服。但我不这样认为。

除非方法是你自己的，否则你不会相信它。我不知道卖给投资者的系统能提供多少有价值的东西。然而，我总是告诉人们，市面上正在售卖的90%以上的系统在风险合理的情况下都能赚钱。当然，这种说法有些夸张。我敢打赌90%以上购买这些系统的人会赔钱。这是为什么呢？因为每一套系统或者方法都有赔钱的时候，如果你不相信它，你就会放弃它。你为对冲基金带去了他们从未使用过的策略，所以他们永远也不会拥有你的信念。然而，你花了很多年才走到今天这一步。

不是很多年，我花了十多年才对自己的方法做出了高度的总结。

当你的某个标签出现会话数量高峰时，看跌和看多不是一样吗？

我会通过会话的上下文做出判断。我用不了多长时间就能弄清楚具体的情况，而且我也不会只根据数据进行交易。我做的每一笔交易都基于与之相关的会话内容。

我以我目前正在做的一笔交易为例。大约两个月前，我注意到低价化妆品制造商e.l.f（Eyes Lips Face）出现了会话数量高峰，这公司在过去几年的表现不太好。这个消息对我来说没有任何意义。会话数量高峰是源于人们喜欢某个产品还是源于他们抱怨某个产品呢？

我的进一步调查显示，会话数量的激增可能是由一个叫杰弗里·斯塔（Jeffree Star）的化妆师制作的视频引起的，这个人在YouTube上有1500万粉丝，他在视频上露出了使用e.l.f化妆品的半张脸。e.l.f化妆品在沃尔格林药房和塔吉特百货（Target）的售价约为8美元。而在另外半张脸上，杰弗里使用了一款售价为60美元的畅销产品。他说，8美元和60美元的产品效果一样好。他的话马上改变了消费者对 e.l.f 化妆品的看法，e.l.f 化妆品不再是药房出售的廉价产品，而是质量上乘的优质产品。这只股票的价格在两个月的时间里上涨超过 50%。我敢打赌，大多数研究 e.l.f 的分析师都不知道杰弗里·斯塔是谁，这让我感到很奇怪。

你在看跌和看多的交易中有没有使用过相同的关键词呢？

当然有，史密斯威森（Smith & Wesson）就是个很好的例子。"枪支"和"教程"这两个词的组合能够很好地说明人们购买枪支的趋势。

"枪支"和"教程"？

是的，就是"教程"。很有意思，不是吗？人们第一次买枪时，都会上网搜寻相关的枪支使用教程。另外一个能够很好反映枪支销量的关键词组合是"枪支"和"禁止"。每当我看到关注枪支被禁和搜寻枪支使用教程的人数激增时，我就会将其视为枪支销量增长的早期信号。我曾经多次把这些组合作为买入史密斯威森枪支的制造商美国户外品牌公司（American Outdoor Brand Corporation）的信号。特朗普上台时，我也曾把它当作看跌的信号。果然，讨论禁枪和枪支使用教程的人数明显下降，枪支市场受到很大的冲击，相关股票不再受到资金的追捧。

此外，我在做多和做空的时候都会使用"比肯鲁夫"（Beacon Roofing）这个单词组合。比肯鲁夫是美国最大的屋顶材料分销商之一。每当冰雹季节来临的时候，比肯鲁夫的股价就会上涨。不过，即使有更多的冰雹，只要风暴不发生在人口密集且屋顶面积庞大的地区，它们就不会对公司的业务造成很大的影响。

你没在说双关语吧？ ⊖

是的，当然没有（他因为无意中提到的双关语笑了起来）。保险业

⊖　"造成很大的影响"原文"make a big dent"也可以理解为冰雹在屋顶"砸出很大的凹坑"。

公布了一份对预估屋顶损坏索赔的报告，但是那份报告是在事实发生后几个月才公布的。我会关注"屋顶""冰雹"和"损坏"的组合，这个组合对应每年三月到五月的季节性冰雹高峰。几年前，我注意到一个季节性高峰，这段时期的冰雹规模是以往任何季节性高峰的三倍，而且是连续三个月的异常高峰。我意识到这是一个严重的冰雹季，就在这个假设的基础上做多比肯鲁夫的股票。正如我期望的那样，比肯鲁夫随后发布了一份非常靓丽的业绩报告。与之相反的是，这个关键词组合在上一个冰雹季出现得非常少，而公司的股票也随之暴跌了将近50%。

你之前说TickerTags收集了100多万个标签。显然，你只能跟踪这些标签的一小部分。你是如何决定跟踪哪些标签以及如何避免错过大多数机会的？

我不可能查看所有的标签，我使用的是一种"雨伞标签"。这些标签是关键词的组合，可以让我及早发现社交媒体上的话题，并让我深入了解我应该关注的其他标签。

你能给我举个"雨伞标签"的例子吗？

当一款新游戏在网上引发热议的时候，"痴迷""新"和"游戏"的组合就会提醒我。"雨伞标签"会告诉我在那一刻我需要追踪哪一特定的游戏的标签，即使我此前从未听说过这款游戏。

"雨伞标签"和我们之前讨论过的其他关键词组合（"枪支""教程""屋顶""冰雹"和"损坏"）有什么不同吗？"雨伞标签"这个词是怎么来的？

"雨伞标签"可以捕捉某个领域中的一些情况。例如，如果"玩具"是一个领域，我可能会查到成百上千个相关词。但是，如果我把"玩具"和一个带有感情色彩的词"痴迷"联系起来，我就能识别当天玩具行业是否发生了异常的情况。

也就是说，"雨伞标签"是关键词的组合，它可以预示在某个行业内正在发生的一些事情，而不是指特定的股票。

完全正确。一些"雨伞标签"甚至比一个行业还要笼统，因为它旨在捕捉某些趋势。

举一个很常规的"雨伞标签"的例子吧。

可以在"我找不到"后面加上任何东西。我不能透露我使用的"雨伞标签"，尤其是那些覆盖面很广的。

能举一个用常规的"雨伞标签"标记的交易吗？

几年前，一个常规的"雨伞标签"中出现了大量的"埃尔默胶水（Elmer's glue）"。起初，我对此感到有些费解。为什么是埃尔默胶水？随着研究的深入，我发现埃尔默胶水与自己动手制作（DIY）水晶泥有关。当时，孩子们玩水晶泥是一个大趋势。而水晶泥的主要成分就是埃尔默胶水，这款胶水的销量非常好。

埃尔默胶水的制造商是谁？

纽威品牌公司（Newell Brands）。

它的产品线有多大一部分用来生产埃尔默胶水？

有趣的是，埃尔默胶水只是纽威品牌产品的一小部分，纽威品牌是一家增长非常缓慢的公司。在看到水晶泥市场的大趋势后，我认为埃尔默胶水的销量将会增加至少 50%，甚至有可能增加 100%。这款产品的增长将对公司产生重要的影响，因为纽威品牌当时的年增长率只有 1.5% 左右。果不其然，由于埃尔默胶水销量的增加，公司那个季度的收益率增长了 17%。我为这笔交易感到自豪，因为其他跟踪纽威品牌的人不会关注埃尔默胶水的销量。

你能描述一下你从进场到离场的交易过程吗？

每当我遇到我认为市场不知道或者不关注的信息时，我必须要确定它们是否会对公司产生影响。有时候一家公司太大了，而信息很有限，因此这些信息对我来说没什么用。如果我认为这些信息可能是重要的，那么我必须确定这些信息已经在多大程度上传播给了投资公众。如果这些是公开信息的话，我就必须要确定它们是否在股价上得到了体现。如果这些信息是重要的，但是还没有传播出去，我就必须研究在我交易的时间窗口内，是否有外部因素可能会对公司产生有意义的影响，包括公司是否有任何即将发生的诉讼、管理层的变动、新的产品线，以及任何比我在交易时利用的信息更重要的事情。一旦我排除了所有可能抵消信息相关性的因素，我就会总结出被我称为"信息不对称"的东西。

我的方法的有趣之处在于，我完全不考虑公司的基本面及其价格走势。我不关心公司是被高估还是低估。我的假设是，基于外界的信息，股票会以相对有效的方式被交易。当这些信息反映到股价走势图时，股价就会进行相应的调整。

这个过程的最后一步是定义交易窗口，这样我就可以买入合适的期权。例如，如果我根据一部新电影会比预料中更受欢迎的预期来交易迪士尼的股票，我就会买入在电影上映的那个周末之后到期的期权。我会选择在预期信息发布后不久就到期的期权，从而尽可能地降低我的期权费。一般来说，期权到期总是以业绩报告为基础，但是也有可能由产品发布或可用于预期收益的交易数据决定。如果在业绩报告发布之前，人们对信息的预期是合理的，那么买入在业绩报告发布前到期的期权就有明显的优势，因为它们的价格不需要考虑业绩报告发布后的额外波动。

好的，你已经描述了交易的进场过程，接下来谈谈你是怎样离场的吧。

你不可能摸透市场，市场也不会在乎你，但是很多因素都可以推动股价。我不敢说一项投资一定会成功，但是知识确实给了我优势。只要被我称为"信息对称"的交易信息被公布，无论它是卖方公司的分析，是媒体报道，还是公司本身的公告，我的交易就结束了。当它出现时，我必须清仓离场。我只在信息不对称的时候进场，然后在信息对称时离场。

不管你是否在交易中赚钱，你都会这样做吗？

在信息对称的情况下，一笔交易是赢利还是亏损完全无关紧要。不管怎么样，我都必须坚持我的方法。

听起来你几乎不需要知道具体的价格是多少。

我甚至不想知道价格是多少。

你是什么时候建立对冲基金的，为什么又要终止它？

当 TickerTags 项目接近尾声时，我认为自己应该建立一只对冲基金，因为每个人都说我应该这么做。他们看了我的收益率之后告诉我，如果我能够在更大的规模中做到同样的事情，我的对冲基金会非常优秀。

这也是我想对你说的。

TickerTags 就是这只基金的引擎。我花了一年半的时间和各个家庭理财办公室会面，联系了 23 个投资者，他们大多来自达拉斯。我筹集到了大约 1000 万美元，花了大约 25 万美元建立了对冲基金。建立对冲基金似乎真的很有趣，我这次扮演机构投资者的角色，而我之前从来没有涉足过这个领域。

你的对冲基金叫什么名字？

SIA，是"社交信息套利"（Social Information Arbitrage）的意思。

我们在 TickerTags 的测试阶段就推出了这只对冲基金。

你有没有想过把用在对冲基金上的"标签"方法和外界分享呢？

我从来没有想过。我认为 TickerTags 的价值远在这只小规模的对冲基金之上。不过，问题是，当我第一周和各家对冲基金的人会面，将 TickerTags 作为数据产品进行推广时，他们很喜欢这个概念，但是他们都对我说，只要我还在运营自己的对冲基金，就不要再回来找他们。他们说，如果在他们看到数据之前，我先行将数据用于我自己的基金，那么他们无法承担这样的风险。我还天真地以为自己可以一手管理基金，一手卖数据。最后，这只基金只运营了 60 天，我就被迫把它终止了。

你这样做是因为它阻碍了 TickerTags 的融资吗？

无论如何，这就是我的决定。

在你意识到必须终止这只基金之前，你有没有做过交易？

我做了两笔交易。第一笔交易的标的是杰克仕太平洋公司（Jakks Pacific）。该公司生产了迪士尼电影《冰雪奇遇》的周边中一款名为"雪光艾莎"的娃娃。这款娃娃是在假期之前推出的，不仅是当季最热门的产品，还是过去七八年中最畅销的节日玩具。

这款娃娃和迪士尼电影有关，难道没有其他人关注它吗？

人们未必会关注，因为有很多其他的产品和同一部迪士尼电影有关。有意思的是，人们总是围绕着同一个热门话题做文章。

这款娃娃是个新产品，你是怎样定义它的标签的？

我们会给每家公司都贴上标签。研究人员每个季度都会更新每家公司的信息，并且在每一个重要的时刻为公司添加新的标签。"雪光艾莎"就是这款娃娃的标签。以过去五六年里所有畅销的节日玩具作为基准，我们可以比较涉及这款玩具的会话数量与涉及其他玩具的会话数量。我们知道这款玩具绝对会是爆款，事实也确实如此。这是一笔非常有说服力的交易，它符合关键的标准：市场没有意识到这款畅销玩具会影响公司。

由于这是一家小公司，所以它可能在很大程度上改变了局面。

绝对是巨大的改变。我为这笔交易感到骄傲，这是我的对冲基金做的第一笔交易。我在这家公司发布业绩报告的前一天晚上紧张得难以入睡。第二天，公司公布的业绩报告果然超出市场的预期，其股价在盘前上涨了 30%。我的喜悦之情难以言表。我只想给我的投资者留下好印象，因为他们都是我认识的当地人。然而就在开盘之前，公司的股价在盘前 10 分钟内下跌了 30%，最终以接近平盘的价格开盘。在接下来的两个小时里，该股经历了公司上市以来最沉重的一个交易日，股价暴跌 25%，而我对发生了什么一无所知。我不理解。

在此之前，公司并没有什么明星产品，但是现在它拥有了世界上最畅销的玩具产品之一，而它的股价却在暴跌。两个月后我才知道发生了什么：这家公司在过去的两三年里遇到了很大的困难。它最大的股东——一家持有其 11% 股份的基金，在当天抛售了全部的头寸。杰克仕太平洋不是一只交易活跃的股票，而这只基金显然已经决定，它将在市场流动性最充足的第一天出手。

你在业绩报告公布后没有卖出你的头寸吗？用你的话来说，这是一个"信息对称"的点。

我所有的资金都在虚值期权上面。由于市场在接近平盘的位置开盘并一路走低，我根本没有机会平仓。

你损失了全部期权费。你的对冲基金在这笔交易中亏损了多少？

大概是 4%。但我在第二笔交易中几乎把亏损的钱都赚了回来，所以当我终止这只基金时，它的价值基本持平。我是在我的基金中唯一亏了钱的人，因为我花了25万美元来建立这只基金。

在第一笔交易亏钱的时候，你还不知道会终止你的基金。第一笔交易的失败对你有影响吗？

我感到心烦意乱。我发现我不具备管理别人资金的能力。

所以，这种亏损比你在交易中损失自己的资金还要让你心烦。

这简直要了我的命。我就算在自己的账户上损失十倍的钱也不会这样烦躁。我很少在高胜算交易中亏损，而这笔交易就是实实在在的高胜算交易。如果再给我一次机会，我会做十次这样的交易。

你使用的方法与我采访过的其他交易员完全不同。你认为自己的方法和其他交易员的方法有哪些不同之处？

我对基本面分析和技术分析不感兴趣，所以我永远也不可能在这些方面获得成功。我每天晚上要花四个小时研究我喜欢的事情。我根本不知道我研究的这些东西什么时候会派上用场，也许某天这些东西就会成为下一笔交易的热点。这和我小时候去车库甩卖市场时的感觉是一样的。我每天晚上都会重复这个过程，但我不知道会发现什么。我很擅长也很享受现在的夜间研究工作。

我所做的事情与其他交易员截然不同。我从来不设定止损，所以你很难找到比我更能够承受风险的人。大部分交易员可能会说："永远不要在亏损的头寸上加仓。"我并不在意价格的波动，如果我现在处于亏损状态，但是社交媒体传递的信息没有发生改变，我会翻倍地增加头寸。其他的交易员想要的是系统化和有规律的方法，而我会尽可能地远离它们。

你认为什么样的人格特征是你成功的关键？这些特征哪些是与生俱来的，哪些又是通过后天的学习获得的？

如果我现在是个孩子，我想我可能会被诊断为患有注意力缺陷障碍。我认为专注于感兴趣的事情是我最大的优势。我做分析需要很大的工作量，而且这些付出也不会马上产生回报，我可能几个月都找不到一笔高胜算交易。

注意力缺陷障碍是指不能够集中注意力，而你现在所做的事情似乎不是这样。

我不是这样认为的。注意力缺陷障碍是指你无法对那些你天生感兴趣的事情之外的事情集中注意力，在你天生感兴趣的事情上，它的作用正好相反。

还有其他重要的特征吗？

耐心。我知道某些交易机会会在某个时刻突然出现，但是我不知道它什么时候才会出现，也不知道会是哪家公司。我知道如果我继续坚持每天做喜欢的事情，可能明天，也可能是四个月后，我将会有所收获。我要做的就是耐心等待交易机会的出现。

你天生就是一个有耐心的人吗？

不是，我最开始做交易的时候完全没有耐心。耐心是我在过去 15 年里一点点磨炼出来的，我现在是一个更有耐心的交易员。我的交易策略需要出众的耐心。在理想的情况下，应该隔几个月才做一次交易，但在完成每天的日常工作后，我很难有耐心如此低频率地做交易。做到这一点对我来说依然不容易。

你对想要成为交易员的人有什么建议？

不要为了迎合你对华尔街职业交易员的看法而改变自己。如果你不具备成为数学家的天赋，就不要学习数学。如果你没有财务分析方面的背景，也不要为难自己。也许你在某些知识领域或有着强烈兴趣的领域拥有独特的优势，而且也愿意花大量的时间去钻研更深层次的专业内容。如果你是这样的人，那么你就会比那些在市场上博而不精的人更有优势。你必须要找到适合你的领域。我会问一个新进场的交易员：你的兴趣是什么？你最擅长哪个领域？你愿意在业余时间每天花四个小时研究哪些你抱有巨大热情的事情？投资是世界上为数不多的可以让你产生兴趣并从中获利的事情之一，我为此感到非常兴奋。

***

　　要想获得成功，交易员必须找到适合自己的交易方法。在我采访过的人中，或许没有人比卡米洛更能体现这一原则。卡米洛不仅形成了自己的交易方法，还发现了一种完全不同的交易方法论。他对基本面分析和技术分析都不感兴趣，而是提出了第三种市场分析方法——社交套利，即通过发现可能影响股票但尚未反映在股价上的社会变化或者社会趋势赢利。起初，卡米洛通过日常观察发现了这些机会。后来，随着TickerTags 的成功开发，社交媒体成为他分析交易的主要工具。

　　我知道很多读者可能在想："使用社交媒体作为交易工具的想法听起来很吸引人，但是当我无法访问 TickerTags 时（TickerTags 仅面向机构客户），它的优势又是什么呢？"这种观点其实忽略了更重要的一点：TickerTags 可能是一种挖掘社会和文化趋势特别有效的工具，但它并不是唯一的工具。在 TickerTags 出现之前，卡米洛已经成功地使用社交套利方法有将近十年的时间。这种方法的关键之处在于，无论是在你的日常生活中还是在社交媒体上，对新趋势的观察和高度适应是发现交易机会的根本。以芝乐坊和华馆的交易为例，卡米洛通过观察美国中产阶级对这些连锁店的反应来识别交易机会，因为他知道华尔街对这种反应是视而不见的。通过观察消费者对一款产品的反应，甚至可以发现某个行业龙头的交易机会，就像卡米洛根据人们对第一代苹果手机的反应做多苹果公司那样。

　　提个问题：卡米洛的对冲基金的第一笔交易是做多杰克仕太平洋公司，他在这笔交易中犯了什么错误？请你在看下面的内容之前仔细想一想。

　　这个问题有很大的欺骗性。其实，卡米洛没有犯任何错误，这才是重点。他严格地按照自己的交易方法操作了一笔高胜算交易（这种交易模式曾经在历史上获得过巨大的净收益）。在这个特殊的例子中，出现了完全不可预知的事件，公司的大股东将手中的股份全部清仓，从而导致他的盈利在瞬间被吞噬。有时候，即使是计划最周密的交易也可能会失败。这种交易属于亏损的交易，但不属于糟糕的交易。如果卡米洛反复进行这样的交易，他是会赢利的。不过，我们也不可能事先判断哪些交易最终会以失败告终。这笔交易的教训是，不要把亏损的交易和糟糕的交易混为一谈，它们根本就不是一回事儿。同样，赢利的交易也可以是糟糕的交易。

　　你在持有头寸的时候不要受到任何人的影响。你要坚持自己的方法，避免被相互矛盾的观点干扰。卡米洛最后悔的一笔交易是，他受到了相互矛盾的市场观点的影响，在亏损的情况下抛售了安德玛 2/3 的看涨期权，结果却发现自己最初的交易假设全部得到了证实。卡米洛在做多奈飞的交易中遇到了同样的情况，这次他吸取了教训，无视了相互矛盾的观点。从我过往的经验来看，轻信他人的观点会产生灾难性的后果。

　　在我采访过的交易员当中，很多人都认为耐心等待合适的交易机会是一种宝贵的品质。这也是一个人能获得的最具挑战性的品质之一。卡米洛认为，如果他在市场上只做高胜算交易，他会做得更好。他说："我过去几年最大的失误在于频繁交易。"卡米洛的问题在于，他最擅长的高胜算交易可能每隔几个月才出现一次，甚至更久。他发现每天花四个小时寻找和研究交易机会，然后再等上几个月才交易是很困难的。但是卡米洛意识到耐心的重要性，他相信他多年来在这方面的进步提高了他的交易成功率。

交易之间有差异。就像卡米洛的情况一样，很多交易员可能会遇到成功概率与他们的预期不同的交易。在接受所有由某一特定方法确定的潜在交易，和只接受可预见能大概率取得成功的交易之间，存在着中间地带。或者，交易员可以改变头寸的规模，在高胜算交易中持有更多的头寸，在赢利可能性偏低的交易中持有少量的头寸。

信心是未来交易获得成功的最佳指标之一。金融怪杰们往往对自己在市场中继续赢利的能力充满信心，卡米洛当然也是这样的人。他对自己的方法充满信心，并且坚信这种方法将继续成为他在市场中明显的优势。正如他现在所做的那样，他希望自己在将来能够获得更大的成功。交易员认为信心水平可以衡量他们在市场中获得成功的可能性。交易员应当扪心自问："为了成为市场上的赢家，我对自己的交易方法和交易过程有信心吗？"如果答案不是明确的"有"，那么在对自己的方法拥有十足的把握之前，他们必须严格控制风险资本。

卡米洛在14岁的时候做了第一笔交易。我发现我采访过的许多非常成功的交易员在很小的时候就对交易和市场产生了兴趣。符合这一特征的交易员获得成功的概率要高于平均水平。

成功的交易员热爱他们的事业。卡米洛之所以成功，是因为他找到了一种能够与自己天生的兴趣和热情产生共鸣的进入市场的方法。实际上，他的方法甚至与他童年时的创业追求不谋而合。卡米洛对基本面分析和技术分析都不感兴趣，如果他选择了传统的道路，那么他的业绩很可能是亏损的。

第 9 章

马斯滕·帕克

不要放弃老本行去尝试没有把握的新事物

我在写《金融怪杰》的过程中采访过艾迪·塞柯塔，我问他："你赖以生存的交易原则是什么？"他提到了两条原则：

1. 坚定不移地遵循原则。
2. 知道什么时候打破原则。

我在采访马斯滕·帕克（Marsten Parker）的时候又想起了这些话，因为他的交易故事证明了塞柯塔的回答是真实的，尽管从表面上看这些话有些滑稽可笑。

当我第一次看到帕克的交易数据时，我的第一反应是我可能不会把他写进本书里。虽然他的业绩确实不错，但无论是他的收益率还是收益风险数据都没有达到我已经采访过或计划采访的大多数交易员的令人惊叹的水平。不过，我后来注意到帕克的交易记录长达 22 年，比那些我决定收录在本书中的大多数交易员的记录都要长，这是一个不容忽视的重要因素，我决定重新考虑。

帕克在过去 20 年里的平均年复合收益率是 20%，是同期标普 500 总收益指数收益率 5.7% 的三倍多。⊖他的收益风险数据很稳定：调整后的索提诺比率是 1.05，月度 GPR 是 1.24，大约是标普指数的三倍。我意识到我已经习惯于从交易员提供的信息中挑选一些非同寻常的交易结果，而这个挑选过程显然过于苛刻了。如果他们能够在 20 年的时间里以同帕克一样的幅度跑赢标普 500 指数，99% 以上的股票基金经理一定会兴奋不已。

还有一个因素促使我决定让帕克入选本书。我发现他是唯一一个纯粹的系统型交易员，他的投资业绩非常优秀，完全符合入选本书的条件。我在寻找业绩表现杰出的交易员的过程中发现，自主型交易员比系统型交易员多，但这也许并不能够代表整体情况，至少我是这样认为的。自从我的"金融怪杰"系列第一部在 1989 年出版以来，我发现杰出的个人交易员往往是自主型的，而这种趋势多年以来似乎变得更加明显。也许很多系统型交易员确实能够赢利，但是很少有人可以在很长一段时间里大幅跑赢基准指数。我觉得本书应该收录一个以交易为生并大获成功的系统型交易员。

与我采访过的大多数成功的交易员不同，帕克在人生的早期对市场没有任何兴趣。他酷爱音乐，而不是交易。他最初的人生目标是成为一名专业小提琴手。他就读于纽约的曼尼斯音乐学院，但是，在那里他觉得很难成为一个成功的古典音乐家。虽然音乐仍然是他生活中不可或缺的一部分——他是马萨诸塞州牛顿市一个社区管弦乐队的首

⊖ 我之所以在收益率和收益率 / 风险比率的计算中排除了帕克最初两年的业绩记录，是因为这段时间里他采用的自主交易方法并不能代表他在以后的职业生涯中所使用的系统性交易。此外，这段时间还包括他跟随其他交易员所做的交易。如果把这两年的数据包括在内，他的收益率和收益率 / 风险比率统计数字会更出色。

席小提琴手，但是从职业的角度来看，他的音乐生涯走到头了。

计算机编程是导致帕克走上交易之路的另一个重要因素。在那个计算机还不普及的年代，正在读九年级的他萌发了对计算机编程的兴趣。当时，帕克的学校有一台数据通用公司（Data General）的 Nova 计算机，这让他第一次接触到了编程。帕克在上大学的时候重燃了对编程的兴趣，当时他获得了一个计算机实验室的使用权，并且得到了母亲提供的一台免费的数字设备公司（DEC）的 VT-180 计算机。编程爱好让他走上了编程的职业道路，并最终走向了系统型交易。

帕克的交易生涯可以分为三个不同的阶段：最初的 14 年他持续赢利，接下来的 3 年几乎迫使他永久地告别交易，最近 4 年他获得了有史以来最好的收益风险数据。

我在帕克家的办公室里采访了他。他养了两只猫，其中一只喜欢在桌子上跳来跳去。我警惕地看着它，担心它可能会踩到录音机的停止按钮，从而导致录音中断。帕克记录了他的每一笔交易，他开发的软件程序不仅可以生成每年的损益图表，还可以根据交易系统以及多空交易进行细分。当我们在采访中谈到他的交易生涯时，他不断地使用程序生成业绩图表。

***

你是如何从一个追求成为职业音乐家的小提琴手转型成为交易员的？

我上高中的时候只对小提琴和计算机编程感兴趣。我曾经尝试过报考茱莉亚学院，但是没有成功，所以我去了备选的曼尼斯音乐学院，但我可能是那里最差的演奏者之一。虽然我一直在努力，但我意识到我不可能成为优秀的小提琴手。我想过去其他的大学读计算机编程专业，但那时我已经大三了，所以，我想我还是先拿到学位再说。

你以前有使用计算机的经验吗？

我第一次接触计算机是在九年级。我上高中的时候，学校有一台冰箱大小的计算机，我们上代数课的时候需要用它进行一些基本的编程。我觉得这很有趣，所以经常往计算机室跑。你要在电传打字机上输入代码。如果你想保存程序，你必须把它打印在这么长的一卷纸上（他张开双手比划了一下）。我随身带着一个装满小纸卷的盒子，这就是我的软件库。后来，我就把注意力集中到小提琴上了，在高中剩下的时间里，我很少使用计算机。

我在大学的时候又对计算机产生了兴趣。曼尼斯音乐学院允许学生去玛丽蒙特曼哈顿大学上课。我发现那里的计算机实验室有一些苹果Ⅱ型计算机，于是我花了很多时间在那里摆弄它们。我的母亲在一家广告公司工作，DEC 是她的大客户。她向 DEC 的一位副总裁提到我对计算机感兴趣，他说："我有一台备用的，可以寄给他。"当那台计算机送到我在纽约的公寓后，我很清楚我想做的是编程，而不是音乐。

你毕业之后做了什么？

我毕业之后回到了波士顿。我也不知道我想做什么，最后在一家计算机商店找了份工作。那会儿是 20 世纪 80 年代初，个人计算机才刚刚问世。

你想过自己要过什么样的生活吗？我猜肯定不是在商店做推销员。

没想过，那个时候我还在犹豫。我花了很多时间编程。

什么类型的程序？

我编写了一些有趣的小程序，比如游戏。我还为我的会计工作编写了程序。我是在一台只有 64K 内存的计算机上完成编程的。我记得我花了 1000 美元买了一个 10MB 的硬盘。

你在计算机商店工作了多久？

我只在那里干了几个月。我在一次聚会上偶然遇到了一家叫 Cortex 的小型软件公司的老板。这家公司大约有 20 名员工，老板给了我一次和公司技术人员面试的机会。

在你去计算机商店工作之前，你有没有想过大学毕业之后找一份编程的工作？

没有。我认为我只是一个业余爱好者，无法胜任程序员的工作。

谈谈你的面试经过吧。

我带了一些我为自己编写的程序。他们看着代码，对我说："哦，你很有天赋。我们会给你机会的。"他们雇用了我，但是薪水很少，只有实习生的水平。然而，他们在第一年就给我涨了两次薪水，并给我升了职，这样就可以让我安心地留在公司里了。我在这家公司工作了五年。

你为什么离开呢？

Cortex 为 DEC 的 VAX 小型计算机开发软件，而我想更多地从事个人计算机方面的工作，所以我在软桥（Softbridge）找到了一份工作，这家公司大约有 1000 名员工，主要从事个人计算机业务。我在这里工作了三年，1991 年离职。当时我们发现整个团队都将被裁员，我们的团队负责人与一家名为 Segue 软件（Segue Software）的公司取得了联系，这家公司与莲花公司（Lotus）签订了一份合同，负责将其电子表格程序移植到 Unix 操作系统上。包括我的四个人组成了一个软件质量管理小组。我们是 Segue 软件的次级分包商，而 Segue 软件是莲花公司的分包商，他们聘请我们作为该项目的质量保障小组。

在那些日子里，大部分的软件测试都是通过手工完成的，这是一个非常耗时间且容易出错的过程。我们开发了自动化测试软件，所使用的方法也获得了专利。

最终，Segue 软件公司同意用股票购买我们的技术，我们的团队也和 Segue 软件公司合并了。有意思的是，文艺复兴公司的吉姆·西蒙斯是 Segue 软件公司的主要投资者，并且参加了此次的并购谈判。最终，我们用技术换取了 Segue 软件公司的股票。

你当时知道西蒙斯是谁吗？

有人告诉我他从事大宗商品交易，特别有钱。我当时根本不知道什么是大宗商品交易。我记得我们有严格的禁烟政策，但西蒙斯是唯一的例外。

你是如何从编程转向交易的？

我们在 1995 年有一阵子拥有领先的质量保障软件，那个时候几乎任何一家科技公司都可以上市。Segue 软件公司于 1996 年上市（股票代码：SEGU），以每股 23 美元的价格开盘，然后在一个多月的时间里，上涨到每股 40 美元以上的高点。在股价最高点，我手中的股票价值大约 600 万美元。然而，我不能出售任何股份，因为我们仍然处于六个月的禁售期内，公司的员工也不能在此期间出售他们的股票。此后不久，纳斯达克指数开始回调，一些大客户推迟了他们的购买订单，进而迫使我们发布了盈利预警。Segue 软件公司的股价在两个月的时间里从 40 多美元下跌到了 10 美元。我最终在 1997 ～ 1998 年期间以大约 13 美元的均价卖出了我的全部股票。我在 1997 年底离开 Segue 软件公司后开始了我的交易生涯。

你开始从事交易了。你是怎么对交易感兴趣的？

我在公司上市之后就对交易感兴趣了。我持有大约 15 万股，所以我每天都在关注股价的走势。

我知道你的全部身家都在 IPO（首次公开募股）的股票上，所以你开始关注股票的价格。但你是如何开始想通过交易谋生的呢？

应该是一个偶然的机会吧。在我加入的那支社区管弦乐队中，有一位董事会成员是注册会计师。我做的第一件事就是向他寻求建议。他把我推荐给一位理财规划师，而这位理财规划师则对我滔滔不绝地讲着股票市场如何每年上涨 11%，以及如何将这个涨幅永远保持下去。他建议我每年支付他 2% 的佣金，投资一只还要收取 2% 费用的共同基金。我觉得这个计划不太合理，于是我开始逛书店，浏览投资方面的书籍，然后买了一些关于交易的书。我最开始买的那些书中有一本是亚历山大·埃尔德写的《以交易为生》[⊖]。我在看到书名的时候就想："哦，靠交易为生。这真是个好想法！"

你辞职的时候有没有想过你会如何交易？

我当时毫无头绪，也没有任何计划。我只有一种模糊的直觉，就是我对这件事感兴趣，我可以学习如何交易，我认为交易是件有趣的事。此外，我还想用更多的时间陪伴家人、练习小提琴。对我来说，交易就是一次尝试，我一直觉得我可以找到另一份工作。

此外，我还与加里·B.史密斯（Gary B. Smith）建立了联系，他当时是财经网站的专栏撰稿人。他的方法是对威廉·欧奈尔（William O'Neil）的 CANSLIM 方法的一种改编，会减去基本的信息输入，使

⊖ 本书中文版由机械工业出版社出版。

用更接近的利润目标。[⊖]加里在他的几篇文章里描述了这种方法。这是我第一次接触到一种详细描述交易的系统的方法，我对它产生了兴趣。我开始给加里发电子邮件，很快就成为他的交易伙伴。

1998 年 2 月，我决定开始使用他的方法进行交易，这种方法是自主交易和系统式交易的结合体，离场点是完全定义好的。假设你持有多头头寸，你的止盈点会设置在上涨 5% 的位置，而止损点则设定在下跌 7% 的位置。做多和做空都可以采用这种策略，其参照标准是异常成交量。我们两个人都订阅了《投资者商业日报》（*Investor's Business Daily*），上面刊登了前一个交易日成交量异常高的股票，这些股票前一个交易日的成交量相对于过去 20 个交易日的平均成交量之比是很高的。

怎样算高？

成交量是近期平均水平的两倍或者更多。我们先浏览表格中所有的股票，然后剔除相对强度低于 80%（过去 52 周的表现没有超过 80%）的股票。总的来说，我们寻找的是在前一个交易日成交量异常高的强势股。这两个条件会将最终进入潜在交易名单的股票数量控制在二三十只。这就是自主交易部分。另外，我们还会仔细研究这些股票的走势图，从中找出最近从前期横盘阶段突破并创出新高的股票。

你之前提到这种方法可以做多也可以做空。那么卖出信号和买入信号是否完全相反呢？

不是的。做空的前提条件与做多相同，我们仍然只寻找那些交易量异常的强势股。不同之处在于，对于空头而言，我们寻找的是那些从最近的高点大幅下跌的股票，而不是跌破前期低点创出新低的股票。

⊖ 读者可以在威廉·欧奈尔的《笑傲股市》（*How to Make Money in Stocks*）中找到对 CANSLIM 方法的描述。此外，我在《金融怪杰：华尔街的顶级交易员》这本书中采访了欧奈尔，他在采访中也描述了 CANSLIM 方法。

我想你刚才描述的是加里·史密斯的方法。你做了什么贡献？

起初，我并没有做出太多的贡献。我主要是跟踪他的交易。然而，当我们一起交易了两个月之后，我说："我们为什么不测试一下这种方法呢？"因此，我对这个表格上的数据进行了回溯测试。对我来说，在交易的过程中，看着走势图决定交易哪只股票的做法显得过于武断，我想测试一些东西。我认为仅仅是有人这么说，我就相信某种方法可行的做法让我感到不舒服。我想将其量化。

当你建议测试这个方法时，加里的反应是什么？

他喜欢这个主意。我的这个想法大概是在一次市场回撤的时候产生的，这通常是人们进行测试的动机（他笑着说）。我做的第一件事就是测试不同的目标离场点和止损位，这种计算机测试是我应对简单的、过度优化的系统开发工作迈出的第一步。进行回溯测试并找到最有效的方法是非常令人兴奋的。那时候，我完全不知道曲线拟合和数据挖掘的危险。我天真地认为，过去最有效的方法会继续有效。

第一次测试获得了有用的结果吗？

我意识到使用止损对系统是不利的。

如果你的利润目标没有实现，你如何离场呢？

我会使用止损，但只限于收盘的时候。

也就是说你不做日内止损了。

是这样的。我发现使用日内止损会让我在无意义的日内波动中触发止损。

最初的回溯测试对你还有其他的显著影响吗？

最重要的影响是，一旦我参与构建回溯测试软件的工作，我就会全身心地投入其中。从本质上讲，我更像软件开发人员，而不是交易员。到 1999 年年中，我开始怀疑漂亮的走势图和成功交易的可能性之间是否真的存在着某种联系，我想让软件完成图表分析的工作。然而，加里的交易基于他对图表的准确分析，且当时他已经创建了一个订阅服务项目，每天发布交易推荐信息。因此，虽然我们彼此间保持着联系，但我们实际上各干各的。

你是否开发出了一套交易系统？

我并没有马上转向系统交易。我在 1999 年的大部分时间里一直在开发软件，并不断地调整我的交易原则，此外，我还拥有一定的交易自主权。到 11 月底，我的股票价值已经上涨了大约 20%，所有的利润都是通过做空获得的。我开始有些自以为是，并在 12 月加大了做空的规模和频率，没想到正好赶上股市的上涨行情。我在最后一个月里几乎回吐了一年的利润。与此同时，我的做多交易在 1999 年也罕见地亏损了。这段交易经历让我彻底告别了半自主交易的状态，从那一刻起，我决定转向系统交易。

你的系统还是基于你从加里那学到的交易方法吗？

基本上是的。我通过对第一次独立回溯测试仔细观察发现，一只股票在上市第一天跌得越狠，它继续下跌的可能性就越大。这是一个我不愿意相信的事实，因为我本能地认为，一只股票最初的跌幅越大，其超卖的状态越显著。一开始，我甚至没有在股价暴跌的第一天对如此大的跌幅进行测试，我只是将测试的跌幅范围限制在 2%～6% 之间。后来我想："为什么不把大幅下跌的情况也包括在内呢？"我发现，如果一只股票的价格在上市第一天下跌 20%，那么其价格持续下跌的可能性会非常高。

我有些好奇，这种情况在目前的市场中经常出现吗？

已经不常见了，这个策略在早期很有效。2000～2012 年，我一半以上的利润都是通过这个策略做空获得的。但是到了 2013 年，这个策略就不再发挥作用了。

在你的第一个交易系统中，做多和做空一样多吗？

不一样多，因为相较于确认向上突破来做多，这个系统需要确认更为显著的向下突破，才会发出进场做空的信号，所以做空交易大约只有做多交易的一半。

我当时的研究方法是：运行系统，在出现下跌时对其进行回溯测试，发现不会导致下跌的各种参数，然后关注这些参数（参数是可以在交易系统中自由设定的值，用来改变信号的发出时机。例如，如果系统需要在特定的交易日里有一个特定的价格下跌百分比来产生卖出信号，那么这个百分比就是一个参数值。同一个系统可以对不同的参数值产生不同的信号）。我现在知道这个方法是有缺陷的。

你在利用显著的向下突破数据交易之前，一直以一组固定的参数为主。当你 2000 年第一次完全转向系统交易的时候，你使用的交易系统是什么样的？

我保留了我曾经使用过的所有系统。（帕克在他的计算机里搜索出他在 2000 年进行交易时使用的系统。）在 2000 年，所有的系统都是通过做空赢利的。以下就是我当初进行交易时系统发出做空信号的全部原则：

平均每日成交量不少于 25 万股。

每股价格在 10 ～ 150 美元之间。

形成突破当天的成交量要比过去 20 个交易日的最大成交量高至少 15%。

当股价达到 20 日高点的 5% 或者 10% 以后，下跌至少 5%。

突破时的每股价格至少为 1.5 美元。

我会在赢利 12% 或止损 3% 的时候离场——止损的设置是随机的

（他以一种惊讶和幽默的语气说道，这是他多年以来第一次发现这个原则）。我还有另外一种离场的原则，即在股价上涨的交易日，当天的成交量要比前一个交易日的成交量大很多。

在你的交易方法发生重要变化之前，你使用了多长时间这种交易系统？

大概只有一年的时间。虽然这个系统在 2000 年表现得非常好——实际上这也是我的业绩表现最好的一年，但是在 2001 年初，该系统的业绩出现了大约 20% 的回撤。我想："好吧，这个系统已经不再发挥作用了，我也应该辞职了。"看起来我应该已经有一个多月没有交易了（他指着屏幕上的股票曲线图，曲线在 2001 年 3 月开始变平）。我在第二天开盘后又开始了交易。我做出的最重要的改变是在收盘前 20 分钟开始运行系统，这样我就可以将当天的收盘价作为交易信号。我意识到市场的步伐正在加快。

我在 2001 年 3 月到 2004 年期间使用的是同样的系统。我在 2005 年初又经历了另外一次回撤，我在系统上找不到任何参数来帮助我避免亏损。我意识到即使是在收盘时进场也不能快速地检测到交易信号，所以我必须在当天的早些时候完成这项工作。我开发了一种新的方法，利用股票当天每分钟的成交量来推算全天的成交量。对于那些被预期当天会有异常大成交量的股票，我会用我以前用过的方法来产生交易信号。所以，从上午 9 点 35 分开始，只要一只股票的预期全天成交量符合交易的条件，我就会在那一刻做多或者做空。

这种改变对你有帮助吗？

我是在 2005 年 5 月做出的改变。修改后的系统马上实现了赢利，而且从 2005 年 10 月到 2007 年 10 月的 24 个月，是我整个交易生涯中盈利最多的时期。

在收盘时运行的那个系统怎么样了？

它再也没有像以前那样发挥作用。2014 年，我生成了一张原始系统的权益图表，其中有系统在收盘时的执行情况，时间可以从现在追溯到 20 世纪 90 年代。看上去就像这个系统在 2005 年的早些时候撞上了一堵墙。在此前的十年里，该系统获得了稳定的收益，但是在 2005 年初以后，它开始持续亏损。在我测试交易系统的整个过程中，我从未见过如此急转直下的情况。这不仅仅是参数错误的问题，可以说，在收盘时检测交易信号的系统已经停止了工作。

你的意思是说，在你的业绩最好的那段时间里，相同的交易系统在收盘的时候运行会赔钱，而在全天运行的情况下，反而会赚钱。区别真的有这么大吗？

是的。通常情况下，我每年有 1000 多笔交易，因此，我对每笔交易的盈利预期会很低，因为量变会产生质变。

所以，这个系统的盈利能力取决于日内交易，而不是等待收盘。这个系统是如此脆弱，以至于你在几个小时之后执行的将是错误的策略。你对此有犹豫吗？

没有。因为我尝试着思考为什么一个系统是有效的，它的优势是什么。我观察到市场交易正在呈上升趋势，你可以在这张图上看到高频交易的情况。大多数共同基金已经从每天的人工执行转变为算法执行。我觉得更快的执行速度会带来很大的不同是有道理的。在那些日子里，我会说："唯一的优势就是趁早。"

日内交易采用的那个系统能够有效运行多长时间？

2011 年 8 月，股票市场大幅下跌。虽然我的多头头寸损失惨重，但是我在空头头寸上的盈利抵消了这部分亏损。这就是这种策略的工作原理，如果市场出现大幅波动，盈亏应该相抵。然而，我在 2012 年注意到，做空的策略没有发挥作用。空头头寸并没有像它应该表现的那样对冲多头头寸的亏损。因此，2012 年末是我利用做空策略持续减仓的开始。也正是在这个时候，我的做空策略宣告停止。

当然，我们现在的谈话都是基于后见之明。你什么时候确定这个系统不再发挥作用了？你在这之后又做了什么？

我一直纠结于如何区分正常下跌和不起作用的做空系统之间的差异。这个系统已经运行了很多年，我不想马上放弃它，因为我总感觉哪些地方出了问题。2013 年是所有人都应该做多赚钱的一年，股指在这一年中直线上涨，几乎没有大幅的回撤。然而，我的多头头寸却跑输了指数，空头头寸几乎遭到了灭顶之灾。那是我第一年出现亏损。

随着股指的大幅上涨，你的空头头寸出现持续的亏损是可以理解的。

是的，但是在过去的几年里，当指数上涨时，我的空头头寸几乎没有任何变化。如果你对 2013 年的长期均值回归策略进行回溯测试，你会发现它们的表现非常不错。（均值回归策略基于价格将回落到某个时期的平均水平的假设，具体应用为在强势时卖出，在弱势时买入。）就是在这个时期，人们发明了"买跌不买涨"的说法。当时的情况是，我用来做空的信号变成了流行的买入信号。

判断一个系统是因为处于暂时的下跌而没有发出做空信号，还是停止发出做空信号，是系统型交易员面临的主要困境。你是怎么处理这种情况的？当你对系统进行结构性的修改时，比如从接近收盘时的进场交易到根据成交量的预测进行每分钟的日内交易，是什么原因触发了你做出改变的决定？

有的时候这只是一种想法而已。我会对自己的想法进行测试，然后对自己说："哇哦，现在好多了。"接下来我就会用改进后的系统进行交易。不过，一般来说，当我遇到资金回撤的时候，我更有动力开动脑筋思考和测试新的想法。

2013 年的持续亏损是否激发了你寻找类似的新方法的想法？

是的。我决定上网寻找新的想法。我发现了一个交易网站，我一边在网站的论坛里浏览，一边分享我的交易经历以及最近遇到的一些问题。有人建议我试试均值回归的方法。

均值回归应该与你现在使用的方法完全相反。

基本上是的。我一直认为均值回归相当于去接天上掉下来的刀子，是行不通的。而且我也从来没有测试过这种方法。随着研究的深入，我找到了凯特·菲辰（Keith Fitschen）、拉里·康纳斯（Larry Connors）和霍华德·班迪（Howard Bandy）讨论均值回归策略的书。我开始测试其中的一些策略，并获得了理想的结果。

你最终使用的均值回归系统的基本原理是什么？

对于多头均值回归系统来说，其基本要求是股票必须处于上升通道，因为没有人愿意买一只连续下跌的股票。另外，股票必须在给定的时间框架内从最近的高点下跌一定的百分比。满足了这两个条件，我会根据股票的平均日波动率输入一个更低金额的买入指令。

系统的成功不是非常依赖于选择正确的参数值吗？

实际上不是这样的。这个系统对于任何参数来说都是有利的。你在进场时使用的参数越极端，可进行的交易就越少，但是每笔交易的预期收益就越高。相反地，你在进场时使用的参数越普通，可进行的交易就越多，但是每笔交易的预期收益就越低。所以，你要在二者之间选择参数值。

你是如何退出均值回归交易的？

对于使用均值回归的做多交易来说，你要在市场下跌的时候设置限价委托单，然后等到某天出现更高的收盘价的时候离场。均值回归系统的另外一个内涵是，起初，交易会在收盘时显示未平仓亏损，它们需要隔夜持有才能实现赢利，这并不是说你要等待一个大的反弹，而是说你要试图抓住更多小额的盈利。

如果交易对你不利怎么办，你会止损吗？

我不会设置止损。不管你想使用什么止损，即使将止损范围扩大到 20%，结果都会大打折扣。

这就是均值回归交易固有的困难。选择做多意味着市场下跌得太多太快。如果你使用了止损单，并且将其激活，那么根据定义，你将在一个更加极端的点离场，这会让你的原则在一定程度上自相矛盾。

是这样的。橡皮筋绷得越紧，交易的可能性就越大。这就是不能使用止损的原因。

那么你如何控制风险呢？如果市场每天都在下跌，没有上涨怎么办？

我会使用五日止损策略。如果在五个交易日内没有出现更高的收盘价，我就会平仓。我现在把每一笔交易的头寸规模都控制在很小的范围之内，这样一来，即使是亏损，亏损总额也会被控制在账户资金总额的 10% 以内。只是我一开始并没有这样做。

好吧，这个话题就先聊到这儿。不过，我总觉得少了点什么。我知道肯定有其他的原则来避免完全没有限制的亏损。所以，你要么在第二天振作起来，要么在五天后平仓。

是的。此外，我还将生物科技类股票排除在可能做空的股票之外，因为它们的价格可能会随着药物试验结果或者美国食品药品监督管理局（FDA）的决定而成倍地上涨。

空头均值回归交易是多头均值回归交易的反向应用吗？

不是的，它们完全不一样。

它们之间的主要区别是什么？为什么要这么区分？

我认识的很多人对我说："我找不到一个好的空头均值回归系统。"我认为他们之所以做不到这一点，是因为他们试图创建一个与多头均值回归交易系统完全相反的系统。也就是说，他们试图设计一个当在下跌过程中出现反弹时做空一只股票的交易系统。这个想法根本行不通。我的空头均值回归系统只考虑做空处于上升趋势的股票。

所以说，你的多头均值回归交易和空头均值回归交易都旨在发现处于长期上涨趋势的股票。但是，如果一个市场已经处于上升趋势，你又如何定义空头均值回归交易呢？

通常情况下，相关信号会出现在一波没有任何调整的主升浪行情的顶部。你要寻找的是一个特别显著的短期上涨行情，也就是说，股价在短期内出现了很大幅度的上涨。

你是什么时候从现在使用的趋势系统转换到均值回归系统的？

尽管均值回归系统的测试结果非常好，但是我并不愿意做出完全的改变。相反，在 2013 年底，我决定对账户中一半的仓位应用我经典的趋势系统，即使这种方法已经显示出了一定的衰落迹象，而对另外一半的仓位则应用我新开发的多头和空头均值回归系统。2014 年，我的趋势系统实现了盈亏平衡，而新的均值回归系统则收获了大约 40% 的涨幅。不过，由于我只对账户中一半的仓位应用了新系统，所以我的整个账户的收益率只增长了 20%。让我感到不满的是，我对新交易系统所采取的谨慎态度，导致我与额外的利润擦肩而过。

2014 年底，我做出了我经典的趋势系统不再发挥作用的结论，并且决定在 2015 年只使用新的均值回归系统进行交易。我下定决心不能错过机会，所以我愚蠢地决定将 120% 的资金用于新系统。新系统在 2015 年的前四个月运行良好，收益率超过了 25%。我的累积利润甚至在 5 月创下了新高。然而，这一年剩下的时间对我来说就是一场灾难。就是在那段时间，我发现了均值回归固有的尾部风险。首先，当我做空中国股票的美国存托凭证（ADRs）时，它们一直在上涨，我的空头头寸遭到了狙击。后来，希拉里·克林顿发布了一条关于监管药品价格的推文，整个生物科技板块崩盘了，而我的均值回归系统却一直在做多。我不仅回吐了自年初以来的所有利润，而且 2015 年的净亏损达到了 10%。这是我整个交易生涯中最糟糕的一次亏损。

我没有意识到亏损最终会累积到这种程度，这就是人们常说的"赚的永远没有赔的多"。我考虑过出现这种情况的可能性，而且我也为解释这个现象建立了模型。我详细分析了我的系统自 20 世纪 80 年代以来在每一次市场调整中的表现。然而，2015 年的数据显示，特定的市场（首先是中国市场，然后是生物科技板块）出现了突然的价格大幅波动，而且这种波动持续的时间比我之前看到的更长。这种情况在之前的数据中是没有出现过的。

更糟糕的是，在整个下跌的过程中，我没有基于每日账户价值重新计算头寸规模，而是继续使用峰值。我曾观察到，均值回归系统通常会在下跌的过程中迅速反弹，而我以为仓位越大，系统修复得越快。

此外，还有一点是我之前没有发现的，即与我经典的趋势系统相比，多头和空头均值回归系统并没有实现合理的相互对冲。在多头均值回归系统中，当市场崩盘时，你是得不到卖出信号的。所以，你需要通过做空趋势系统来对冲多头均值回归系统。

2015 年底，我决定重新采用趋势系统和均值回归系统相结合的方法。但是，这个决定让我在 2016 年的前两周蒙受了 10% 的损失，当时的两个做多策略都遭遇了下跌行情，而我却没有运用做空策略进行对冲。我现在离最高点相差 45%。我当时只能接受一切，随后停止了交易。我已经失去了信心，我当时的想法是："我干不下去了。"

你是怎么重拾信心的？

我认为这是时间问题。几个月后，我想："我不能放弃。我为此投入了很多。我知道我在做什么。"我想出了一个不同的、更加保守的方法。从那以后，我做得很好。

那也是我第一次写交易计划。我这么做主要是为了说服我的妻子，让她相信重新开始我的交易生涯是个好主意，而不是去做其他的事情。

你的交易计划里都写了什么？

最重要的原则是设定止损。具体来说，如果我进场以后亏损了10%，或者从我赢利 5% 的那个高点亏损了 15%，我就会停止交易。

那是你第一次使用系统止损吗？

不是。我为系统设定的止损是 20%，我分别在 2001 年和 2005 年触发了止损，停止了交易。

你在停止交易后需要多长时间恢复交易？

我会做更多的回溯测试，并对系统进行微调，直到我认为能够重新交易为止。

是几天、几周，还是几个月？

2001 年隔了几周，2005 年则间隔了一两个月。2005 年中断的交易时间之所以更长，是因为我得出了我需要关注每个交易日每分钟的扫描信号的结论——新软件的开发需要时间。

所以，为系统设定止损并不是什么新想法，只是你冒的风险比以前降低了一半。

完全正确。

你在2016年恢复交易时，是否只使用多头和空头均值回归系统？

一开始是这样的。

也就是说趋势系统只用了几个月？

只坚持用了几周。

既然你只使用均值回归系统进行交易，那么在你单独使用该系统时，是什么使你不再经历2015年那样的下跌呢？

我做了一些改变。我排除了允许总的头寸价值超过100%的情况，即使是暂时的日内交易也不例外。我从持有固定的股份转变为持有固定百分比的股份。另外，我在看到生物科技类股票容易受到极端价格波动的影响后，将其从交易系统中彻底删除了。

接下来你做了什么重要的改变，为什么？

从2016年3月到2017年12月，我只使用均值回归系统进行交易。虽然它在那段时间内表现得很好，但是自从停止使用经典的趋势系统后，我一直在寻找它的替代品。我喜欢将四种策略结合在一起的方法，也就是说，你在趋势系统和均值回归系统中都可以运用多头和空头策略。如果你的多个系统能够做到很好地区分和多样化，那么它们组合在一起的表现就要优于单个交易系统的表现。

我注意到在网上很多人都专注于IPO交易。这让我想到，可以将交易领域限制在趋势系统进行回溯测试的近期的IPO交易中。我发现IPO有一些独特的属性。我发现了一种简便的、基于在股价创出新高时买入的趋势跟踪系统，它对近期的 IPO 交易非常有效，尽管这个系统对整体股市不起作用。

这套 IPO 趋势系统也是一个短期的应用吧？

是的，这种交易并不频繁，也没有什么大影响。而且，今年（2019年）我增加了一个使用均值回归进场的做空趋势策略。

那么，你是在用五套系统进行交易吗？

有一段时间是这样的，但是几个月前，我暂停了多头均值回归系统，因为我增加了一条风险控制原则。现在，我会在该系统的资金曲线低于其 200 日移动平均线的时候关闭它，这就是多头均值回归系统现在的情况，这是我第一次使用该系统的资金曲线作为关闭系统的信号。我的多头均值回归系统目前下跌了 32%，但是我今年的亏损很小，因为我已经不再用它进行交易了。

你打算什么时候恢复它？

在某些情况下，如果该系统的资金曲线重新回到 200 日移动平均线之上，我可能会再次激活它。然而，鉴于当前下跌的长度和深度，该系统不再具有吸引力。

你将这种方法应用于那些不起作用的空头策略和多头策略，并且只交易那些位于 200 日移动平均线右侧的系统。

是的。

这难道不意味着你有时会发现自己只交易多头策略或者空头策略吗？

由于我是最近才开始通过监测系统的资金曲线发现无效信号的，所以今年的多头均值回归系统跌破其 200 日移动平均线是唯一一次。在得出这个系统不再发挥作用的结论之后，我花了几天的时间思考并测试了其他方法来构建多头均值回归策略。我发现并激活了一个能够有望成为有效替代品的系统。坦白地说，我更喜欢研究新系统，而不是重新激活一个已经停用的系统。

你对优化有什么看法？（优化是指为给定的系统寻找最佳参数的过程。优化的基本前提是，在过去发挥显著作用的参数有更大的可能性在未来继续表现出色。然而，这个前提的有效性是值得商榷的。）

你必须在寻找更好的参数和避免过度优化之间找到平衡。一开始，我不明白这一点。我会添加所有我想要的参数，测试所有范围内的数值，甚至使用小数点，然后选择在过去表现最好的参数。我知道这么做有可能是错误的，但是我不知道还能怎么办。最后，我意识到频繁的优化对收益率并没有帮助，追求最好的参数只是一种幻想。

你现在做的有什么不同？

我倾向于构建一个尽可能简单的策略，使用尽可能少的原则，只测试一些似乎在合理范围内的少数参数。例如，如果我的某个参数是利润目标，我可能会以 1% 为间隔，测试 6% 到 12% 之间的参数值。我希望不同参数值下的结果不会有太大的差异，因为这意味着系统是稳健的。更棒的情况是，我可以从系统中完全移除一条参数化的原则。现在，当我开发一种新的策略时，我甚至可能不会运行我的优化程序。

有哪些你现在知道的事是你希望一开始就知道的？

说来好笑，我想我现在知道的也不多。我觉得我在很多方面还是像以前那样毫无头绪（他笑了起来）。从某种意义上说，我的回答是"什么都不用做"，因为如果我知道我现在所做的一切，我可能一开始就不会尝试交易了。以我的母亲为例，她自幼家境贫寒，也没有上过大学，但仍然拥有一个非常成功的职业生涯。她喜欢说："我之所以成功，是因为我不知道我做不到。"

鉴于此，以下是一些可能会在早期有所帮助的见解：

1. 构建一个多样化的简单的系统的集合，比不断增加原则并重复优化单个系统更有效。

2. 明智的做法是在每一种策略中都加入激活、关闭的"开关"（例如一条低于其移动平均线的资金曲线），即使这样在回溯测试中会降低盈利。如果某个系统不再发挥作用，这个原则可以显著地限制亏损，这种情况是有可能出现的。你运行的系统越多，越容易在情感上接受关闭系统。从这个意义上说，这个原则增加了第一条原则的重要性。

3. 均值回归策略的尾部风险更有可能来自一组中等规模的亏损交易，而不是单笔交易的潜在巨额亏损。要考虑到一系列相关的亏损有可能在回溯测试中被低估的可能性。

4. 你可能会很快获得成功，并且将这一优势持续 15 年，然后经历一个足以结束你职业生涯的下跌。因此，如果可能的话，你最好保证有另外的收入来源。

5. 好运来自与他人分享你的故事和知识，这是我多年以来一直害怕做的事情。

你对那些希望成为交易员的人有什么建议？

不要辞掉你的工作。试着去感受市场中有多少随机性。要尝试，不要因为别人说了什么就想当然地认为某件事可行或者不可行。保持不断尝试的精神。

＊＊＊

也许帕克获得长期成功的关键因素是他愿意实质性地改变甚至完

全放弃那些似乎已经不再发挥作用的交易系统。他在职业生涯中做过很多次这样的重大转变，从而让他在这个过程中避开了数次危机。令人惊讶的是，帕克多年以来获得盈利的一些交易系统不再有效，而且再也没有被重新启用。如果帕克不具备从根本上改变他的交易方式的灵活性，例如在某种程度上从趋势系统转换到与之相对的均值回归系统，他是无法在这个市场中存活下来的，更不用说成为一名成功的交易员了。

有个送给系统型交易员的建议是：坚定不移地遵守系统原则。这条建议对于一个具有明确优势和有效风险控制的系统来说是合理的。在这种情况下，事后预测系统信号往往会产生不利的影响。本章开头引用的艾迪·塞柯塔的第一条原则"坚定不移地遵循法则"适用的就是这种情况。帕克在设计交易系统的过程中遵循了这一原则，而这一交易系统百分之百是自动化的。

然而，问题在于，这些系统可能会一时有效，然后完全失去效果，甚至导致持续的净亏损。这一令人不安的现实意味着终止或者彻底改变系统是一个系统型交易员获得长期成功的关键因素。这就是艾迪·塞柯塔的第二条原则"知道什么时候打破原则"所要解决的问题。帕克也坚持了这一原则，多次彻底地改变了自己的交易系统。事实证明，这些行为对他的长期成功至关重要。

系统型交易员面临的最艰难的困境之一，就是判断一个系统产生持续的亏损是否只是暂时的，之后是随着股市的回暖创出新高，还是说这一系统将不再发挥作用。至于如何在这两种相反的方向之间做出判断，并没有行之有效的方法。然而，系统型交易员可以从本章中获得的经验是，有时放弃一个系统是正确的决定。帕克的经历是少有的在交易中遵循原则的例子之一，在这个例子中，完全按照系统进行交易也许不是一件好事。

帕克修订对持续赢利至关重要的交易策略这个行为是有实质意义的。这些修订包括从在临近收盘时进场转为日内交易、从趋势系统转向均值回归系统以及开发适用于 IPO 的新体系，不过它们没有在更大的范围内发挥作用。这些结构上的变化与诸如参数之类的更改有着很大的不同，后者更像是修饰性的调整。尽管帕克经常更改系统中的参数，以便在使用修改后的参数时能够减少或者消除最近的下跌产生的影响，但是他意识到，这些变化对未来的盈利能力影响不大。不断地修改参数以最大化过去的结果（即优化过程）甚至会造成不利的影响。

开发交易系统的交易员应当警惕优化过程中固有的陷阱。危险不在于优化会导致更糟糕的交易结果（尽管有可能），而在于它会让交易员对他们进行测试的系统的有效性产生严重扭曲的预期。在最坏的情况下，隐藏在优化中的被夸大的结果可能会导致系统开发人员选择没有经过事后观测的系统，并根据该系统进行交易，最终导致负的预期收益。另外一个要注意的陷阱是过度优化（对系统进行微调以最大化过去的业绩）可能导致设计的系统过于匹配过去的曲线，而无法在未来很好地发挥作用。

帕克一开始并没有注意到这些缺陷，但是随着经验的积累，他开始意识到优化结果所固有的扭曲和过度优化的缺点。考虑到优化结果和实际结果之间的偏差，帕克表示："在我的整个职业生涯中，我所使用的系统在回溯测试中通常会实现 50% ～ 100% 的年收益率，以及不到 10% 的最大回撤。然而，在实际的应用当中，我的收益率接近20%，这正是我的预期。"如今，帕克对他使用优化的程度做出了严格的限制。有时候，他在设计新策略时甚至可能不会运行他的优化程序。

根据我过去进行的多次实证检验，我自己关于优化的主要结论与

帕克的观点是一致的。具体的总结如下：[⊖]

1. 任何系统（重复一遍，任何系统）都可以通过优化（基于过去的业绩表现）实现盈利。如果你发现一个系统不能通过优化产生良好的利润，那么恭喜你，你发现了一个赚钱的机器（你可以反向操作，除非交易成本过高）。因此，被优化过的系统基于过去的数据生成的出色业绩看上去是很好看，但是并不意味着什么。

2. 优化总是（重复一遍，总是）夸大系统的潜在未来业绩——通常会大打折扣（比如说，三辆拖车的价值）。因此，优化后的结果永远（重复一遍，永远）不应该被用来评价系统的价值。

3. 对很多系统而言，可能不是对大多数系统而言，如果真的可以的话，优化只会稍微提高未来的业绩。

4. 如果优化有任何价值，那么它通常体现在对参数范围的宽边界定义上，系统的参数值会从这个参数范围中选取。至于微调，往好了说是浪费时间，往坏了说是自欺欺人。

5. 鉴于以上的结论，缜密而又复杂的优化过程是在浪费时间。最简单的优化过程将提供尽可能多的有意义的信息（假设存在有用的信息）。

总而言之，与普遍的看法相反，关于在长期内，优化是否能比随机从合理的范围内选择交易用的参数产生更好的、有意义的结果，存在一些合理的质疑。为了避免任何困惑，我要明确地指出，这句话并不意味着优化没有任何价值。在定义次优极端参数范围时，优化是有用的，而次优极端参数范围是在选择参数时不被考虑的。此外，对于

⊖ 关于优化的讨论改编自杰克·D.施瓦格的《期货市场完全指南》（*A Complete Guide to the Futures Market*）。

某些系统而言，即使排除了次优的极端值，优化也可能在参数选择方面提供一些优势。然而，我的核心观点仍然是，优化所提供的改进程度远低于人们通常的认知程度。交易员可能会先证明他们关于优化的假设，而不是盲目地接受这些假设，从而节省大量的资金。

风险管理对于系统型交易员和自主型交易员来说都是成功的关键因素。多年以来，帕克在他的交易方法中加入了很多风险控制原则，主要包括：

1. **停止交易**。如果账户资产净值下跌了一定的百分比，帕克会停止交易。最初，帕克使用资产净值下跌20%作为停止交易的触发器。2016年，在考虑是否要放弃交易之后，他重新开始交易，但是将止损点降低到10%（当账户赢利5%时，止损点将增加到15%）。止损是一种非常有效的风险管理工具，它允许交易员确定他们可能损失的最大金额（假设他们严格遵循自己的原则）。因此，交易员可以在一开始就确定最坏的结果。通过将止损点保持在很小的水平，交易员可以将损失限制在比较容易接受的范围内。

    基于账户资产净值的止损点可以帮助交易员获得多次成功的机会。有太多的交易员没有采取任何风险管理，这使得他们很容易因为一次巨大的亏损而被市场彻底扫地出门。只有让你的账户风险足够小，你才能在最开始的交易受挫后有机会重新来过。扑克牌游戏中的赌注就是一个很好的例子。如果你手中的牌很烂，你会希望将损失限制在很小的部分，而不是满盘皆输。你要确保你有机会再试一次。

2. **关闭系统**。帕克将趋势跟踪方法用于系统的资金曲线，进而发现系统无效的信号。具体来说，如果系统的资金曲线低于其

200天移动平均线，帕克就会停止交易，然后等到其资金曲线回升到200日移动平均线之上后再重新启动交易系统。帕克使用的趋势跟踪信号并没有什么特别之处，其关键之处在于把将技术分析应用于资金曲线的想法作为风险控制的方法。这种风险控制策略不仅适用于交易系统，还适用于系统型交易员和自主型交易员的投资组合管理。

基于系统或者投资组合的资金曲线进行交易是否能够产生净收益，完全取决于采用的具体系统或方法。交易员至少应该研究一下这种方式是否可以为他们带来净收益。即使是在基于趋势信号关闭、启动系统（或者投资组合）会降低整体盈利的情况下，这种方式仍然能够降低风险（例如减少亏损）。关键之处在于这种方式是否会增加收益风险比。如果可以的话，任何收益率的降低都可以通过增加交易规模来抵消，同时还可以降低风险。

3. **调整头寸规模。** 2015年，帕克体会了为弥补之前错过交易机会而增加头寸规模的危险。交易规模需要根据每日账户资产净值，并使用一致的公式计算。否则，在你的大规模头寸偶尔依靠运气大赚一笔的同时，你也在冒着放大损失的风险。

以交易为生是很困难的。帕克在2016年初几乎告别了交易，而仅仅在八个月前，他的累积利润还创下了500多万美元的新高。如果你想以交易为生，你的累积利润持续攀升是远远不够的，你还要考虑将要缴纳的各种税款以及生活开销会降低累积利润的问题。鉴于这项任务的困难程度，帕克发自内心地向那些坚信自己能够以交易为生的人建议，不要放弃本职工作去尝试没有把握的新事物。

第 10 章

迈克尔·基恩
互补的策略

　　迈克尔·基恩在新西兰上大学的时候就把股票投资当作一种爱好。在金融服务公司从事了四年与投资和交易无关的工作后，他离开新西兰前往伦敦，希望在世界上最重要的金融中心之一找到一份更接近自己兴趣的工作。遗憾的是，基恩从来没有获得过与金融市场相关的工作。然而，在来到伦敦两年后，并未气馁的基恩成立了自己的资产管理公司 Steel Road Capital（铁路资本），他利用这份副业为朋友和家人管理几个小账户。最终，他放弃了自己的本职工作，全身心地投入到投资组合的管理中。虽然基恩的业绩超过了绝大多数对冲基金，但他管理的资产仍然很少（800 万美元），而且他也没有管理巨额资金的抱负。

　　多年以来，基恩形成了一种将长期股权投资与短期事件交易相结合的独特资金管理方法，主要做空生物科技股。基恩在进行做空交易时主要关注那些缺少交易经验的多头买入者的交易情况。这些交易通常涉及小盘股，这些股票的价格经常会因为新闻或者即将发生的催化剂事件毫无根据地上涨。

基恩的投资组合中的投资和交易部分之间的负相关关系，使得他的收益率大幅跑赢股票指数，同时他的账户的最大回撤保持在 20% 以下。在创建资产管理公司之后的十年里，基恩的平均年复合收益（不包含管理费）率达到了 29%，是同期标普 500 指数的将近三倍。他的月度 GPR 是 2.86，几乎是标普月度 GPR0.96 的三倍。

虽然基恩在伦敦生活了十年，但是他仍然保留着浓重的新西兰口音，这会让我有时候对他说的话感到困惑，以至于我不得不让他再重复一遍。例如，当他谈到管理账户结构相对于基金结构的优势时，我听到他说："我省去了很多'艾德蒙'（Edmund）。""很多什么？"我困惑地问。原来他说的是"管理"（admin）。还有一次，当我们谈到一种治疗年龄相关性黄斑变性（AMD）的药物试验时，基恩反复地提到一种听起来像是"风险更大的注射剂"（riskier injections）的东西，我完全不能理解。后来，我不得不让他停下来，问他"风险更大的注射剂"到底是指什么。在他重复了很多次之后，我终于明白他说的是"能够救命的注射剂"（rescue injections）。再比如，基恩在谈到股票价格波动时，一直使用一个听上去像"收盘谷物"（closing grain）的说法。从前后的内容来看，他指的似乎是股价收高。由于不想打断他，所以我就没有问他说的是什么意思。直到我听采访录音写这一章的时候才恍然大悟，原来他说的是"以绿色收盘"（closing green）⊖。基恩接受了我对他的口音的疑惑，并幽默地对一些误解进行自嘲。采访结束后，他给我发了一封电子邮件："如果你对我的新西兰口音有任何疑问，请不要犹豫，尽管联系我！"

⊖　在美股中，绿色 K 线表示股价上涨，红色 K 线表示股价下跌。——译者注

达尔吉特·达利瓦是一位杰出的交易员（参见第 5 章），和基恩一起做投资。他对基恩的评价是："迈克尔的独特之处在于，他结合了两种截然不同的方法，既做多股票，又掌握独特的做空策略。这说明他是个适应能力很强的人，而适应能力在投机游戏中至关重要。

***

作为土生土长的新西兰人，你是在哪里对市场产生兴趣的？我觉得股票市场在新西兰可能并不受关注。

我觉得你的说法很有意思。事实上，在 20 世纪 80 年代，新西兰的股票市场可是得到了相当大的关注，但是在那之后沉寂了很长一段时间。我小的时候从我的父母那里听说，他们当时拥有的农场之所以能够负担得起各项支出，是因为他们在股票市场中挣了一大笔钱。在那个时候，新西兰的股票市场十分繁荣。那轮牛市的催化剂是：在短短几年的时间里，新西兰从世界上最封闭的经济体之一转变为最开放的经济体之一，关税、补贴和税收都大幅降低了。

我想是因为执政党更迭吧？

是的，工党赢得了大选，整个局面也随之改变了。

工党的执政路线不会是中间偏左吧？

是的。

他们推动了经济的开放？

当然是的。

我认为美国现在的情况正好相反，共和党人支持特朗普的贸易战和巨额赤字。

同时还有大量的放松金融管制的政策。由于所有的政策都出现了改变，大量的资金进入新西兰的股票市场。

是外部资金还是内部资金？

我认为两者都有，但这是典型的以散户驱动的繁荣。我的父母和其他人一样参与其中，他们把所有的积蓄都投入了股票市场。他们在1987年初卖掉了所有的股票，然后买了农场，这是他们多年的心愿。他们当时之所以卖掉手中的股票，是因为他们是在政府补贴的帮助下买的房子，该政策要求他们持有房产五年。五年期限一满，他们就可以自由出售房产，然后买下农场。他们是幸运的，如果政策要求他们持有六年而不是五年，最后的结局将会大不相同。美国的"黑色星期一"就是我们这里的"黑色星期二"。1987年的美国股票市场崩盘是导致新西兰股票市场泡沫破裂的原因。在六个月内，新西兰的股票市场下跌了50%，并且在今后的20多年里再也没有回到当时的高点。

你父母的投资收益率是多少？

我不清楚。新西兰的股票市场当时上涨了六倍，而我的父母在半年内就把股票卖出了。所以，我猜他们的资产至少是原来的三倍。

也就是说，你的父母在股票市场中赚了足够的钱买下了农场，这一切吸引了你的注意力。他们卖掉股票买下农场的时候你几岁？

那时我只有五岁左右。这个故事我从小就听，让我难以忘怀。我父亲对他从股票市场中大赚一笔的事情有着不同的看法，他坚信是自己能力强。

你对市场和交易的兴趣是如何在家庭故事以外发展起来的？

我对市场的兴趣是在我上大学的时候培养起来的。我和几个朋友经常在一起讨论股票市场。我们有八个人，后来一起成立了一个投资俱乐部。我们每个人出资1000美元，建立了一个共同的投资账户。起初，我们坐在一起开会，每个人都发表自己的意见，就像一个典型的分享小组。然而，这个俱乐部最后只剩下我和另外一个成员在做事，我们包办了所有的工作，而其他人所做的就是对我们的选股结果表示同意。毕业之后，我的搭档进入投资银行工作，不得不放下这边的事情。所以，从 2004 年开始，我独自管理着这个投资组合。这个投资俱乐部一直存续到 2010 年才宣告终止。

你的业绩怎么样？

在 2008 年以前，我的业绩最好的时候也就是市场平均水平。然而在 2008 年，我们在六个月的时间里亏损了 50%。不过，我意识到当时的股票价格很便宜，于是说服了一些投资者加倍下注。2009 年，我的投资组合上涨了 88%。

你为什么在 2010 年终止这个投资俱乐部？

我想把它从股份制结构转变成正式的投资结构。我用 2009 年强劲的业绩表现说服了俱乐部的一些投资者和我共同投资一个托管账户。

你在投资方面投入了多少精力？

我几乎把所有的精力都用在了投资上。我在伦敦的时候有幸找到了一份可以在家办公且时间比较灵活的工作。我每天很早起床，首先完成我的日常工作，然后在下午交易美股。这让我几乎成为一个全职交易员。

你为什么离开新西兰去伦敦？

新西兰人在 20 多岁去伦敦待上几年是很常见的。

你搬到伦敦是想找一份和股票市场有关的工作吗？

是的，伦敦是国际金融中心，我认为这里有进入银行工作或者成为基金经理的好机会，我对这些事情更感兴趣。

你在伦敦找工作有困难吗？

我是在 2008 年 9 月抵达伦敦的！（他笑着说那个时候恰巧遇到金融危机。）我还记得每天走出地铁站，看到免费发放的报纸上面的头条新闻都是前一天金融城又有多少人被裁了。这个数字总是数以万计。

你在那种环境下是怎么找到工作的？

我得到了一份为期三个月的承包合同，工作内容是制作电子表格。后来这份合同延长到了四年，在那之后，我便全身心地投入交易中。

你在开始交易托管账户的时候使用了什么策略？

一开始，我把买入并持有投资和宏观交易相结合。我在宏观交易方面很少获得成功，我不喜欢它，因为在这个巨大的市场中，总是有些人知道得比我多。我做的第一笔成功的交易是在场外市场做空拉高出货的股票。[⊖]这些无人问津的股票的价格会从 50 美分上涨到 5 美元或者 10 美元，然后在一天之内彻底崩盘。我发现一些研究服务机构和博客谈及的都是低价股，而且大多数观点都是看涨，但是我只对那些看空股票的内容感兴趣。

我很清楚这类股票的价格是如何在大幅上涨之后跌到几乎为零的。但是对于我来说，困难之处在于如何判断它们会涨多高。如果一只垃圾股的价格能够从 50 美分涨到 5 美元，它也能够很轻松地涨到 10 美元。那么，你是如何在不承担巨大风险的情况下做空的呢？

与普通的股票相比，这类股票的价格走势非常独特。其典型的走势图是这样的：比如一只股票的价格一开始只有 50 美分，然后按照每天 20 美分或者 30 美分的幅度上涨。如果在某个交易日收盘时不再出现这种情况，就说明这波行情的转折点出现了，多头出现了分歧，上

⊖ 股票推销商通过网络使鲜为人知的股票价格膨胀起来，当股价达到高点时，趁机抛光手中所有的股票。——译者注

涨趋势即将结束。

你的意思是这些股票的价格每天都会阶梯式上涨，直到哪天没有出现这种形态的走势，就会直线下跌吗？

是这样的，在第一个交易日下跌之后，股价在第二个交易日可能会下跌 60% ～ 70%。这是一个非常棒的策略，因为这些股票的价格总是以一种渐进的、可控的方式上涨。你从来不会在实体公司的股票上看到过如此疯狂的抛物线式的上涨。

这个策略总能奏效吗？你有没有遇到过在第一个下跌的交易日后做空，然后股价被拉回并再创新高的情况？

我从来没有在做空拉高出货的股票时遭受过重大的亏损。然而，这样的机会每个季度只会出现一次。

你使用这个策略多久了？

大概有一两年了。

既然这个策略如此稳定，你为什么不继续使用它呢？

做空是非常困难的，而且这个策略的使用范围也有局限性。此外，这种行为有些厚颜无耻，美国证券交易委员会对这类股票交易的打击力度将会越来越大。

在两年或者更短的时间内，你每年的交易次数屈指可数，这种做空拉高出货的股票的策略听起来只是你的投资组合中的一小部分。你大部分交易的基础是什么？

除了核心的买入并持有投资之外，我主要交易生物科技股，这部分的收益可能占我长期利润的 60% 左右。

你现在使用的是什么策略？

生物科技股是最好的交易载体。比如二期和三期药物试验的临床结果是重要的行情催化剂，也是决定小型生物科技公司成败的事件。这些公司的估值完全取决于药物试验的结果，而估值的变化提供了巨大的交易机会。

生物科技是一个高度专业化的领域。考虑到你没有任何生物学或者医学的背景，你是怎么根据相关事件做交易的呢？

通常情况下，这些股票的走势都有一套固定的模式。即使不是这个领域的专家，你也可以从中获利。例如，在一个健康的市场中，你可以在诸如三期药物试验结果这种重要的行情催化剂公布前的两三个月买入小型生物科技公司的股票。我会在市场炒作之前，以及经纪公司上调股票评级和散户投资者开始买入之前买进这些股票，如果试验成功，这些股票的价格就会飙升。我会在试验结果公布之前卖出这些股票。有些股票的价格仅仅因为药物试验结果公布的预期就会翻倍。

你是否遇到过药物试验结果公布之后股价不涨反跌的情况？

当整个市场出现调整的时候，这种情况可能发生，而且也确实发生过。上述策略的主要缺陷是，你需要知道什么时间发布药物试验结果。大多数市值在 1 亿～ 4 亿美元之间的小型生物科技公司的资产质量一般都很低。如果它们正处于三期药物试验阶段，而市值又很低，就表明它们不太可能有所作为。所有大型制药公司都会选择处于一期和二期试验阶段的公司，而不会选择处于三期试验阶段的公司，因为它们不想因为三期试验可能会产生的负面影响而受到波及。

你是否遇到过在药物试验结果即将公布时无法缩小股票头寸的情况？

我要么规避那些我不知道什么时候公布药物试验结果的股票，要么比平时更早离场，从而尽量减少在结果公布时我仍然持有股票的可能性。

你是否有过在结果公布的时候仍然持有股票的经历？

有几次药物试验结果完全出乎我的意料，而我当时还持有仓位。

在这种情况下会发生什么？

你的股票市值会下跌 60% 或者 70%。

你还在使用这个策略吗？

我不怎么用了。它现在对我来说只是次要的策略。在美国，药品定价可是个大问题，而生物科技行业一直以来就是个表现不佳的行业。

你还使用其他类型的策略吗？

偶尔会用，我会对生物科技公司的药物试验结果下注。

是什么因素促使你对药物试验结果的走向下注？

在某些情况下，就算你对药物本身一无所知，你也知道其试验失败的概率是非常高的。例如，从来没有一家市值在 3 亿美元以下的生物科技公司能通过抗癌药物的三期试验。

是不是因为如果这种药有前景，大型制药公司就会收购这些公司？

如果真是这样的话，它们的市值就会是 10 亿美元，而不是 3 亿美元。

你会不会有时在试验结果公布前做多一只股票，然后在结果公布后做空？

会的。但是你必须慎重做空，因为意外会经常出现。我通常会使用看跌期权进行交易，而不是直接做空。

除了我们刚才讨论过的两种策略之外，你在交易生物科技股方面还有其他策略吗？

我做的大部分生物科技股交易都是短线交易，时间从日内到几天不等，而且大部分交易都是做空交易。

是什么因素推动了这些交易？

生物科技领域的重要新闻与临床试验结果有关，但也有很多其他新闻影响生物科技股。这些新闻可能是美国食品药品监督管理局的消息，有可能是在三期试验阶段发布的额外数据，还有可能是公司发布的一些公告。公司发布新闻公告可能会使股价随之上涨 20%～30%。我要做的就是分辨这些新闻信息是否符合预期，是有其他的含义，还是只是纯粹讲故事。生物科技产业是个有趣的产业，产业里会出现糟糕的促销式管理。

你能给我举个这类交易的例子吗？

今年（2019 年）早些时候的 Avinger 公司就是个很好的例子。它公布了乐观的三期试验阶段数据，次日该股的收盘价较前一个交易日上涨了 40%。然而，当你查看新闻稿时，你会发现这是两年前发布的数据的进一步研究数据。所以，它不能称之为新闻。此外，公司的基本面非常糟糕，销售疲软，负债累累。我做空了这只股票，并在两天之内离场，之后这只股票不仅回吐了前期的所有涨幅，而且丝毫没有止跌的迹象。

你在去年（2018 年）出现了亏损，是哪里出了问题？

我的资金回撤了 4%，与标普指数的表现完全一致。我的多头头寸表现得不如标普指数，但是我的空头头寸让我摆脱了困境。

为什么你的多头头寸表现得这么差？

我在中概股的风险敞口过大，在京东这只股票上的亏损较大。

京东是一家什么类型的公司？

它是中国版的亚马逊。我最初是在 2016 年以每股 20 美元左右的价格买入的，当时它的估值还很低。2018 年初，该股的股价一路上涨到 50 美元。我在股价处于高位的时候抛出了一部分股票，但是我仍然持有大约 2/3 的头寸。这一年，有些事情发生了根本的改变。京东不再扩大自己的市场份额，其他的中概股也开始下跌。这些都是危险信号，但是真正的警示信号是京东宣布了一项交易：谷歌将投资京东，并在谷歌的购物平台上推广其产品。消息一出，京东的股票跳空高开，几乎以当日的最高价开盘，但是收盘时却大幅走低。我本应该在基本面发生变化之前离场，但是我最大的错误在于我忽略了当天的价格走势。作为一个以交易为生的人，我应该更清楚这些变化。在随后的几个月里，京东的股价又跌回了 20 美元。

你在下跌的过程中一直持有它吗？

（他笑了起来）我一直持有。

你以前犯过这种错误吗？

犯过，在我刚开始进入市场的时候。

你认为为什么会在京东这只股票上犯了同样的错误呢？

一部分原因是我对当时的头寸非常满意。此外，我的短线交易一直做得很好，所以我相信我可以继续持有该头寸。

当股价跌回 20 美元时发生了什么？

此时京东的估值低得离谱，所以我把在较高位置卖出的那部分头寸又加了回去。（更新：截止到 2020 年春季，京东的股价已经完全收复失地，并创下历史新高。）

你所有的短线交易都在生物科技板块吗？

大部分在，但有 20% 的短线交易涉及其他行业。例如，最近，在麦当劳宣布将在加拿大的部分餐厅推出新产品后，我做空了 Beyond Meat（超越肉食）公司的股票。麦当劳的消息一出，Beyond Meat 的股价从收盘时的每股 138 美元跃升至盘前的每股 160 美元。

你为什么要做空？

原因与我们之前谈过的做空生物科技股类似。对于麦当劳来说，推出新产品肯定是利好，但是 Beyond Meat 自从上市以来一直在发布这类声明，而麦当劳是唯一一个没有与其合作的大型连锁企业。所以，这个消息完全在意料之中。

你的意思是这则消息已经被股价消化了。

我认为这只股票的价格远不止于此。这家公司在今年（2019 年）早些时候上市之后，在短短几个月的时间里股价从 45 美元上涨到了 240 美元。之所以会出现这波极端的上涨行情，是因为该股的流通股很少，而且出现了轧空头（由于市场供应不足迫使价格上升）的情况。当公司的创始人出售部分股票的消息一传出，这只股票的股价在不到两周的时间里跌到了 140 美元以下。所以，我做空它的另外一个原因是，当麦当劳的消息出来后，这只股票已经破位下行了。如果一只股票仍然处于加速上涨的阶段，我是绝对不会在消息出来之前进场的。我之所以倾向于做空，是因为这只股票的性质已经完全改变了。

当你选择对利好消息进行做空时，你愿意在这笔交易中承担多大的风险？

对于这种类型的交易，我会将止损点设置在 10% 左右。不过，对于非生物科技股票的头寸，我只愿意承担这个投资组合大约 30 个基点的风险，并且会相应地调整头寸的规模。我主要交易的是生物科技股，在单笔交易中，我可能会承担接近投资组合 1% 的风险。有时候，如果我的布局非常稳健，我甚至会将这一比例提高到 2% 或者 3%。

对于如何将不同的策略应用于同一个投资组合，你是怎么做的？

一般来说，我的投资组合大约有 60% 的仓位是多头头寸，这个比例可以上下调整，这主要取决于我认为整个大盘被低估或者高估的程度。我的投资组合剩下的部分用于短线交易，偶尔也会做空长线的生物科技股。在典型的 60/40（股票多头 / 债券多头）投资组合中，债券的作用主要是分散风险。在我的 60/40 投资组合中，短线交易起到了分散风险的作用。

你在短线交易中做空的比例有多少？

大约 70%。

在你的投资组合中，你如何选择多头头寸的股票？

我的标准有两个：首先是大盘股，我会在我认为它们被不计成本地抛售时买入；其次是收入增长迅速的小盘股。

你能举一个在不计成本地抛售的情况下买入大盘股的例子吗？

我目前长期持有的一只股票是拜耳（Bayer），它在一年多前收购了孟山都（Monsanto）。就在这桩并购完成后不久，孟山都在一起大规模的诉讼案中被指控其除草剂会导致癌症。拜耳目前的股价较其平均历史估值水平有 40% ～ 50% 的折价。你可能会说，市场已经对潜在的 300 亿～ 400 亿欧元的法律债务给出了定价。但是在我看来，一笔 300 亿～ 400 亿欧元的债务简直太离谱了。除了烟草行业，从来没有出现过超过 100 亿美元的和解费用，所以我认为孟山都的和解费用将会在 50 亿～ 100 亿美元。

你是如何选择小盘股的呢？

一般来说，我寻找的是增长非常快的公司——收入的年增长率为 20% ～ 30%，但是还没有形成一定的规模。虽然，这些公司目前可能处于亏损状态，但如果执行了正确的战略，这些公司将在两三年内实现合理的每股收益，股价有可能上涨两三倍。我之所以偏爱这些快速增长的股票，是因为当它们实现了目标并开始赚钱时，会有催化剂推动股价上涨。

你是如何做风险管理的？

在经济衰退时，市场通常会下跌 20% ～ 30%。假设我 60% 的多头投资组合没有跑赢大盘，那么它的亏损是 12% ～ 18%。我希望我的短线交易和空头头寸能够弥补这一亏损。

所以，风险管理的一个重要因素就是投资组合的构建。那么你如何进行单个头寸的风险管理呢？

我在做空的时候会寻找一家即将公布试验失败的公司，这样我所承担的风险可能只有 1% ～ 2%。但是从年初至今，行情已经上涨了超过 20%，在这种情况下，我在一笔交易中所冒的风险要大得多。在典型的短线交易上，比如我们之前谈到过的 Beyond Meat，我会承担 30 个基点的风险。

最让你痛苦的交易是哪一笔？

那是我在 2012 年做的一笔交易，正处于职业生涯早期的我还没有像现在这样的风险管理能力。当时有一只叫宏道资讯（Broad Vision）的科技股在一个多月的时间里涨了四倍。就连公司的管理层也说，他们不知道股价为什么上涨了这么多。虽然它属于实体公司，但是它的股价走势却和那些拉高出货的股票如出一辙。因此，我按照之前的策略做空了这只股票。股价在一个多月的时间里从 8 美元涨到了 30 多美元，我在第一次回撤的时候选择了做空。然而，和那些上涨趋势一发生反转就持续下跌的拉高出货型股票不同的是，这只股票的股价走势出现了反转。我的亏损在几天之内就翻了一番，最终，我的投资组合的价值亏损了大约 10%。此时的我无力回天，只能接受失败的结果。

这只股票后来怎么样了？

股价最高上涨到 56 美元，随后一路下跌到 8 美元。

在那之后，你是否遇到过在单笔交易中遭受巨大亏损的情况？

我的投资组合的交易部分再也没有出现过巨额亏损。我的大幅亏损通常来自我的多头头寸。

我想这和你的多头头寸没有设置止损点有关，因为你主要通过投资组合中偏向空头的交易部分来对冲多头头寸。

是这样的。

你有没有过在交易中因为犯错而决定接受多头头寸大幅亏损的情况？

2014 年，我的多头头寸在一个月的时间里上涨了 35%，这让我产生了承担更多风险的念头（他在回忆这段经历时大笑）。不幸的是，我的这个想法是在石油行业和天然气行业的价格下跌时产生的，我开始大量买入各种俄罗斯管道经销公司的股票，而这些行业当时已经被完全淘汰了。现在回想起来，我当时的想法简直太可笑了。后来，这些股票的价格下跌了 70%，而我却认为不会再继续下跌了，可没想到真的继续下跌了。

这些股票是你多头投资组合中的一部分，所以你没有止损。

是的。

既然你发现这是一笔错误的交易，你是什么时候决定离场的呢？

两周以后，我在这些股票下跌 7% 的时候决定离场。不过，如果我能够再多持有几个星期的话，我几乎可以做到全身而退，但是我当时不可能这么做。

是因为这些股票超出了你正常的投资范围了吗？

没错。这些股票和我的专业知识毫无关系，这就是一笔鲁莽的交易。我并没有像交易生物科技股那样等待一个好的建仓时机，而是仅仅因为它们跌了很多就疯狂地买入这些我一无所知的股票。

这是你唯一一次偏离自己的投资方法吗？

是的。从那以后，我一直坚持自己的交易类型。

你现在知道的哪些事情是你希望自己在开始交易时就知道的？

不要过度自信。当我最开始做交易时，我会研究股票，然后认为自己比其他人知道的都多。但是现在，情况完全相反。我不再认为自己有多么聪明，我的交易的成功率是50%～70%。因此我现在反而总是会找我不应该从事交易的理由，因为我做得不好。

当你处于亏损状态时，你是否会尝试着做出一些改变？

我会继续交易，但是会降低每笔交易的风险。如果我愿意在好的建仓时机承担1%的风险，那么此时我就会把这个值降低到30个基点。

你对那些想要成为交易员的人有哪些建议？

你需要持之以恒。你要意识到形成自己的优势是个漫长的过程。

你要知道自己的优势是什么，并围绕着优势完善你的交易过程。

你要善于从错误中学习。你要分析你犯过的每一个错误，从中吸取经验教训，再把你从中学到的东西融入你的交易过程中。

你只有热爱交易，才能够从容地面对艰难的时刻。

***

那些看起来风险很高的交易，例如在临床药物试验结果公布后做空生物科技股，以及做空公司公告引发隔夜股价跳空上涨的股票，是基恩的风险管理策略的核心组成部分。

适当的风险管理包含两个层面：限制单笔交易损失的单笔交易层面，投资组合层面。投资组合层面的风险管理由两个部分组成：第一个部分是通过各种原则限制整个投资组合的亏损，这一点与单笔交易类似。这类原则包括通过既定的程序，随着亏损的扩大降低风险敞口，或者当亏损达到具体的百分比时停止交易。第二个部分与投资组合的构成有关。高度相关的头寸将在可控的范围内受到限制。在理想的情况下，投资组合应当包括彼此不相关的头寸，最好是彼此间负相关的头寸。

建立不相关以及负相关的头寸的投资组合这一概念是基恩交易哲学的核心。任何只做多头的投资组合都面临着一个问题，即投资组合中的大部分头寸都高度相关。基恩的投资组合中的大部分头寸由股票多头组成（平均占比大约是 60%，实际占比取决于基恩对整个股票市场的潜在收益风险比的评估）。他解决了由高度相关的头寸组成的股票多头投资组合面临的问题，他将投资组合中的这部分头寸与一种交易策略相结合，这种交易策略与股票多头头寸负相关。

基恩的投资组合的交易部分主要参与极短的短线交易，此外，长期做空生物科技股也是其交易的一部分。其中的负相关性由同为做空的接近 3/4 的短线交易与长线生物科技股头寸提供。即使是组合交易部分中的长线头寸，也与长期股权投资部分不相关，因为它们是与公司特定事件相关的日内交易头寸。通过将负相关的两个部分结合在一起，基恩能够实现股票的长期升值，而不会出现长期股权投资组合在熊市中下跌的典型风险。

基恩用于对冲其股票多头敞口的独特方法严重依赖做空生物科技股，这种方法对于大多数交易员来说既不适用，也不可取。然而，对读者来说，重要的不是基恩用来降低投资组合风险的具体方法，而是寻找不相关的头寸，最好是负相关的头寸。交易员不仅需要关注自身的交易，还需要关注这些交易如何影响投资组合。

基恩还将风险管理应用于单笔交易层面，这种做法对做空交易尤为重要，因为从理论上来说，做空交易的风险没有上限。基恩在他交易生涯的早期做空了一只呈抛物线形态上涨的股票，但是却没有计划如果自己做错了该怎么办，这让他意识到限制单笔交易风险的重要性。在另外一次做空交易中，那只股票的股价在短短的几天之内几乎翻了一番，这直接让基恩的投资组合亏损了 10%，这也是他的交易生涯中遇到的最大亏损。从此以后，他再也没有犯过这个错误。基恩通常会将他熟悉的生物科技股交易的风险控制在 1% 以内，而将非生物科技股交易的风险控制在 30 个基点以内。此外，基恩并没有对其股票多头头寸使用保护性止损，他在大盘股出现大幅回调之后才会进场，以此来限制这些头寸的进一步下跌。

通常情况下，基恩只会严格地选择那些符合他的策略标准的交易。然而，2014 年底，基恩违背了他的交易原则。他实现了 35% 的盈利，而此时距离年底只有一个月的时间。然而，他认为自己的盈利能够起到足够的缓冲作用，从而萌生了承担更大的风险的念头。他仅仅因为能源价格的下跌就买入了一揽子能源股，而这次交易与他的标准方法无关。在不到两周的时间里，他就回吐了全年 7% 的利润。当交易员一帆风顺的时候，他们往往会做出草率的决定，这种情况很常见。你要当心，不要让暂时的胜利冲昏了大脑。

导致价格走势与预期相反的重要基本面消息往往是关键信号。京东在宣布与谷歌达成交易后先扬后抑的走势为此提供了一个完美的例子，其股价在随后的一段时间里大幅下跌。

第 11 章

帕维尔·克雷伊奇

战胜职业交易员的酒店服务员

帕维尔·克雷伊奇（Pavel Krejčí）是谁？［向艾恩·兰德（Ayn Rand）致歉。］当我看到他的账户一直出现在某财经网站排行榜的前10名并多次位列前5名的时候，我就在想这个问题。

我每次看到克雷伊奇的业绩记录，特别是从每个季度的角度来观察，都会发现他的资金曲线稳步上升。虽然克雷伊奇的收益率曲线与麦道夫的很像，但是我知道他的账户是经过认证的，所以这些数字是真实的。（由于是关联账户，克雷伊奇的收益率数据是从一家知名的经纪公司获得的。）我给克雷伊奇打了电话，询问他出色业绩背后的故事，以下就是我的收获。

克雷伊奇居住在捷克共和国。高中毕业后，他服了一年兵役。后来，他在布拉格当了十年的酒店服务员。出于对资金的需要，他在工作之余开了一家餐馆。在这段时间里，他每天要花14个小时辗转于他的工作和生意之间。几个月后，他的餐馆倒闭了。克雷伊奇在总结这次失败的创业时说："我不知道如何管理人。"

在做酒店服务员期间，克雷伊奇用 2 万美元开立了一个股票账户，希望能够开启他的交易生涯。然而，他的第一次交易之旅并不顺利。在六个月之内亏损了 80% 的本金之后，克雷伊奇在 2005 年底关闭了他的股票账户。在接下来的六个月里，他研发了一套自己的交易方法。到 2006 年年中，克雷伊奇坚信自己可以大展身手了。他用 27 000 美元开立了另外一个股票账户，其中包括他从兄弟那里借来的钱。他只用了一年多一点的时间就让自己的账户金额增加了一倍多，这也让他下了辞去酒店服务员这份工作的决心。

克雷伊奇拥有 14 年的交易记录，只做多头的他超过了 99% 的多头职业基金经理。我敢打赌这个数字的准确度是 99.9% 而不是 99%，但是我没有数据佐证。

在恢复交易后最初的两年半里（2006 年年中到 2008 年），克雷伊奇的平均年复合收益率是 48%。在此期间，比他的平均年复合收益率更让人印象深刻的是，他在 2008 年仅仅通过做多股票的策略就获得了 13% 的收益率，而同期的标普 500 指数却下跌了 37%！遗憾的是，克雷伊奇只提供了这几年的年度报表，所以我无法计算他的收益风险数据。

在随后的 11 年半里，克雷伊奇的平均年复合收益率是 35%（同期标普 500 指数的数据是 13.6%），而以每日数据为基础的最大回撤只有 13.2%（根据月末数据计算的最大回撤是 7.0%）。他的收益风险指标非常出色：调整后的索提诺比率是 3.6，月度 GPR 是 6.7，日 GPR 是 0.81。这些数据是同期标普 500 指数相应水平的 3 ~ 7 倍。如果把他早年的经历也计算在内的话，标普 500 指数与克雷伊奇的出色业绩之间的差距会更大。克雷伊奇的业绩一直都非常稳定，他在所有的季度中有 93% 的时间获得的收益率为正。

到目前为止，在已经出版的"金融怪杰"系列图书收录的人中，克雷伊奇的账户金额是最小的。他的交易账户的资金在 5 万～ 8 万美元之间。克雷伊奇只交易成交量极高的股票，所以他的投资方法可以轻松地用于更大的投资组合。考虑到他交易的股票的流动性以及他的出色业绩，为什么他的账户规模会如此之小呢？答案很简单：克雷伊奇会用他的交易利润支付生活开销。因此，虽然他的收益率一直很好，但是他从来没能够扩大自己的账户规模。

我是在 2020 年新冠疫情期间采访克雷伊奇的，当时不能出远门和私下会面，我是通过 Zoom 软件进行采访的。

克雷伊奇是如何只利用股票多头策略获得出色业绩的呢？这就是我们采访的主要话题。

***

我知道你高中毕业之后就没再上学了，你考虑过上大学吗？

我算不上是个好学生。说来好笑，我记得我的高中老师告诉我："帕维尔，你永远不可能从事和经济学有关的工作。"我的高中学习成绩是用 1 分到 5 分表示的，1 分代表最好，5 分代表最差。我的经济学课程得了 3 分，我的数学成绩较差，得了 4 分。我很清楚自己在大学待不下去。我不认为教育对于交易有多么重要，学习如何对交易保持热情才是最重要的。

你做交易的契机是什么？

我在酒店上班的时候，看到很多商务人士会阅读《华尔街日报》或者《金融时报》。我心想："这个工作太棒了，你只要坐在那里读读报纸，然后打几个电话进行交易就行了。"我认为以交易为生会是一种很棒的生活。当然，我没有任何这一行的经验，什么也不懂。2005 年，我开立了股票账户开始交易。

你当时交易美股吗？

我从一开始就交易美股。

你读了哪些书来了解市场和交易？

我看了一些当地关于技术分析的书。我还读过您写的《金融怪杰》，这本书被翻译成了捷克语。

你在刚开始入市的时候使用哪种交易方法？

我完全没有章法。如果一只股票看起来可能会上涨，我就会买入。我最大的问题是从来不设置止损。

你的账户规模有多大？

2 万美元。

它的表现如何？

我亏损了一半的本金，停止了交易。虽然我的交易水平有限，但是更大的问题在于，我的经纪人是美国人，我买卖一手股票的佣金是 10 美元。以这样的佣金水平进行交易，你是不可能在日内交易中赚到钱的。

你之后多长时间没有交易？

大概有半年多的时间吧。我后来把一些存款转入了账户，又从我的哥哥那里借了 5000 美元，这样我就有足够的资金在一天之内做三笔日内交易了。

在这期间你有没有找到某种交易方法？

有。它与我现在使用的方法类似。它们之间最大的不同在于，我那时不关注我正在交易的股票的成交量和流动性。

那段时间你还在做酒店服务员吗？

是的。我是在 2007 年底辞职的，那时我已经能够实现全年赢利了。

也就是说，你从那以后都是靠交易的利润维持生计了？

是的。

你花了多长时间来建立你的交易方法？

一年多一点。那时我还在做全职的工作，我每天要花大概 16 个小时在工作、股票研究和交易上面。

你尝试过什么你后来放弃的方法吗？

一开始，我尝试了包括长线交易在内的很多方法，但是我发现买入并持有策略并不符合我的个性。

什么才是符合你个性的方法呢？

我寻找的是那些会在一天当中波动很大的股票。我回看了 1997 年的股票价格走势图，注意到很多股票在一年里出现过四次特别大的日内波动。一开始我很奇怪为什么会这样，随后我发现这些价格波动是由业绩报告引起的。我发现了这些业绩报告发布后第二天的股票价格走势，与我早在 1997 年就注意到的情况的相似之处。

鉴于你只是根据业绩报告进行交易，我判断你的大部分交易集中在少数几个交易日内。

是的，我的大部分交易都发生在每个季度的某 30 天里，因为大多数业绩报告都是在这段时间内发布的。但是也有一些业绩报告是在这段时间以外发布的。所以我想说的是，我一年当中的大部分交易都是在四个月中进行的，还有三个月进行一些零散的交易，剩下的五个月我主要专注于股票研究。

你做什么类型的研究？

我会复盘以前的交易，看看还有哪些可以改进的地方。例如，我会试着回答这样的问题：如果我持有这只股票的时间更长，我会不会做得更好？

你是用人工的方式做交易分析的吗？

是的。分析师的工作占整个工作的 95%，交易员的工作占 5%。我在进行一笔交易之前必须看到一个高胜算的交易机会。

你关注的股票有多少只？

200 ～ 300 只。

这些股票有相同的特征吗？

这些股票每天的成交量都非常大。在业绩报告发布之后的交易日里，也就是我进行交易的时候，这些股票的成交量是 500 万～ 1000 万股。

既然你的交易规模很小，那么流动性对你来说应该不是问题，为什么成交量非常大是这些股票的重要特征呢？

多年以前，我以为我可能有一天会交易一个规模更大的账户。所以，我从交易所有股票转向交易流动性很高的股票。

所以你的出发点是，如果你成功了，能够吸引并管理更多资产，你就可以继续使用相同的交易方法了，是吗？

完全正确。

在业绩报告发布之后，你是否同时进行做多和做空交易？

没有，我只是买入，我从不做空。

根据利好的业绩报告进行的交易占你整个交易的百分比是多少？

我 80% 的交易和 90% 的利润来自受利好的业绩报告影响而上涨的股票。

你会买一只业绩报告出色但处于下跌趋势的股票吗？

会的，但是我很少做这种类型的交易。我可能会买入一只在热点板块中处于下跌趋势的股票，因为对于这种股票来说，趋势并不是最重要的。

我认为，在一份利好的业绩报告发布后买入的理由是：市场在开盘的时候，其业绩还没有完全反映到股价上，如果你把握好进场的时间，仍然有获利的机会。但是在利空的业绩报告发布后，你的买入理由又是什么呢？

一些处于下跌趋势并且拥有大量空头头寸的股票可能会出现超卖的情况，在这种情况下，即使业绩报告是利空的，它们也会有一波超跌反弹的行情。

业绩报告和股票趋势之间有四种组合方式：①上涨趋势，利好的业绩报告；②上涨趋势，利空的业绩报告；③下跌趋势，利好的业绩报告；④下跌趋势，利空的业绩报告。你说过你 90% 的利润来自第一种情况，为什么不考虑其他三种类型的交易呢？

第一种交易具有很高的风险收益率。然而，问题在于，在我所追踪的股票中，并不总是能够找到足够多的同时符合处于上涨趋势、拥有利好的业绩报告的交易。所以，有必要利用其他三种类型的交易弥补第一种交易在数量上的不足。

当在业绩报告发布后决定是否进行股票交易时，你最看重的是什么？

我保存了所有在业绩报告公布之后交易的股票的价格走势图，这些数据可以追溯到 15 年前。我观察的是股票在业绩报告公布之后的表现，也就是它们在上涨阶段、横盘阶段以及下跌阶段是如何表现的。最佳的交易机会出现在市场横盘下跌，而股票正处于上涨阶段，且伴有利好的业绩报告的时候。这个时候，你看到的是股票走出了独立行情，而不仅仅是对市场上涨做出回应。

有其他你关注的价格走势图吗？

有。最好的情况就是在业绩报告发布之前，股价受到人们对公司业绩的担忧而出现回调。如果业绩报告是利好的，那么在报告发布之前离场的投资者往往会立即大举买入。

还有没有其他的股价走势图能够说明在业绩报告发布之后买入比较好？

有的。如果上一次的业绩报告是利空的，那么更多的多头会因为担心之前的一幕再次上演而在业绩报告发布之前平仓。如果业绩报告是利空的，那么很多斩仓的多头就会反手做多。

我能够想到另外一个原因，说明为什么一份利空的业绩报告加上一个上涨的趋势会是看涨的指标。从本质上说，这种情况意味着该股能够在上次利空的业绩报告公布之后重新恢复涨势。可以说，该股摆脱利空消息影响的能力本身就是一个看涨指标。

在决定是否在业绩报告之后进行交易时，你是否还考虑其他因素？

我会考虑这些问题：业绩报告比预期的结果高多少，空头头寸的规模有多大，盘前的交易量是多少，盘前的股价走势如何。

你是否进行交易的决定是不是取决于该股股价对业绩报告的反应有没有达到特定的最低百分比？

是的，完全正确。

你是用同样的方法交易所有的股票，还是用不同的方法交易不同的股票？

我用同样的方法分析和交易所有的股票。同时，我还会对每一笔交易都设置保护性止损。

你愿意为一笔交易承担多大的风险？

我会把止损点设置在低于买入价 4% ～ 5% 的位置。

你在下单交易的同时会设置止损吗？

我会在下单之后马上设置止损。

你是在业绩报告发布之后的盘前市场进行交易，还是等到正式开盘再交易？

我会等到开盘之后再交易。但是，股价在市场开盘前的走势是我最关注的事情之一。我也特别关注跟踪股票的分析师给出的建议以及经过修正后的目标价。我把过去所有分析师对某只股票的评论都记录在了笔记本上：他们过去的目标价是多少，他们是如何调整目标价的，他们的观点与三年前相比有哪些不同，股价对分析师上调评级和下调评级有何反应。市场上流传着这样一句话：分析师说的总是错误的。这个观点通常是正确的，但是在业绩报告发布的第二天，他们的一些上调评级或者下调评级对市场的走势至关重要。

你会在开盘之后进场吗？

我会在开盘后几分钟到半个小时的时间里进场。此外，当在开盘后的第一个 30 分钟里出现天量的时候，我总是会下单交易。

为什么你要等到开盘后，而不是一开盘就进场交易？

因为刚开盘和开盘后的买卖差价可能非常大，成交价可能并不理想。所以，我需要等待市场平静下来再设置止损。如果我在刚开盘的时候就买入并设置止损，那么即使这笔交易是正确的，我触碰止损离场的概率也是很高的。

你是等到市场出现回调的时候进场，还是在开盘后马上进场？

这就要看股票的历史价格走势图了。不同的股票会有不同的价格走势，有些一开盘就会下跌，而有些则会直接拉升。例如，在我们之前讨论过的股价在业绩报告发布前处于下跌状态的情况下，我认为股价会马上产生波动，所以我通常会在开盘后迅速买入。

你是如何决定离场时机的？

这取决于股票价格的走势。有时候，一些股票，特别是那些拥有大规模空头头寸的股票，会在开盘后走出一波暴涨行情，而我则会在这个时候选择清仓离场。如果某只股票没有明显的价格反应，我通常会等到收盘时再离场。

你有没有过特别惨痛的交易经历？

我在刚入市的时候，有一笔交易让我损失了 30% 的资金。我当时买了一只股票，具体的名字我记不起来了。一开始，这只股票的价格是上涨的，但后来开始下跌。我一直认为它会再次上涨，但是它再也没有涨起来。而且，我在这笔交易中没有设置任何止损。

你持有这只股票多长时间？

好几个星期。这是我犯的最大的错误。从那以后，我不再持股过夜。

这也是你开始在每一笔交易中设置止损的时间吗？

是的。如果我不设置止损，我胜率可能会更高，我的收益率可能不会有太大的变化，但是我的资金回撤可能会更大。

你有百分之多少的交易是赢利的？

大约 65%。

你的盈利比亏损多吗？

我的平均盈利是平均亏损的 1.5 倍。

除了没有在交易中设置止损造成巨大的亏损外，在那之后你还犯过其他的错误吗？

我觉得我最大的不足就是在做交易时不够激进。如果我不是一个厌恶风险的人，我的交易方法能够赚更多的钱。如果我遇到 15% ～ 20% 的回撤，我就会被市场扫地出门。连续的亏损对我来说是非常痛苦的。

大体来讲，你每年赚多少钱，你就取多少钱，而你的交易账户规模始终保持不变。

我从交易中赚到的钱全部用在我的日常生活开销上面了。每当我看到我的账户规模和 10 年前一模一样时，我就会感到难过。但这就是现实。

如果你有一年没有赚到钱会怎么样？

如果是这样的话，我不会受到任何影响。如果我两年没有赚到钱，我就会选择退出，我的交易生涯也就到此结束了。

你对你的交易生涯满意吗？

我很满意。我非常适合从事交易工作。我更喜欢独处，和一大群人在一起我会觉得不舒服。我喜欢钓鱼、在树林里散步、修整花园和做交易，这些都是可以自己完成的事情。我知道自己就是个接受普通教育的普通人。几年前，当我在找工作的时候，我就知道自己要找成败只取决于自己的工作，而不是取决于同事、老板或者其他任何人。赚到了钱固然好，如果我赔了钱，那就是我的错误。交易就是这样的。你根本找不到那么多成败全靠自己的工作。

你为什么相信自己是一个成功的交易员？

我不知道我是不是一个成功的交易员，我能取得成功都是因为我讨厌失败。当我亏损的时候，我会非常努力地工作。在亏损的时候，我除了想办法改进正在做的事情以外，无法专注于其他的事情。这样一来，暂时的亏损实际上对我将来的交易是有利的。

***

也许在这次采访中收获的最重要的信息，就是**独立交易可行**。鉴于过去二十年量化交易的快速发展，很多独立交易员和投资者都在怀疑他们是否还有机会获得成功。实际上，我们完全有理由这样问：独立交易员如何才能在与一大批拥有大量博士的资产管理公司的竞争中分得一杯羹呢？

一个事实是，以战胜相关基准为标准，比如战胜被动型股票指数投资，大多数独立的市场参与者不会成功，甚至大部分基金经理也做不到。然而，克雷伊奇的经历告诉我们，独立交易员是有可能获得成功和卓越的业绩的。克雷伊奇在只有高中学历、没有导师的指引而且资金量有限的情况下，用他自己开发的交易方法，取得了超过99%只做多头交易的股票经理和对冲基金的傲人业绩。14 年来，克雷伊奇真正做到了以交易为生。

克雷伊奇之所以走上了职业交易员的道路，是因为他在寻求一种可以对自己的成功或失败负责的人生。这里的关键词是负责。成功的交易员明白，他们要为自己的交易结果负责。如果亏钱了，他们会给你两种解释：要么他们遵循了自己的方法，在亏损不可避免的情况下将亏损控制在特定的百分比之内，要么他们犯了一个错误，要对此负全责。失败的交易员总会为他们的失败找理由：要么他们听从了其他人的建议，要么市场是错的，要么高频交易者扭曲了价格，等等。抛开政治方面的因素不谈，我敢打赌特朗普将会是一个糟糕的交易员，因为他从来没有对任何错误或失败承担过责任。

克雷伊奇还提供了另外一个因为找到了符合自己个性的方法而最终获得成功的例子。他对隔夜持有头寸感到不安，"持有头寸并不符合我的个性"。通过关注一只股票在业绩报告发布后第二天的市场表现，克雷伊奇开发出了一种能够在风险可控的情况下产生可观利润的日内交易策略。需要注意的是，要想在市场上获得成功，你必须找到一种运用起来得心应手的方法。如果这种方法在运用时出现问题，你要知道如何调整它。

　　我采访过的很多交易员都有一个共同的特点，就是他们都保持着极大的工作热情。为了找到适合自己的交易方法，克雷伊奇每天花在工作和市场研究上面的时间达到了 16 个小时。尽管他的方法只能在一年当中的七个月里找到交易机会，但是他仍然会在这几个月的时间里专注于市场，并且利用剩下的五个月时间进行市场研究。

　　克雷伊奇将他长期的成功归因于他对待亏损的态度。每次回撤之后，他都会专心于研究改进其交易方法。

　　克雷伊奇获得卓越的业绩的一个关键因素是他对交易的限制：他只做那些他认为具有高胜算的交易。很多交易员会通过减少交易的方法来提高他们的业绩表现，他们会远离边际交易并等待高胜算交易机会的出现。

　　虽然克雷伊奇的优势来自他对交易类型的选择以及对进场和离场时机的把握，但是风险管理仍然能够让他继续从当下的交易方法中获利。克雷伊奇的风险管理由两部分组成：第一，他的交易方法避免了隔夜持股面临的风险；第二，他在每一笔交易中都设置了止损，从而限制了他在每一笔交易中的亏损规模。克雷伊奇解释说，如果不设置止损，他的交易的胜率会更高，收益率也不会出现太大的波动，但是他将会面临更大的资金回撤。由于更大的回撤可能会一下子迫使克雷伊奇放弃交易，因此，风险管理对他的长期成功有重要作用。

46 条金融怪杰的经验之谈

这一部分总结了本书所有采访中的重要经验教训。接受采访的 11 位交易员都以自己独特的方式进入了市场，他们在采访过程中对市场和交易的一些见解对所有的交易员来说都弥足珍贵。

读过其他"金融怪杰"系列图书的读者会发现，在这些书中，类似的总结有很多重复之处。这个观察结果应该不会令人惊讶，因为伟大的交易员的建议反映了基本的市场真理，而这些真理不会因方法论或时间周期而改变。下面提到的经验教训仅仅基于本书中的采访，因此这些内容是独一无二的。

1. 正确的方法不止一个

读完本书后，读者应该清楚市场中没有单一的成功公式。接受采访的交易员们在实现卓越业绩的过程中走过的道路千差万别。他们有使用基本面分析的，有使用技术分析的，有将两种方法相结合的，甚至还有运用独立的分析方法的。他们的交易持仓期从几分钟到几个月不等。成功的交易不在于找到正确的方法，而是在于找到适合自己的正确的方法。没有人会告诉你这种方法是什么，你需要自己去寻找。

2. 找到符合你的个性的交易方法

即便是再好的交易方法，如果它与你的信念不一致，或者你在运用的过程中不得心应手，也会产生糟糕的结果。为了获得成功，交易员必须找到属于自己的市场分析方法：

达利瓦在开始的时候使用技术分析。他之所以对这种方法感到不适应，是因为他搞不明白技术分析为什么会发挥作用，因此他对技术分析在未来能否继续发挥作用没有任何信心。在转向基本面分析以后，他获得了巨大的成功。他认为基本面分析让他对价格从一个水平移动到另一个水平的原因有了更加清晰的理解。

卡米洛对基本面分析和技术分析都不感兴趣，所以他提出了第三种分析方法"社交套利"，即通过发现影响股票的社会变迁或者趋势，并且在影响还没有完全体现在股价上之前进场获利。

克雷伊奇对隔夜持仓感到担忧。他通过开发出一种能够在风险可控的情况下，在日内交易中产生显著收益的策略，来应对这种强烈的担忧。

从以上的案例中不难看出，要想在市场中取得成功，你必须找到一种得心应手的交易方法。

3. 在找到正确的交易方法之前，你可能要改变你的方法

理查德·巴奇最初热衷于技术分析，但是后来转向了基本面分析，并最终发现将基本面分析和技术分析相结合才是最有效的方法。如果帕克没有灵活地从根本上改变他的交易方法，甚至从趋势跟踪系统转换到了与之相反的均值回归系统，那么作为交易员的他是永远无法在

这个市场中存活下去的，更不用说持续赢利了。

4. 坚持记录交易日志

坚持记录交易日志是交易员可以用来完善自己的最有效的工具之一。交易日志可以提供两种类型的信息：交易员做对了什么以及做错了什么。很多接受采访的交易员（巴奇、萨勒和达利瓦）都强调了详细的交易日志在改进交易的过程中发挥的重要作用。除了记录交易的原因和交易决策的对错以外，交易日志还可以用来记录情绪。例如，巴奇每天都要记录自己的想法和感受，从中发现自己心态上的弱点，并跟踪心态的变化。

5. 对交易进行分类

对交易进行分类对于确定哪些交易有效、哪些交易无效非常有用。系统型交易员可以追溯性地测试已经定义的交易类型，自主型交易员则必须记录交易类型和交易结果。让勃兰特感到遗憾的一件事是，他没有根据交易类型跟踪结果。例如，他认为那些不在他每周监控列表中的交易总体表现不佳，但是他不知道这个假设是否正确。

6. 清楚你的优势

如果你不知道自己的优势是什么，就等于没有优势。了解自己的优势对于确定哪些交易值得关注是至关重要的。例如，在详细的交易日志的帮助下，达利瓦分析出那些让他赚了大钱的交易的特征。他发现这些交易有很多共同的特征：意想不到的市场事件、短期和长期观点的一致，以及能够让交易马上赢利的趋势。对交易类型了解是达利瓦获得巨额收益的原因，也就是说，充分认识自己的优势是达利瓦出色业绩的重要保障。就像达利瓦建议的那样："做你自己擅长的交易而不是模仿他人来保持自己的优势。"

7. 从错误中吸取教训

从错误中吸取教训是交易员自我进步的最佳途径。也许交易日志最有价值的地方就是它极大地方便了对错误的交易的识别。定期查看交易日志可以让交易员注意到过去所犯的错误，从而避免在相同的错误上面重蹈覆辙。萨勒在他的交易日志里发现了他在赢利阶段之后犯的一个错误。

他注意到自己在大幅赢利之后的一段时间里总是会做一些次优的交易。他意识到自己的做法是固化思维导致的，这些相当于自我毁灭的低质量交易正在把他推向将一切归零的深渊。一旦认识到这个问题，他就不会在同一个地方摔倒两次。

在交易员通过交易日志识别错误的另一个例子中，达利瓦意识到情绪上的不稳定源于他的短期观点和长期观点相冲突的交易。当在做长线交易的过程中发现短线的机会时，达利瓦在这两种交易上的最终结果都不会太好。意识到错误的根源，他通过将两种冲突的交易分开解决问题。他会继续坚持长线交易，然后单独进行短线交易。

8. 非对称策略的力量

大多数接受采访的交易员都有这样的交易记录：大幅赢利要比大幅亏损的次数更多，金额更大，有时候这个差距会非常大。他们利用非对称的交易策略实现了正偏态收益曲线。阿姆里特·萨勒在这方面的表现尤为突出，他有 34 天的收益率超过了 15%（其中 3 天的收益率更是超过了 100%），只有一天出现了两位数的亏损（这次亏损是由于计算机故障导致的）。萨勒会等待与他预期将会立即导致重大价格变动的事件相关的交易机会出现，然后在市场没有达到预期的走势时迅速离场。他在这些交易中的平均收益远远大于平均亏损。

在另外一个例子中，诺伊曼专注于寻找有潜力成为林奇所说的"十

倍股"的交易股票，即股价会上涨 10 倍的股票。他利用趋势线突破法
进行交易，如果股价未能延续当前的趋势，他会立即清仓。

9. 风险管理至关重要

我不在乎你听过多少次，但是当几乎每一位成功的交易员都在强
调风险管理的重要性时，你最好要注意这件事。当然，虽然风险管理
并不像设计进场交易策略那样吸引人，但它对你能否在这个市场中存
活下来甚至取得卓越业绩至关重要。本书的采访提到了风险管理的几
个要素：

个人头寸的风险管理　令人惊讶的是，很多受访的交易员由于缺
乏保护性止损，承受了交易生涯中最惨痛的亏损。达利瓦的最大亏损
是他根据英国《金融时报》发布的一条错误的报道进行交易造成的。
他之所以有如此巨大的亏损，是因为他没有设置止损。萨勒最严重的
亏损源于他的计算机在关键时刻出现故障，而且他同样没有设置止损。
基恩在职业生涯的早期就认识到了限制个人交易风险的重要性，他当
时做空了一只走出完美抛物线的股票，但是没有考虑如果自己做错了
该怎么办。这只股票的价格在几天的时间里几乎翻了一番，直接导致
了他的投资组合亏损了 10%，这是他的交易生涯中最大的亏损。在以
上三个案例中，亏损的经历让交易员们毫不犹豫地使用止损，他们再
也不会犯同样的错误了。在另外一个关于交易员最终意识到要设置止
损的例子中，夏皮罗在经历了两次亏损 50 多万美元的交易后，再也不
在没有事先设置止损的情况下进场交易了。

投资组合层面的风险管理　限制单笔交易的亏损是至关重要的，
但是这还不足以实现充分的风险管理。交易员还需要关注他们的头寸
之间的相关性。如果不同的头寸之间显著相关，那么即使对每一笔头
寸都设置了保护性止损，投资组合的风险也可能高得令人无法接受，

因为不同的交易有可能同时赔钱。夏皮罗通过两种方式应对相关头寸过多的问题：降低单个头寸的规模，以及寻找增加与现有投资组合负相关的交易。

建立不相关和负相关头寸的投资组合也是基恩的交易哲学的核心。任何只做多的股票投资组合都会面临大多数头寸之间高度相关的问题。在基恩的投资组合中，股票多头头寸占大约 60%，其中包括彼此高度相关的头寸。基恩通过将这部分头寸和一种与其负相关的做空交易策略相结合的方式解决了相关性高的问题。

基于股票的风险管理　即使在单笔头寸和投资组合层面都进行风险管理，股价的下跌仍然有可能超过可承受的水平。基于股票的风险管理会在股价下跌到特定的水平时削减头寸的规模或者停止交易。例如，如果股价下跌的幅度超过 5%，达利瓦就会砍掉一半的头寸；如果下跌的幅度超过了 8%，他就会再次砍掉一半的头寸；如果跌幅达到了 15%，他将全面停止交易，直到可以恢复交易为止。

基于股票的风险管理也可以应用于以金额而不是以百分比表示的账户。尽管这两种表示方式没有本质区别，但是以金额表示风险可能是个更有用的做法，特别是在开始交易新账户的时候。我的建议是，当你开立新的交易账户时，你要在停止交易之前决定你愿意亏损多少。例如，如果你开立了一个 10 万美元的账户，你可能要决定在平仓和停止交易之前是否愿意承担 15 000 美元的风险。这种风险管理之所以有意义，原因有三：

1. 如果你触发了账户的风险点，就意味着你之前所做的一切都是徒劳，那么此时停止交易并重新评估你的交易方法才是最重要的。
2. 如果你正处于连续亏损的状态，请停下来休息一下。当你感觉准备好了并充满激情的时候再重新开始，这会对你非常有利。

3. 也许最重要的是在开始交易之前就确定你愿意损失多少，这会让你不在一次失败的尝试中就失去所有的风险资本。这种方法的强大之处在于，非对称策略是它的核心（这一点在第 8 条中讨论过）：你最多只会损失达到你的风险临界水平的金额，但是你的上行空间是完全打开的。

10. 选择有意义的止损点

达利瓦提出了一个重要的观点，即保护性止损应当设置在一个与你的交易假设相悖的水平上。不要用你愿意承担多少亏损来确定止损点。如果一个有意义的止损点意味着过高的风险，就说明你的头寸规模太大了。如果你的交易想法是正确的，你可以在一个市场不可能触及的价格上设置止损点，同时将止损点的隐形亏损限制在你可以承受的风险范围内。

11. 不要等到触发止损再行动

止损是为了将你的亏损限制在预定的范围内。然而，正如巴奇建议的那样，你不需要等到触发止损的时候再行动。一笔交易出现未平仓亏损的时间越长，你就越应该考虑清仓，即使这笔交易还没有触及你的止损点。巴奇坚信在触发止损之前退出此类交易所节省的资金，将超过所放弃的在恢复交易时的利润。

12. 勃兰特的周末法则

勃兰特将清算任何在周五收盘时出现未平仓亏损的交易。这条法则是巴奇提出的 "不要等到触发止损再行动"（见第 11 条）的具体应用。勃兰特的逻辑是，周五的收盘价是一周最关键的价格，因为在这个价格上，所有的持仓者都承担了在周末持有仓位的风险。勃兰特认为，一笔头寸在周五收盘时出现未平仓亏损会对交易产生负面影响。交易员们不妨尝试应用（或者跟踪）勃兰特的法则，从整体层面来观察受影响的交易的亏损是否超过被放弃的利润。

13. 投机的目标是赢利，而不是亏损。

勃兰特最大的亏损出现在第一次海湾战争之初，当时他正大举做多原油。然而，第二天早上的市场开盘价却远远低于他预设的止损点。当我问他是否会在这种情况下推迟离场的时间时，他回答说：“为了减少亏损而进行投机交易，最终会亏损更多。”随着市场的持续下跌，这笔交易的走势确实证实了勃兰特的观点。我毫不怀疑勃兰特的忠告，总体来说，这的确是个好的建议。

14. 成功的交易员都有自己独特的方法

好的交易方法与鲁莽的交易方法是对立的。所有受访的交易员都有一套明确的方法。你的方法应当基于将你的优势（见第 6 条）与适当的风险管理（见第 9 条）相结合的交易。

15. 坚决按照你的方法进行交易

交易员很容易因为受到诱惑而进行完全超出他们专业领域的交易。基恩就是因为违背了他的交易原则而承受了亏损。有一年，他在距离年底还有一个月的时候还大幅跑赢市场，但是他在接下来的一笔投机交易中买入了很多只能源股，而他买入的理由却仅仅是该行业跌得太多了。这笔交易与他的交易方法毫无关系。这次冲动的交易让他在两周后平仓离场的时候亏损了 7%。因此，一定要避免与你的交易方法无关的交易的诱惑。

16. 你的方法也许需要改变

市场是变化的。随着时间的推移，即使是一种行之有效的方法也需要改变。例如，达利瓦在其交易生涯的早期使用的最有效的方法是快速进入头条新闻所暗含的交易方向，从而捕捉市场对新闻第一时间的反应。然而，随着比人类更快地执行此类交易的算法交易的出现，达利瓦的策略不再发挥作用。他随即调整了策略，实际上采用了与之前完全相反的策略，淡化了市场对头条新闻的最初反应。随着达利瓦的交易生涯越来越长，他更加专注于深入的基本面研究和长线交易。

勃兰特是另外一个改进其策略的交易员。起初，他的交易基于经典的图表分析。然而，很多曾经可靠的形态已经不再发挥作用。勃兰特对此的回应是，大量减少作为进场信号的图表分析形态。

17. 如果你对自己的方法的某个细节感到不满意，那就改变它

如果你的方法有表现不如意的地方，你要清楚如何做出改变。例如，巴奇之所以对自己的离场策略感到不安，是因为在某些情况下，他会回吐一笔交易中大量的未平仓利润。这种不安使得巴奇改变了他的离场策略，从而避免了类似问题的出现。

18. 如何执行交易理念是重中之重

巴奇在其交易生涯中收获的最大一笔盈利源于押注英国脱欧公投获得通过。如果英国出人意料地通过了公投，那么做空英镑显然是最佳的交易策略。然而，直接押注英国脱欧所面临的问题是，随着每个地区的投票结果的出炉，英镑将会剧烈波动，如果交易时机稍有偏差，那么直接做空英镑的交易将面临触发止损的风险。

巴奇认为，如果英国脱欧公投获得通过，市场将转向避险交易，比如长期国债。相对做空英镑而言，做多英国国债的优势在于国债的波动性要小得多，如果操作正确的话，是不太可能触发止损的，即使交易做错了方向，亏损也很有限。间接做多国债的交易想法为交易员带来了更好的收益风险比。但是要注意的是，过于理想化的交易理念往往不是最佳选择。

19. 在高胜算交易中持有更多头寸

不要每一笔交易都持有相同的头寸或者承担相同的风险。在高胜算交易中持有更多的头寸，是本书中的一些交易员获得令人难以置信的巨额收益的基本因素。例如，萨勒在他认为同时具有巨大不对称性和高胜算的交易中会表现得非常激进。当诺伊曼对一笔交易充满信心时，他会增加持有的头寸，他在奥森科技这只股票上的持仓超过了他整个账户资金的 1/3。

需要注意的是，他们建议的是在高胜算交易中持有更大的头寸，而不是像萨勒和诺伊曼等交易员那样在看到特别有吸引力的市场机会时建立巨额头寸（对于股票）。萨勒和诺伊曼是经验非常丰富的交易员，他们的交易具有很高的成功率，当交易开始和他们的预期背道而驰时，他们会迅速平仓。对于大多数普通交易员来说，无论他们对交易的信心有多高，持有巨额的头寸都是一种危险的做法。

20. 交易规模过大会导致恐惧

如果你的交易规模很大，那么恐惧将会导致灾难性的交易决策。巴奇在他早期的交易生涯中认为，他的交易头寸应当超过他的心理承受水平。结果，他错过了很多好的交易机会。这一条与上一条并不矛盾，上一条建议在高胜算交易中持有比正常水平高的头寸，但即使是这样，仓位也不应该太大，否则恐惧会干扰正常的交易决策。

21. 如果你希望每一笔交易都能够带来好的结果，那么请你远离交易

如果你发现自己希望每一笔交易都能够带来好的结果，那肯定是你缺乏信心的表现。当萨勒在其交易生涯的早期根据技术信号进行交易时，他发现自己希望做成每一笔交易。他对这种感觉的不安使他确信技术分析对于他来说是不适合的。

在另外一个例子中，萨勒基于边际交易的想法让他在三个高度相关的市场上持有了最大规模的头寸。当风险经理问他在做什么时，萨勒突然意识到他希望自己持有的三倍规模的头寸能够大赚一笔。在回忆这段经历时，萨勒说："当我意识到我满脑子都是'希望'而不再是交易时，我马上将所有的头寸都清仓了。"

如果你希望自己的每一笔交易都能带来好的结果，那你就是在赌博而不是在交易。

22. 不要根据别人的建议进行交易

你需要根据自己的交易方法和决策进行交易。根据别人的建议进行交易往往会以失败告终，即使这些建议是正确的。例如，勃兰特在一位经验丰富的场内交易员推荐的一笔交易中赔了钱。在这笔交易中，勃兰特没有意识到自己和场内交易员在头寸持有时间上的差异。卡米洛最后悔的一笔交易是，由于受到相互矛盾的市场观点的影响，他在亏损的情况下，将一笔事后被证明没有任何问题的交易清仓了2/3。

23. 区分交易结果和交易决策

很多交易员只根据结果来评估他们的交易决策是错误的。具有讽刺意味的是，当被问及做过的最糟糕的一笔交易时，巴奇马上讲述了一笔只造成很小损失的双头寸交易。在这笔特殊的交易中，巴奇承受了快速且巨大的亏损，但是他无法让自己平仓。就在他犹豫不决的时候，市场出现了短暂的反弹。巴奇利用这次反弹的机会将手中的头寸全部平仓，最终在只亏损很小一部分资金的情况下做到了全身而退。就在他平仓后不久，市场开始剧烈波动，并且背离了他最初建立的头寸。尽管这笔巴奇最初无法退出的亏损的交易最终对他有利，但是他意识到自己犯了一个巨大的交易错误，只不过因为运气好才躲过一劫。如果市场没有经历短暂的回调，他最初的大幅亏损就可能会变成一场灾难性的亏损。

巴奇能够区分交易结果（小幅亏损）和交易决策（不采取行动会导致威胁账户安全的亏损）之间的不同。问题的关键是，有时候赢利的交易（以及这里提到的小幅亏损的交易）很可能是一笔糟糕的交易。类似地，只要交易员坚持一种总体上风险可控、能够赢利的交易方法，那么失败的交易也有可能是一笔好的交易。

24. 交易的收益风险比是动态的

达利瓦指出，交易是动态的，交易员需要相应地调整他们的离场策略。如果交易员在交易开始的同时设置了盈利目标和止损点，那么当交易的实际走势向目标位移动了 80% 的时候，此时的收益风险比和交易伊始时的数据是截然不同的。在这种情况下，最初的离场计划将不再有任何意义。如果一笔交易的走势明显对你有利，你就要考虑收紧止损，或者锁定部分利润，再或者两者兼顾。

勃兰特提倡能够获得盈利的交易，并在陷入"爆米花交易"中时始终贯彻这种思想。他通过将锁定利润和收紧止损相结合的方式避免"爆米花交易"。这是一种认识到交易的动态特征并对其做出反应的交易方法。

25. 人的情绪会影响交易

人的情绪和冲动通常会导致交易员做出错误的选择。正如勃兰特所说的那样："我就是自己最大的敌人。"以下三条内容详细介绍了基于情绪的、对交易产生不利影响的行为。

26. 防范冲动交易

从定义上说，冲动交易属于情绪交易，而情绪交易往往会导致最终的亏损。要当心计划外交易的迷惑。诺伊曼最大的亏损（按百分比计算）出现在其交易生涯的早期，他当时背离了能够产生持续收益的交易策略，冲动地买入了一只只靠讲故事就快速上涨的股票。那笔交易让他在一天之内损失了 30% 的资金。

27. 由贪婪驱动的交易会以失败告终

贪婪会让交易者沉迷于边际交易且仓位过重。巴奇最严重的亏损就是贪婪的结果。在这个特殊的案例中，他最初根据马里奥·德拉吉在新闻发布会上的言论，大举做空欧元。这次交易完全符合巴奇的交易方法。然而，由于德拉吉的言论只涉及欧元，巴奇随后大举做多德国国债的行为（该头寸与他之前做空欧元的交易高度相关）可以说是没有任何道理的。巴奇承认，买入德国国债的交易让他的风险敞口增加了一倍，而这一切都是贪婪的影响。这两笔交易随后的走势都与巴奇的设想背道而驰，截止到他平仓的时候，巴奇亏损了 12% 的资金，这是他交易生涯中最大的单日下跌，其中大部分的损失都来自冲动和做多德国国债。

当要进行的交易是由贪婪驱使，而不是根据方法论做的时候，交易员要有所警觉。这类交易通常都会以惨败收场。

28. 要小心在同一个市场赚钱的冲动

当交易员——特别是新手交易员在市场上亏钱的时候，他们会本能地想在同一个市场中把亏损的钱赚回来。这种冲动可能是为了雪耻或弥补之前交易的亏损，会导致出于情绪的交易，而这种交易特别容易产生糟糕的结果。

2003 年 3 月 17 日，美国总统布什向萨达姆·侯赛因发出最后通牒，要求其下台。约翰·内托的例子向我们说明了试图在同一市场挽回损失是多么危险的行为。起初，内托在标普 500 指数当天低开的情况下预期该指数还将进一步下跌，所以他选择了做空标普 500 指数。然而，市场走势的突然逆转不仅触发了内托的止损，而且还让他在单笔交易中承受了巨大的亏损。如果他当时认输离场，那么这只是一次普通的亏损。然而，内托就像发了疯一样持续地做空市场。到当天的交易结束时，内托已经连续五次做空，并且全部触发止损离场，这使得他最初的损失增加了近五倍，并且抹平了他全年的盈利。

29. 糟糕的交易的实际代价

很多交易员没有意识到，糟糕的交易造成的最大损失往往不是交易本身的损失，而是由糟糕的交易造成的不稳定影响所导致的后续好的交易的利润损失。就在巴奇因为贪婪而承受巨大亏损的第二天，英国央行大幅上调利率，这正好为巴奇提供了绝佳的盈利机会。然而，巴奇仍然在上一个交易日亏损 12% 的阴影中，没有出手交易。虽然巴奇预料到了市场的大幅波动，但是他并未参与其中。这笔交易带给我们的教训是，交易错误的成本通常会大大超过交易本身的直接损失，这就让我们更有理由去避免交易错误（由于违背自己的交易原则而造成的损失）。

30. 在实现盈利目标后不要清空所有头寸

通常情况下，市场价格的波动将会持续，并超过交易员的盈利目标。因此，交易员应当考虑在提高保护性止损的情况下，持有一小部分头寸，而不是在达到盈利目标时全部清仓。通过这种方式，在一笔交易的趋势持续时间很长的情况下，他们有机会进一步扩大盈利。即使市场发生反转，他们的风险也只是损失一小部分利润而已。

举个例子，当市场达到预期的价格目标时，巴奇会锁定利润。在锁定利润之后，他会按照惯例保留 5% ～ 10% 的头寸，以应对长期的价格波动。这样一来，他可以用最小的风险为这笔交易增加几个百分点的利润。

31. 如果你在做多或者做空的交易中跟上了趋势，请及时平仓或者分批减仓

无论是在上涨还是下跌的行情中，抛物线式的行情总是会突然并

快速地结束。如果你在这样的交易中搭上了盈利的快车，你就要考虑在市场垂直式的上涨或者下跌的过程中锁定部分或全部利润。诺伊曼在 Spongetech 这笔交易中的离场策略就是这一原则的完美例证。

32. 在持续赢利后，要警惕自满和草率的交易

交易员在经历了一段持续的赢利期后，往往会表现得非常糟糕。为什么呢？因为持续赢利会导致自满，进而导致草率的交易。当他们的账户几乎每天都创下新高，且所有的交易都在朝着有利于他们的方向发展时，交易员在执行自己的交易方法时往往会出现懈怠，在风险管理上也会更加松懈。几位接受采访的交易员都有过这样的经历：

勃兰特在成为全职交易员后的第一个亏损年度，恰恰在他取得最佳业绩的交易年度之后。

在经历了前六个月的出色交易之后，萨勒陷入了自满的泥沼。用他自己的话说："我对自己的约束有些放松。"在此期间，他把有限的头寸用在了三个高度相关的市场中，而且还是在一笔不重要的交易上。如果不是公司的风险经理及时干预，萨勒的行为可能会导致巨大的亏损。

当我问及巴奇在 2018 年上半年的不佳表现时，他解释道："我度过了完美的 2017 年，带着可以做得更好的心态进入了 2018 年，但是我太冒险了。"

这个故事的寓意是：如果一切顺利，你就要小心了！

33. 灵活地改变自己的观点是一项品质，不是缺点

具有讽刺意味的是，我发现勃兰特的一些粉丝在推特上批评他经常改变对市场的观点的做法。这本身就是个错误的观点。要想成为成功的交易员，灵活地改变对市场的观点是至关重要的。如果你死板地固守自己的原则，那么你只要犯一次错误，你的账户规模就会大幅缩

水。勃兰特的座右铭是："想法再好也要控制风险。"这意味着你在进行交易时要有坚定的信念，但是，如果交易的走势对你不利，你应该马上清仓。

34. 错过交易可能比交易亏损更痛苦，代价更高昂

错过赚大钱的机会就如同翻倍亏损一样，可能会影响你的盈利能力。错过这样的机会也许要比交易亏损更加痛苦。巴奇就因为在交易时间去了一趟银行而错过了一次赚大钱的机会。错过交易的一个重要原因是糟糕的交易所造成的不稳定影响（见第 29 条）。

35. 当你与市场不能保持同步时要做的事

当你连续亏损的时候，你做的每一件事情似乎都是错误的，这个时候也许暂停交易才是明智的选择。持续的亏损会让你陷入其中无法自拔，而休息片刻起到了熔断的作用。巴奇说，当他因为一次交易经历感到不安时，他会"休息一段时间，锻炼，到大自然中去，玩儿得开心。"

勃兰特在谈到这个问题时给出了另外一个回答。他会削减他的交易规模，因为这样做可以在自己困难的这段时期缓解下跌造成的影响。

达利瓦在处理这个问题时结合了上述两种方法。如果他的亏损超过了 5%，他会削减一半的头寸；如果下跌的幅度超过了 8%，他会再次削减一半的头寸；如果下跌的幅度达到了 15%，他将彻底停止交易。

以上提到的所有方法的基本概念是，当你处于连续亏损的状态时，你需要降低风险，要么完全停止交易，要么减少头寸的规模。

36. 市场对新闻的反应与预期相反

市场对新闻的反应与预期相反可能是一个非常有价值的交易信号。这个观点在我对交易员的采访中反复出现过：

达利瓦叙述了他做空澳元的交易，他的基本面分析与市场向下突破的走势完全吻合。在当天公布的一份失业报告中，所有的统计数据都非常乐观。起初，市场如预期般反弹，但随后行情急转直下，价格跌破了长期交易区间的低点。绝对利好的失业报告和用脚投票的市场反应，让达利瓦坚信市场将大幅下跌，而事实也确实如此。

勃兰特最惨痛的亏损是市场反应与预期相反的最为极端的例子之一。勃兰特在第一次海湾战争打响的消息于市场收盘后传来的时候做多了原油。当天晚上，伦敦场外交易市场的原油价格上涨了 2～3 美元。但是第二天早上，原油的开盘价较纽约市场的收盘价低开了 7 美元。原油价格在一夜之间出现了 10 美元的震幅，这种对利好消息的极端下跌反应是一个长期的看跌信号。

在布什总统向萨达姆·侯赛因发出最后通牒，要求其下台的当天，内托在做空标普 500 指数的交易中连续触发止损，这是因为他没有意识到市场对这一消息的反应与预期相反的重要性。

基恩对其重仓持有的京东的股价走势视而不见。在宣布与谷歌达成交易之后，京东的股价由涨转跌，最终以大幅下跌收盘。尽管对股价的走势有种不祥的预感，但是基恩仍然坚定持有他的头寸，最后，京东在随后的几个月里蒸发了超过一半的市值。在评论这次经历时，基恩说："我最大的错误在于我忽略了当天的价格走势。作为一个以交易为生的人，我应该更清楚这些变化。"

在 2016 年的美国总统大选之夜，随着投票结果开始偏向特朗普，股指大幅下跌在当时是意料之中的。然而，随着特朗普胜选的可能性越来越大，市场却发生了逆转，开始大幅上涨。这一与预期相反的价格变动标志着市场开始了连续 14 个月的稳步攀升。

37. 实现赢利与追求正确

自我与追求正确对有效的交易是不利的。很多交易员更看重他们的市场理论和预测是否正确，而不是能否赢利。但是对于交易来说，只有赢利才是最重要的。正如达利瓦总结的那样："交易的关键不是做对，而是赚钱。"

38. 以持续赢利为目标很可能会适得其反

持续赢利可能听起来是一个非常有价值的目标，但实际情况可能会事与愿违。交易机会并不会随时出现，在交易机会很少的时期追求持续赢利可能会导致边际交易，并最终以净亏损收场。虽然公司的管理层要求巴奇保持一致性，但是他拒绝了这一建议，因为他觉得这与他的交易方式不符。"我从来没有想过交易是这么一回事儿。"他说，"这就像你有一段时间颗粒无收，然后突然赚了一大笔。"非常具有讽刺意味的是，萨勒注意到他在那些失败的交易员身上观察到一个共同的特征，就是他们每个月都给自己设定了盈利目标。

39. 要善于观察，并对新的行为趋势高度敏感

无论是在日常生活中，还是在社交媒体中，发现新兴的趋势将会带来交易机会。尽早发现消费和文化趋势是本书中的卡米洛和诺伊曼两位交易员所采用的策略的重要组成部分。例如，卡米洛通过观察美国中产阶级对连锁企业的反应来识别诸如芝乐坊和美国知名中餐连锁品牌华馆这样的交易。他知道华尔街是不会对中产阶级的这种反应感兴趣的。诺伊曼的许多经典交易与捕捉早期的趋势有关，比如 3D 打印和大麻二酚产品。

40. 交易系统有时会失灵

正如帕克在他的职业生涯中反复经历的那样，交易系统可能会在

一段时间内发挥作用，但随后完全失去其优势，甚至会导致持续的净亏损。这个令人难以忽视的事实意味着终止或者及时调整系统的能力对于系统型交易员来说是长期成功的关键。帕克现在使用系统止损。在系统失效时，他会对系统的资金曲线进行趋势跟踪。他甚至会在资金曲线低于其200日移动平均线的时候停止使用系统进行交易。

41. 以交易为生是可遇而不可求的

正如勃兰特所说的那样："市场回报不是年金。"帕克的例子表明，以交易为生是非常困难的。他在2016年初几乎要结束其交易生涯，而仅仅八个月前，他的累积利润还创下了500多万美元的历史新高。希望以交易为生的人需要记住，只依靠累积利润的不断上涨是不够的。我们这里谈论的累积利润，指的是扣除税款和生活开支之后的总金额。另外一个需要注意的因素是，交易的利润从本质上讲是不具备连续性的，而生活开支则是持续的。考虑到这些生活中的现实因素，帕克建议那些寻求以交易为生的人尽可能长时间地从事他们的本职工作。

42. 努力工作

很多人认为交易是一种很轻松的赚钱方式，然而，那些卓越的交易员往往工作得很努力。克雷伊奇就是典型的例子。为了找到适合自己的交易方法，克雷伊奇每天花在工作和市场研究上面的时间达到了16个小时。按照他的交易方法，他在一年中有五个月的时间无法找到交易机会。虽然可以利用这段时间休息，但是他仍然在这段停工期里全身心地研究市场。在另外一个例子中（这样的例子还有很多），萨勒认为努力工作对他的成功至关重要。他回忆说，他在交易生涯的早期每天要工作15～18个小时。"我希望比其他人都更努力工作。"他说。

43. 对自己的结果负责

克雷伊奇之所以走上了职业交易员的道路，是因为他在寻求一种可以对自己的成功或失败负责的道路。这种与生俱来的视角是成功的交易员的特征。成功的交易员会对自己的错误和亏损负责，而失败的交易员总是会将亏损归咎于某个人或某件事。

44. 耐心的两个层面

市场会对那些意志坚定的人给予回报。耐心需要艰苦的磨炼，它要求我们克服自己的本能和欲望。这一点是我在很多伟大的交易员身上发现的特质。耐心的两个层面对获得成功至关重要。

耐心等待合适的交易机会　交易机会是分散的。大多数交易员会发现很难等到既符合他们的标准又具有吸引力的交易机会，进而他们会在利润的驱使下进行位于两者之间的边际交易。这种次优交易会产生两个负面结果。首先，总的来说，它们往往会导致亏损。其次，次优交易会削弱人们对真正的交易机会的专注力。更糟糕的是，次优交易的不稳定影响会导致交易员因为巨大的亏损而错过重要的赢利机会。具体的例子请参见第 29 条中巴奇对错失交易机会的描述。

萨勒是典型的耐心等待合适的交易机会的交易员，这一点从他简单的自我描述中就可以了解到："我的交易风格和狙击手很像。我时刻准备着，等待那完美的一击。"萨勒坚信，做很赚钱的交易是容易的，困难的是等待最佳的交易机会和避免边际交易，用他自己的话说，这"浪费了大量的资金和精力"。

耐心做一笔好的交易　耐心也是做成一笔好的交易所必需的。当一笔交易有利可图时，人们很容易过早地平仓，因为他们担心市场可能会带走那些未平仓的利润。当客观环境使夏皮罗不得不耐下心来的时候，他发现了在一笔好交易中保持耐心的力量。当时，他正在非洲享受几周时间的假期，他知道在缺少通信设施的情况下无法查看或进行交易。于是，夏皮罗给他的经纪人提交了止损指令，直到两周之后度假结束才再次看到了他的账户。他发现在离家外出度假期间赚的钱，要比以前主动交易赚的钱多得多。这让他印象深刻，他在后来开发的交易方法中规定，在相关条件允许的情况下，可以持有某些头寸几个月的时间。

45. 良好的心态

萨勒认为："一旦你的交易方法失效，精神状态可能就是交易成功的关键因素。"对萨勒来说，冷静和专注才是正确的心态。他会通过呼吸法和冥想，在心理上为预期中的交易事件做准备，从而达到他所说的"心流"状态。通过写日记和记录情绪与亏损之间的联系，萨勒懂得了化解消极心态和识别可能会导致自毁前程的交易情绪的重要性。

巴奇认为，萨勒帮助他认识到良好的心态才是交易成功的关键。和萨勒相似的是，巴奇寻求的也是一种在没有任何内心冲突的平静状态下的交易。他维护着一个每天都会记录的电子表格，根据交易行为记录各种情绪因素（例如自我、错失机会的恐惧和幸福程度等）。巴奇以他的感觉作为交易的依据。如果他觉得他的情绪状态不利于一笔交易的成功，他会选择休息，直到他的思维回归正轨再进行交易。巴奇说："心理资本是交易的关键。最重要的是，当你犯了错误、错过了一笔交易，或者蒙受了巨大的损失时，你应该如何应对。如果你没有做出正确的反应，你就会犯更多的错误。"

46. 成功的交易员热爱他们所做的一切

在阅读这些采访的时候，你应该会为许多交易员谈及交易时所表现出的热爱之情感到震撼。看看下面的例子：

达利瓦用游戏来比喻交易："对我来说，参与市场就像下一盘永无止境的国际象棋游戏，这是你能玩儿到的最刺激的游戏。"

卡米洛描述了他在确认交易想法时的喜悦之情："我每天晚上要花四个小时研究我喜欢的事情，我根本不知道我研究的这些东西什么时候会派上用场，也许某天这些东西就会成为下一笔交易的热点。"

内托在解释他的成功时说："我之所以成功，是因为星期一是我最喜欢的交易日。当你热爱自己的工作时，你就会成功。"

虽然夏皮罗的个人生活似乎一帆风顺，但他还是在停止交易的那段时间里患上了抑郁症。当我问他最终是如何找到抑郁症的病因时，他回答说："很明显，我热爱交易。"

萨勒在回忆他对交易的热情的起因时说："（雷丁大学）有一间模拟交易室，那是我第一次接触市场和交易，我一下子就被吸引住了。"

基恩解释了为什么对交易的热爱是交易员需要具备的基本特征："你只有热爱交易，才能够从容地面对艰难的时刻。"

勃兰特在商品交易所第一次见到交易员时的反应是："哇！这就是我想做的。"勃兰特对交易的热情也体现在他对早期交易的描述中，他当时对交易有一种强烈的冲动，这种激情持续了十多年。随着他对交易的热情最终褪去，14 年后，他终止了自己的交易生涯。在谈到当时的情景时，他说："我在那个时候已经感觉不到交易带给我的乐趣了。交易变成了一件苦差事。"但在沉寂了 11 年后，勃兰特重新燃起了他对交易的热情，开始了第二次长达 13 年的交易生涯，而且他的辉煌还在继续。

如果你想从事交易，那么出于热爱的动力会大大提高你成功的概率。

后　记

讲一个经典的笑话，两个人为同一件事争论了多年。戴夫认为市场是有效的，任何人都不可能战胜市场，除非是出于偶然。而山姆却坚信交易机会是存在的，从市场中获得超额利润是可以实现的。在经过多年毫无结果的争论后，他们最终达成共识：让拉比来决定谁是对的。

他们安排与拉比见面，说他们希望解决争端。当他们到达拉比的家时，拉比告诉他们，他将在办公室与他们两个人分别交谈。戴夫第一个走进了拉比的办公室。

"我希望你不要介意我的妻子在这里，"拉比说，"她只是为我做记录。"

戴夫觉得没有问题，然后开始解释他的观点。"我坚信市场是有效的，这一论点得到了数千篇学术论文的支持。它不仅得到了理论论证，而且实证研究一再表明，自主择时的个人投资者的表现明显不如被动的指数基金。平均而言，即使是职业经理人的表现也无法跑赢市场。所有的论据都表明，交易是一种愚蠢的游戏。如果人们把钱投入到指数基金，情况会好得多。"

一直在旁边认真倾听的拉比只说了一句话："你说得对。"

戴夫得意地笑了笑，他对对话的结果很满意，然后离开了拉比的办公室。

山姆随后走了进来。在同样觉得有他人在场没有问题后，他提出了自己的观点。他首先对有效市场假说的无数缺陷进行了长篇大论的说明。⊖接着他说："还有，拉比，你知道我是以交易为生的，我有幸福的家庭，我的家人都得到了很好的照顾。而且，我每年给教堂的慷慨捐赠都来自我的交易利润。显然，从交易中获得丰厚的利润是完全可行的。"

专心听他讲话的拉比回答说："你说得对。"

山姆满意地笑了笑，离开了拉比的办公室。

当办公室里只剩下拉比和他的妻子时，他的妻子对他说："亲爱的，我知道你是个聪明的人，他们怎么可能都是对的呢？"

"你说得对。"拉比回答。

拉比的妻子是不对的，而戴夫和山姆都是对的。交易员（或者投资者）的世界由两类人组成：那些将自身的优势与交易方法相结合的人和那些做不到这一点的人。第二类人远远多于第一类人。对于那些在交易或投资方面没有任何特殊技能的市场参与者（包括大多数人）来说，投资指数基金要比自己做决策好得多。因此，具有讽刺意味的是，尽管我不相信有效市场假说是对的，但我认为大多数人最好还是把这个理论当作是完全正确的，因为这一结论支持指数投资的观点。在这个背景下，戴夫是正确的。

然而，困难和不可能之间有着很大的区别。在本书中，交易员长期（通常是十几年）取得跑赢市场基准的业绩不能简单地解释为"运气"。在这个大背景下，山姆是正确的。

如果在本书中能够找到什么关于交易成功的可能性的信息，那就

⊖　要充分讨论有效市场假说的不足之处需要很长的篇幅，故不在此处展开。感兴趣的读者可以参阅《市场真相：看不见的手与脱缰的马》第2章。

是：成功交易是可以做到的！然而，这并不是大多数人都能够达到的目标。成功的交易员是努力工作、拥有与生俱来的交易技巧，以及具有能够产生积极影响的心理优势（例如，耐心、自律等）的结合体。对于少数能够开发出具有明显市场优势的交易方法，并将其与严格的风险管理相结合的市场参与者来说，成功交易虽然具有一定的挑战性，但仍然是一个可以实现的目标。

附　　录

期货市场简介[⊖]

什么是期货

正如其名字所表达的那样，期货是指在将来的交割日交易而不是现在交易的商品或金融工具。如果一位棉农想在当下出售棉花，他就要在当地的现货市场出售。而如果这位棉农想要为将来的交易（例如出售尚未收割的作物）锁定一个价格，他有两个选择：第一，他可以找感兴趣的买家签订合同，确定价格和其他细节（数量、质量、交割时间和地点等）；第二，期货有多种属性，他可以选择卖出期货。

对于这位想套期保值的棉农来说，期货市场的主要优势是：

1. 期货合约是标准化合约，他不需要找到具体的买家。

2. 交易可以在线上即刻完成。

⊖ 节选自杰克·D. 施瓦格的《期货市场完全指南》（*A Complete Guide to the Futures Market*, New Jersey, John Wiley and Sons, Inc., 2017）和《金融怪杰》（*Market Wizards*, New Jersey, John Wiley and Sons, Inc., 2012）。

3.相对于个性化的远期合约，期货的交易成本（佣金）更低。

4.可以在最初的交易日和合同规定的最后交易日之间的任何时间选择平仓。

5.期货合约由期货交易所担保。

以棉农为代表的套期保值者参与期货市场，是为了降低不利的价格波动导致的风险，而交易员参与期货市场的目的是从预期的价格变动中获利。事实上，大多数交易员会出于各种原因（有些原因类似于上面列出的对套期保值者有利的优势）选择期货市场而不是现货市场：

1.**标准化合约**。期货合约是标准化合约（在数量和质量方面），因此交易者不需要找到具体的买家或卖家来建仓或平仓。

2.**流动性**。所有主要的期货市场都能提供良好的流动性。

3.**容易做空**。在期货市场中既可以做多也可以做空。例如，股票市场上的做空者需要先借入股票，但不一定每次都能够成功，而且要等到股价上涨到一定的高点才能开始建仓。而在期货市场中就不存在这样的障碍。

4.**杠杆**。期货市场具有很强的杠杆效应。大体来说，初始保证金通常是合约金额的 5% ～ 10%。（在期货市场中使用"保证金"这个词是不恰当的，因为会与股票市场的保证金概念严重混淆。在期货市场中，保证金并不意味着部分支付，因为在到期日之前不会发生实质的实物交易。保证金基本上属于善意的存款。）对于交易员来说，高杠杆率是期货市场的特征之一，但需要强调的是，杠杆是一把双刃剑。毫无约束地使用杠杆是大多数交易员在期货市场中亏损的重要原因。一般来说，期货价格波动并不比现货价格波动更大，也不比大多数股票波动更大。期货的高风险在很大程度上是杠杆导致的结果。

5. **低交易成本**。期货市场的交易成本非常低。例如，对于股票投资组合经理来说，卖出等值的股指期货合约来降低市场风险敞口的成本，要比卖出个股低得多。

6. **容易平仓**。只要价格没有被锁定在涨停或者跌停的位置，就可以在市场交易时间内随时平仓。（有些期货市场会规定每日最大价格变动。如果市场上的资金想要在价格限制的范围以外寻求一个均衡价格，市场就会快速向涨停或者跌停的位置运动，进而停止交易。）

7. **期货交易所提供担保**。期货交易员不用担心交易对手方的财务稳定性，因为期货交易所会为所有的期货交易提供担保。

期货交易

交易员会通过预测价格变化获利。例如，假设 12 月的黄金价格是每盎司 1550 美元，如果某名交易员预期黄金价格会上涨到每盎司 1650 美元以上，他就会做多。实际上，这名交易员并没有在 12 月执行实物黄金交割的意图。不论这笔交易是对还是错，交易员都会在到期日之前的某一时间点平仓。例如，如果黄金价格上涨到每盎司 1675 美元，而交易员决定获利了结，那么每张合约的收益将是 12 500 美元（=100盎司 × 125 美元 / 盎司）。但如果交易员的预测是错误的，那么当黄金价格下跌到每盎司 1475 美元时，随着到期日的临近，交易员别无选择，只能平仓。在这种情况下，每张合约的亏损将是 7500 美元。值得注意的是，交易员即使抱有做多黄金的意愿，也不会接受实物交割。在这种情况下，交易员将清算 12 月的合约，同时做多更远期的合约。（这种交易方式称为移仓，是通过差价订单完成的。）交易员通常会避免实物交割，因为在没有任何补偿的情况下，实物交割可能会有大量的额外成本。

刚入市的交易员应当注意不要陷入证券交易只能做多的认知偏差。

在期货交易中，做空和做多没有区别。[⊖]由于价格既可以上涨也可以下跌，那些只做多的交易员将会错失近一半的潜在交易机会。此外，还需要注意的是期货价格往往高于当前价格，因此偏向多头的通货膨胀观点往往是错误的。

成功的交易员必须运用某种方法预测价格。目前较为主流的分析方法有两种：

1. **技术分析**。技术分析根据非经济数据进行预测。在技术分析中，价格是最重要的，甚至往往是唯一的数据。技术分析的基本假设是价格会呈现重复的走势，识别这些价格走势可以帮助交易员确认交易机会。技术分析也运用其他数据，例如成交量、未平仓量和情绪指标。

2. **基本面分析**。基本面分析使用经济数据（例如生产、消费和出口）预测价格。从本质上讲，基本面分析通过识别向更充足或更紧密的供需平衡的潜在转变来发现交易机会。对于金融期货来说，基本面分析的对象包括央行政策、通货膨胀数据以及就业数据等。

技术分析和基本面分析并不相互排斥。很多交易员在决策过程中会同时使用这两种方法，或者将它们作为自动交易系统的组成部分。

交割

在最后一个交易日之后持有可交割期货合约头寸的空头有义务根据合约交付给定的大宗商品或者金融工具。同理，在最后一个交易日之后持有头寸的多头则必须接受交割。在期货市场中，未平仓多头合约的数量总是等于未平仓空头合约的数量。大多数交易员没有意向进

⊖ 一些初学者对交易员如何卖出并不持有的商品感到困惑。这个问题的关键在于，交易员卖出的是期货合约，而不是现货商品。交易员如果在最后一个交易日之后做空，就必须拥有实际的商品以履行他的合约义务，但是在此之前，他不需要拥有商品。做空实际上就是押注价格会在最后一个交易日之前下跌。无论正确与否，交易员在最后一个交易日之前都要平仓，从而消除对商品的实际需求。

行交割或者接受交割，因此他们会在最后一个交易日之前平仓。据估计，只有不到 3% 的未平仓合约会最终选择交割。一些期货合约（例如，股票指数期货合约、欧洲美元期货合约）会采用现金结算，而未平仓的多头头寸和空头头寸则会在到期日按照当时的价格水平平仓，而不是采用实物交割的方式。

期货市场的范围

在 20 世纪 70 年代初之前，期货市场仅限于大宗商品（例如小麦、白糖、铜和活牛）。之后开始扩大到包含更多的市场部门，最重要的是股票指数、利率和货币（外汇）。大宗商品期货交易原则同样适用于金融期货市场。交易报价表示未来到期日的价格，而不是当前的市场价格。例如，12 月的 10 年期美国国债期货报价是面值为 10 万美元的 10 年期美国国债期货合约在 12 月进行交割时的价格。金融市场在这些金融期货品种推出以后出现了惊人的增长，如今，这些合约的交易量令大宗商品交易相形见绌。然而，期货市场仍然被普遍地（尽管是错误的）称为商品市场。

由于期货的结构与其基础资产密切相关（套利者的行为保证了两者价格的偏差相对较小且存在时间短暂），期货市场的价格变动与对应现货市场的价格变动非常接近。需要注意的是，大多数期货交易集中在金融工具上，很多期货交易员从事的是股票、债券和货币的交易。在这一背景下，本书采访的期货交易员所讲的内容与从未涉足股票市场和债券市场以外的市场的投资者有着直接的关系。

业 绩 指 标

很多交易员和投资者都会犯过于关注收益率的错误。这种过于关注之所以是错误的，是因为收益率只有在实现收益所承担的风险的背景下才有意义。你想要双倍的收益吗？很简单，将你的交易规模翻倍。但是这会让你成为更好的交易员吗？当然不会，因为你要承担的风险也翻倍了。只关注收益率是荒谬的，就像假设更大的头寸规模会带来更好的业绩，使收益率更高一样。因此，在评估和比较交易员和资金经理的业绩时，我关注的指标是收益风险比，而不仅仅是收益率。尽管如此，收益率仍然有参考价值，因为即使收益风险比非常高，也没有理由认为低收益率是更好的。

以下指标在本书对交易员的采访中出现。

平均年复合收益率

该指标是按复利计算的年化累计收益率。虽然我更关注收益风险比，而不是收益率，但一份业绩记录很可能既有较高的收益风险比，又有让人无法接受的低收益率。因此，单独计算收益率很有必要。

夏普比率

夏普比率是使用最为广泛的衡量风险调整后的收益率指标。根据定义，夏普比率等于平均超额收益率除以标准差。超额收益率是指超出无风险收益率（例如美国短期国债利率）的收益率。举个例子，如果年平均收益率是 8%，短期国债利率是 3%，那么超额收益率就是 5%。标准差是衡量收益率波动性的指标。实际上，夏普比率是对平均超额收益率进行标准化之后的收益率波动性。

夏普比率存在两个基本问题：

1. **收益率的衡量标准基于平均收益率，而不是复合收益率**。投资者理解的收益率是复合收益率，而不是平均收益率。收益率的波动越大，平均收益率就越偏离实际（复合）收益率。例如，在两年的投资周期中，一年的收益率是 50%，而另一年的收益率是 −50%，平均收益率就是零，但是投资者实际上有 25% 的亏损（150%×50%=75%）。投资者的平均年复合收益率是 −13.4%，反映出实际情况（86.6%×86.6%=75%）。

2. **夏普比率并不区分上涨波动和下跌波动**。夏普比率固有的风险衡量指标标准差并不能反映大多数投资者对风险的偏好。交易员和投资者关心的是亏损，而不是波动。他们不喜欢下跌中的波动，而喜欢上涨中的波动。我还没有遇到过哪位投资者因为他的经理在一个月里赚了大钱而抱怨的。标准差，以及基于它的夏普比率，对上涨和下跌中的波动一视同仁。夏普比率的这种特征可能会与大多数人的看法和偏好矛盾。⊖

⊖ 在某些情况下，较高的上涨波动可能意味着更大的下跌波动。在这些情况下，夏普比率是合适的衡量指标。然而，在评估旨在实现偶尔的巨额收益，且同时严格控制下跌风险的策略（右偏策略）时，夏普比率非常具有误导性。

索提诺比率

索提诺比率解决了夏普比率存在的两个问题。首先，索提诺比率使用的是复合收益率，而不是算术收益率，复合收益率是某一时期的实际实现的收益。其次，也是最重要的一点，索提诺比率侧重于用下行偏差来定义风险，即只使用低于指定的最低可接受收益率（MAR）的收益率来计算。相比之下，用于夏普比率的标准差则包括所有上行和下行的偏差。索提诺比率是用复合收益率超过最低可接受收益率的部分除以下行偏差得出的。萨提诺比率中的最低可接受收益率可以设置为任意水平，常用的有以下三种：

1. **零**——偏差由所有负收益率计算得出（本书的定义）。

2. **无风险收益率**——偏差由所有低于无风险收益率的收益率计算得出。

3. **平均收益率**——偏差由所有低于被分析收益率序列的平均收益率的收益率计算得出。该公式最接近标准差公式，但是只考虑更低部分的收益率的偏差。

由于索提诺比率区分了上行和下行偏差，因此它比夏普比率更能反映大多数人的业绩偏好，从这个意义上说，它是比较交易员业绩的较好的工具。但是，索提诺比率不能直接和夏普比率进行比较，具体原因将在下一节中给出。

调整后的索提诺比率

通常情况下，一名基金经理的索提诺比率要比夏普比率高，这一事实被认为是收益率处于正偏态的实证，即上涨的趋势要比下跌的趋势有更大的偏差。但是，这种比较和推断是不正确的，索提诺比率和夏普比率是不能直接进行比较的。按照公式，索提诺比率几乎总是高于夏普比率，即使对于那些损失惨重的基金经理来说，他们的最大亏损也要大于他们的最大盈利。索提诺比率（与夏普比率相比）存在上行偏差的原因是，它只计算部分收益率（即低于最低可接受收益率的收益率）的偏差，但是它却用基于所有收益率的数据作为除数来计算下行偏差。

调整后的索提诺比率等于索提诺比率除以 $\sqrt{2}$。至于为什么除以 $\sqrt{2}$，将在下面的技术说明中解释。与夏普比率相比，我更喜欢调整后的索提诺比率，因为它只考虑下跌中的波动，而夏普比率的风险衡量指标并不区分上涨波动和下跌波动。

技术说明：由于索提诺比率中的亏损衡量指标基于一小部分偏差（只反映亏损的收益率的偏差），索提诺比率将不可避免地始终高于夏普比率。为了让索提诺比率与夏普比率更具可比性，我们将索提诺比率的风险衡量指标乘以 2 的平方根（相当于索提诺比率除以 $\sqrt{2}$）。在上行偏差和下行偏差相等时，将索提诺比率的风险衡量指标乘以 2 的平方根会使夏普比率的风险衡量指标和索提诺比率的风险衡量指标相等。调整后的索提诺比率可以与夏普比率进行直接比较。一般来说，调整后的索提诺比率越高，越意味着收益率呈右偏分布（大幅盈利的趋势更加明显）。同理，调整后的索提诺比率越低，越意味着收益率呈左偏分布（大幅亏损的趋势更加明显）。

GPR（Gain to Pain Ratio）

GPR 是所有月份的收益之和除以所有月份的亏损之和的绝对值。[⊖]

⊖ GPR 是我多年来一直使用的业绩指标。我不清楚以前是否有人使用过，因为这个术语有时被用作收益风险指标或收益回撤指标的参考。GPR 与 "获利因子" 类似，后者是评估交易系统的常用指标。根据定义，获利因子是全部盈利除以全部亏损的绝对值。获利因子应用于交易，而 GPR 应用于区间（如月度）收益率。从代数的角度可以很容易地看出，如果将获利因子应用于月度收益率，那么获利因子将等于 GPR_{+1}，并得出与 GPR 相同的业绩评价。对于熟悉 Omega 函数的以定量为导向的读者，请注意 Omega 函数在零处的结果也等于 GPR_{+1}。

该业绩衡量指标是累积净收益与实现该收益的累积亏损的比率。例如，GPR 为 1.0 意味着投资者平均每个月的亏损与每个月的收益相等。如果年平均收益率是 12%（算术收益率），那么月度亏损的年平均总和也应该是 12%。GPR 考虑所有亏损，与其规模成反比，上行波动只影响 GPR 的收益部分。

　　GPR 与夏普比率的主要不同之处在于，五个 2% 的亏损和一个 10% 的亏损对于 GPR 没有区别，而到目前为止讨论过的其他比率则会受到大额单笔亏损较大的影响。之所以会出现这种差异，是因为标准偏差和下行偏差的计算涉及参考收益率（比如平均收益率、零收益率和无风险收益率）与亏损之差的方差。例如，如果参考收益率是零，那么一个 10% 的亏损的方差将是五个 2% 的亏损的方差的 5 倍（$10^2=100$，$5 \times 2^2=20$）。而在 GPR 的计算中，两种情况都会在分母中加上 10%。我相信在评估业绩时，使用调整后的索提诺比率和 GPR 是非常有价值的。

　　尽管 GPR 通常适用于月度数据，但是它仍然适用于其他时间区间。如果能够获得每日的数据，GPR 可以根据大量的样本数据提供有统计学意义的结论。因为很多在较短的时间内出现的亏损将在较长的时间内被消除，所以，时间越长，GPR 越高。根据我的经验，平均而言，同一个交易员的月度 GPR 往往是日 GPR 的 6～7 倍，尽管这个数字在交易员之间可能相差很大。对于月度数据来说，GPR 大于 1.0 是个很不错的结果，大于 2.0 可以说非常好了。至于每日的数据，数字大概是 0.15 和 0.30。

投资名家 · 极致经典

巴菲特授权亲笔著作
杨天南精译

最早买入亚马逊，持股超过20年
连续15年跑赢标准普尔指数

每一份投资书目必有这本大作
美国MBA投资学课程指定参考书

金融世界独一无二的好书
风险与其说是一种命运
不如说是一种选择

美国富豪投资群Tiger21创始人
有关投资与创业的忠告

通往投资成功的心理学与秘密
打败90%的资产管理专家

富达基金掌舵人长期战胜市场之道
彼得·林奇、赛斯·卡拉曼推荐

巴菲特力荐的经典著作
化繁为简学习《证券分析》精华

金融周期领域实战专家
30年经验之作